Thomas Schweer (Hrsg.)

Drewermann und die Folgen

Vom Kleriker zum Ketzer?
Stationen eines Konflikts

Mit einem Vorwort von Norbert Greinacher

Originalausgabe

WILHELM HEYNE VERLAG
MÜNCHEN

HEYNE SACHBUCH
Nr. 19/194

Printed in Germany 1992
Umschlagillustrationen: Süddeutscher Verlag,
Bilderdienst, München
Umschlaggestaltung: Atelier Adolf Bachmann, Reischach
Herstellung: H + G Lidl, München
Satz: Fotosatz Völkl, Puchheim
Druck und Verarbeitung: Ebner Ulm

ISBN 3-453-05944-1

Inhalt

I. Die Streitpunkte

II. Die Meinungen

AUTOREN
DER ORIGINALBEITRÄGE

EVA-MARIA ALVES; *1940 in Osnabrück; lebt als freie Schriftstellerin in Hamburg; mehrere Buchpublikationen (u. a. Versuch einer Vermeidung, 1981; Neigung zum Fluß, 1981; Maanja, 1985; alle im Suhrkamp Verlag); Herausgeberin diverser Anthologien; Zeitungsbeiträge, Rundfunkfeatures, Hörspiele.

HELMUT BENZ; *1940 in Kramsk (Pommern); Studium der Theologie, Philosophie, Germanistik und Pädagogik in Freiburg, Tübingen und Paderborn; katholischer Religionslehrer in Beverungen.

SIGRID HAAPE; *1948 in Krefeld; Studium u. a. der Musik, Sprachwissenschaft und Theologie in Düsseldorf, Bonn und Wuppertal; Studienrätin für Französisch, Deutsch und evangelische Religionslehre in Wuppertal.

EDMUND HERMSEN; *1952 in Goch; Studium der Religionswissenschaft, Ägyptologie und Kirchengeschichte in Marburg; Promotion (Die zwei Wege des Jenseits. Das altägyptische Zweiwegebuch und seine Topographie); Ausbildung zum Psychotherapeuten in Heidelberg; Wissenschaftlicher Mitarbeiter und Lehrbeauftragter an der Universität Marburg.

NORBERT GREINACHER; *1931 in Freiburg; Studium der Philosophie und katholischen Theologie in Freiburg und Paris; Arbeitsschwerpunkte Kirche und Gesellschaft und Theologie der Befreiung in Südamerika; Professor für Praktische Theologie in Tübingen.

THOMAS SCHWEER; *1956 in Oberhausen; Studium der Religionswissenschaft, Indologie und Ethnologie in Bonn und Marburg; Herausgeber und Autor religionswissenschaftlicher Bücher und Zeitschriften.

NORBERT GREINACHER

Vorwort: Für die Diskussionsfreiheit in der Kirche

Daß es mit der Diskussionsfreiheit in der Geschichte der katholischen Kirche nicht immer gut bestellt war, ist eine bekannte Tatsache. Es gibt aber auch einige positive Beispiele, wie versucht wurde, bestehende Konflikte im Geiste der Freiheit des Christenmenschen zu nützen. Diese können uns exemplarisch zeigen, wie der entstandene Konflikt um Eugen Drewermann gelöst werden könnte.

Der »Antiochenische Konflikt« wird uns im Neuen Testament aus zweierlei Perspektiven geschildert: in der Apostelgeschichte 15,1–35 und im Galaterbrief 2,11–21. Es ging dabei um die für die Zukunft der jungen Kirche entscheidende Frage, ob die neuen Mitglieder der Gemeinde in Antiochien, die Nichtjuden waren, sich dem Gesetz der Thora, vor allem der Verpflichtung der Beschneidung, unterziehen sollten oder nicht.

Wenn die religiösen Rigoristen und Funktionäre der Gemeinde aus Jerusalem recht bekommen hätten und wenn Nichtjuden das jüdische Gesetz verpflichtend auferlegt worden wäre, dann wäre die Christengemeinde vermutlich eine jüdische Sekte geblieben, eine kleine, in sich geschlossene, rigoristisch gettohaft der Welt abgewandte Gruppe in Palästina. Nur die Freiheit von den jüdischen Gesetzen eröffnete der Christengemeinde die Möglichkeit, zu einer Kirche, zu einer universalen, offenen Kirche zu werden. Dies ist ja der Ursinn des Wortes katholisch: alles umfassend.

Der Konflikt wurde im Sinne der Offenheit, der Freiheit gelöst, wofür sich vor allem Paulus eingesetzt hatte. Aber dies geschah aufgrund von langen Diskussionen, von Briefwechseln, von eingegangenen Kompromissen, nicht aber durch eine Verordnung von oben. Im Gegenteil: Der Apostel Paulus hat sich gegen Petrus, der von katholischen Theologen als der erste Papst angesehen wird, durchgesetzt.

Ein anderer Konflikt, in dem massiv ökonomische und politische Interessen involviert waren, entstand vor 500 Jahren mit der Eroberung Lateinamerikas durch die spanischen Eroberer. Die öffentliche Debatte eröffnete der Dominikaner Antonio de Montesinos mit seiner berühmten Adventspredigt im Jahre 1511 auf Hispaniola (heute Dominikanische Republik), in der er unter anderem ausführte: »Sagt, mit welchem Recht und mit welcher Gerechtigkeit haltet ihr (sc. die spanischen Eroberer) jene Indianer in einer so grausamen und schrecklichen Sklaverei? Mit welcher Autorität habt ihr so abscheuliche Kriege gegen diese Völker geführt, befanden sie sich doch in ihren eigenen sanften und friedlichen Ländern, und von denen ihr unendlich viele durch Tod und nie gehörte Greuel vernichtet habt. Wie könnt ihr sie so unterdrücken und plagen, ohne ihnen zu essen zu geben, noch sie in ihren Krankheiten zu pflegen, die sie sich durch das Übermaß an Arbeit, die ihr ihnen auferlegt, zuziehen, und euch dahinsterben, oder, besser gesagt, die ihr tötet, nur um täglich Gold zu gewinnen und einzuziehen ... Sind sie denn keine Menschen? Haben sie keine vernunftbegabten Seelen? Seid ihr nicht verpflichtet, sie zu lieben wie euch selbst?« (Zitiert nach: Thomas Eggensperger/Ulrich Engel, Bartolomé de Las Casas. Dominikaner – Bischof – Verteidiger der Indios, Mainz 1991, 52).

In den Jahren 1550 und 1551 kam es zu einer historischen, ungewöhnlichen Debatte, zu der Kaiser Karl V. eine hervorragend besetzte Kommission und als Disputanten den Philosophen, Theologen, Juristen, Hofchronisten und bekannten Aristotelesfachmann Juan Gins de Sepulveda, in dem die Kolonisten ihren intellektuellen Interessenvertreter sahen, und den »Beschützer der Indianer« und ehemaligen Bischof von Chiapas/Mexiko, Bartolomé de Las Casas, nach Valladolid einlud. Der Disput galt der Klärung folgender Frage: »Ist es dem König von Spanien erlaubt, gegen die Indianer –

bevor ihnen der Glaube gepredigt wurde – Krieg zu führen, um sie seiner Herrschaft zu unterwerfen, um sie dann nachher um so leichter im Glauben zu unterweisen?«

Diese Debatte stellte »eine der eigentümlichsten Episoden in der Geistesgeschichte der westlichen Welt dar«, denn »zum erstenmal, und zweifellos auch zum letztenmal in der Geschichte, organisierte eine Kolonialmacht eine förmliche Untersuchung über die Legitimität der Methoden, mit denen sie ihren Herrschaftsbereich ausdehnte« (Lewis Hanke, Aristotle and the American Indians. A Study in Race Prejudice in the Modern World, Chicago 1959, IX).

An einem Beispiel seien die gegensätzlichen Positionen erläutert. Sepulveda stellte fest, »daß es Christen erlaubt sei, diesen Barbaren, die mit frevelhaften Verbrechen und gottlosem Götzenkult besudelt sind, nicht nur unserer Herrschaft zu unterwerfen und sie so zur gesunden und wahren Religion hinzuführen mit Hilfe der Predigt des Evangeliums, sondern sie auch mit einem noch grausameren Krieg zu verfolgen« (zitiert nach: Christoph Strosetzki [Hg.], Der Griff nach der Neuen Welt. Der Untergang der indianischen Kulturen im Spiegel zeitgenössischer Texte, Frankfurt/M. 1991, 241).

Demgegenüber insistiert Bartolomé de Las Casas: »Kein Verbrechen – nicht Götzendienst, nicht Sodomie oder irgendein anderes – ist so schlimm, als daß es dazu herangezogen werden könnte, das Evangelium zum erstenmal anders zu verkünden als in der von Christus begründeten Weise, das heißt im Geist der brüderlichen Liebe, verbunden mit dem Angebot der Vergebung der Sünden und der Aufforderung zur Reue« (zitiert nach: Lewis Hanke, All Mankind Is One, Northern Illinois University Press 1974, 82).

Und das Ergebnis dieses Disputes? Theoretisch hat Bartolomé de Las Casas mit seinen theologischen Argumenten über Sepulveda gesiegt. Praktisch aber hat sich in der weiteren Politik und geschichtlichen Entwicklung in Lateinamerika die Linie von Sepulveda durchgesetzt. Aber auch hier: Es wurde nicht einfachhin von oben entschieden!

Ein weiteres positives Beispiel für die Austragung eines Konfliktes in der Kirche ist der Gnadenstreit um die Wende vom 16. zum 17. Jahrhundert. Es standen sich gegenüber die Vertreter des Molinismus, die in der schwierigen Frage des Verhältnisses zwischen menschlicher Freiheit und der gnadenhaften Mitwirkung Gottes zu einer liberaleren, das heißt einer größeren Betonung der menschlichen Freiheit neigten; auf der anderen Seite stand das banezianisch-thomistische Gnadensystem, das den Akzent mehr auf die Macht der göttlichen Gnade setzte.

Wie entwickelte sich nun dieser Gnadenstreit? Ludwig von Pastor, der Autor der »Geschichte der Päpste«, berichtet folgendes darüber: Kardinal Bellarmin wandte sich an den Papst und schrieb ihm, er möge sich vor Täuschung hüten und nicht meinen, er, der kein Theologe sei, könne durch eigenes Studium in das Verständnis einer so dunklen Frage eindringen. »Und wenn es mir erlaubt ist, in einer Sache von solcher Wichtigkeit zu sagen, was ich als von Ew. Heiligkeit ernannter Kardinal und als treuer Diener denke, so bitte ich zu überlegen, daß der Weg, der eingeschlagen wurde, sich als sehr langwierig und mühsam für Ew. Heiligkeit herausstellt.« Der richtige Weg sei nicht die geheime Verhandlung mit nur wenigen, sondern die öffentliche Beratung; man werde sich daran stoßen, wenn ohne eine solche eine Entscheidung erfolge. Wenn aber eine öffentliche Beratung auf einer Synode von Bischöfen oder mindestens in einer Versammlung von Doktoren der verschiedenen Hochschulen sich nicht wohl umgehen lasse, so möge man eine solche möglichst bald veranstalten, noch bevor der Papst alles gelesen habe, was er zu lesen beabsichtige. Die früheren Päpste hätten sich bei dogmatischen Entscheidungen nicht in erster Linie auf ihr eigenes Studium der Glaubenslehren verlassen, sondern die allgemeine Überzeugung der Kirche, besonders der Bischöfe und Doktoren, festzustellen sich bemüht; auf diesem Wege seien ohne persönliche Mühewaltung zum Beispiel von Leo X. gegen Luther, von Paul III., Julius III., Pius IV. mit

Hilfe des Trienter Konzils viele Irrtümer verurteilt worden. Den anderen Weg des gelehrten Studiums habe zum Beispiel Johannes XXII. ohne Erfolg versucht, und »Ew. Heiligkeit erinnert sich noch an die Gefahr, der Sixtus V. sich selbst und die ganze Kirche aussetzte, als er die Heilige Schrift nach seiner eigenen Ansicht durchkorrigieren wollte; ich weiß nicht, ob sie jemals größere Gefahr lief«. Zwei Wege gäbe es, den Gnadenstreit beizulegen: Entweder könne man beiden Teilen Schweigen auferlegen, oder man könne auch eine Synode von Bischöfen oder von auserlesenen Gelehrten aller katholischen Hochschulen berufen. Vor allem aber bittet Bellarmin, bis zur endgültigen Entscheidung denjenigen den Mund zu schließen, die da ausstreuen, der Papst habe sich bereits seine Überzeugung gebildet, er neige zu der einen Seite und höre nicht gern vom Gegenteil, denn sonst werde niemand mehr seine wirkliche Ansicht zu äußern wagen (Band XI, Freiburg 1927, 564 f.).

Ob die katholische Amtskirche jemals aus solchen geschichtlichen Ereignissen lernen wird?

Machen wir einen Sprung in die Gegenwart. 1979 veröffentlichte der damalige Professor für Neues Testament an der Katholisch-Theologischen Fakultät der Universität Tübingen, Gerhard Lohfink, in der »Theologischen Quartalschrift Tübingen« einen kurzen Artikel mit der Überschrift »Gehört die Jungfrauengeburt zur biblischen Heilsbotschaft?« (Band 159, Heft 4). Unter Bezugnahme auf einen Hirtenbrief der deutschen Bischöfe zum Thema »Maria, die Mutter des Herrn« vom 30.4.1979 schrieb Lohfink in diesem Artikel: »Die Bibelwissenschaft vermag aufgrund ihres präzisen Fragens nach der Form und der Sprachintention neutestamentlicher Texte heute sehr genau anzugeben, was zum Inhalt urchristlichen Glaubens und Bekennens und damit zur biblischen ›Heilsbotschaft‹ gehörte. Die Jungfrauengeburt gehörte mit Sicherheit nicht dazu.« Walter Kasper, der jetzige Bischof von Rottenburg-Stuttgart, war damals Mitherausgeber der genannten Zeitschrift in seiner Eigenschaft als Tübinger Professor für Dogmatische Theologie. In einem Kollegengespräch im Frühjahr 1980 im Zusammenhang mit dem Entzug der Lehrerlaubnis für unseren damaligen gemeinsamen Kollegen Hans Küng hat er sich sehr lobend über diesen Artikel von Lohfink geäußert und ihn als ein Beispiel für die Pluralität in der katholischen Theologie ausgewiesen.

Was lehrt uns dieses letzte Beispiel?

Wir waren schon einmal weiter in der katholischen Kirche, was die Liberalität angeht. Das waren noch Zeiten, als Josef Ratzinger und Walter Kasper Professoren der Katholisch-Theologischen Fakultät der Universität Tübingen waren und sich für Pluralität und Liberalität in der katholischen Theologie einsetzten.

Man kann in der katholischen Theologie auch sehr umstrittene Fragen sehr kontrovers diskutieren – unter der Voraussetzung, man tritt nicht an eine breitere Öffentlichkeit. In der »Theologischen Quartalschrift Tübingen« (Auflage ca. 1000) z. B. darf man sehr wohl gewagte Thesen vertreten – unter faktischem Ausschluß der Öffentlichkeit, ohne daß die Amtskirche irgendwelche Maßnahmen ergreift. Wehe aber, man geht – wie Eugen Drewermann – an die Öffentlichkeit in Gestalt des »Spiegel«.

Man kann im Rahmen der katholischen Theologie durchaus kontroverse Thesen vertreten. Gefährlich wird es erst, wenn man die faktischen Herrschaftsstrukturen der Kirche in Frage stellt. Das mußte auch Leonardo Boff aus Brasilien erfahren. Er konnte ziemlich ungestört seine »Theologie der Befreiung« vertreten. Gefährlich wurde es erst, als er sein Buch schrieb, »Kirche, Charisma und Macht«. Hans Küng blieb relativ ungestört, bis er sein Buch über die »Unfehlbarkeit« veröffentlichte. Eugen Drewermann blieb relativ unbehelligt, bis er sein Buch schrieb über »Die Kleriker«.

Zusammenfassend bin ich der Überzeugung, daß kirchenrechtliche Maßnahmen wie der Entzug der kirchlichen Lehrerlaubnis oder das Predigtverbot, Maßnahmen, die gegen Eugen Drewermann verhängt wurden, kein einziges theologisches und kirchliches Problem lösen. Es ist absurd, zu meinen, daß man dadurch einen Konflikt lösen könnte. Natürlich soll und muß man über die Thesen von Eugen Drewermann streiten – und vielleicht hat Bischof Lehmann nicht ganz unrecht, wenn er den Theologen den Vorwurf macht, daß sie sich nicht intensiv genug diesem Streit gestellt haben.

Ich selbst habe auch meine Probleme mit einigen Thesen von Eugen Drewermann. Aber ich wäre ja kein Theologieprofessor, wenn ich nicht gegenüber jedem unter meinen Kollegen und Kolleginnen meine Vorbehalte, meine kritischen Anfragen und Streitpunkte hätte. Aber entschieden trete ich dafür ein, daß Eugen Drewermann im Rahmen der Kirche reden, schreiben und predigen darf.

THOMAS SCHWEER

Von den Schwierigkeiten, ein Prophet zu sein

Die katholische Kirche hat sich eines ihrer schärfsten Kritiker entledigt. Nach jahrelangen Auseinandersetzungen um die wahre Lehre schien es ihr nicht länger tragbar, den dichtenden Priester und Psychotherapeuten Eugen Drewermann weiterhin seine als ketzerisch empfundenen Gedanken unter das gläubige Volk bringen zu lassen.

Statt die geforderte Erneuerung an Haupt und Gliedern in die Tat umzusetzen oder wenigstens ernsthaft zu erwägen, zogen es die Verantwortlichen vor, den ungeliebten Mahner fortan in der Wüste rufen zu lassen. Dort, so hofft man wohl, wird seine Stimme über kurz oder lang verstummen, zumindest aber keinen weiteren Schaden mehr anrichten.

Ob die Gefahr eines Flächenbrands damit wirklich abgewendet ist, bleibt abzuwarten. Denn die Resonanz, die Drewermann mit seinen Thesen bislang gefunden hat, ist beträchtlich.

Der Anlaß des zuletzt immer heftiger gewordenen Streits war die Veröffentlichung der schonungslosen Abrechnung mit jahrhundertelang tradierten Werten und Normen: »Kleriker. Psychogramm eines Ideals«. Auf 900 Seiten versuchte Drewermann den Nachweis zu führen, daß die kirchlichen Strukturen zwangsläufig krank machen müssen.

Solange Machterhalt, Angst und Abhängigkeit den Umgang der Kleriker untereinander und mit den ihnen anvertrauten Menschen bestimmen, könne die Kirche ihrem Auftrag nicht mehr gerecht werden. Nur durch eine Rückbesinnung auf das Evangelium, durch die Beachtung der seelischen Nöte der einzelnen und durch die Einbeziehung der Erkenntnisse der modernen Psychoanalyse sei der Ausbruch aus dem versteinerten System verwalteter Heilsgewißheit möglich.

Die Wirkung war enorm, weder der Umfang noch der Preis des Buches verhinderten eine Plazierung auf den Bestsellerlisten. Viele Leser sahen erstmals ihr eigenes Unbehagen in Worte gefaßt, erkannten sich und ihre Leiden darin wieder.

Drewermann hatte den Nerv der Zeit getroffen, und es wurde ihm vielfach gedankt. Nur von denen nicht, die er als die Hauptverursacher der Misere ausgemacht hatte, den Verfassern von Katechismen, Konzilsdekreten und Hirtenbriefen.

Durch deren Reihen ging ein Aufschrei der Empörung, teils leise und mahnend, teils schrill und aggressiv. Wohlmeinende Ratschläge, sich etwas zu mäßigen und das Kind nicht mit dem Bade auszuschütten, wechselten mit der Forderung, diesen Nestbeschmutzer möglichst rasch mit den bewährten Mitteln zu maßregeln. Was dann schlußendlich auch geschah.

Die Ursachen des Konflikts liegen jedoch tiefer. Sicher ist es bezeichnend, was Norbert Greinacher in seinem Vorwort schreibt, daß nämlich erst die öffentlich gemachte Kritik den Kritisierten wirklich nahegeht. Daß in der Kirche zwar die Gedanken frei sind, ihre Verbreitung aber sehr schnell auf den Index gerät. Dennoch handelt es sich um mehr als die bloße Verteidigung von Erbhöfen, vorausgesetzt, man sieht in den Führungsetagen der katholischen Hierarchie nicht nur machthungrige Wahrheitsverwalter sitzen und in den Universitäten feige schweigende Theologen, die es wie Drewermann besser wissen.

Schon vor dem Jahr 1989, in dem die »Kleriker«-Analyse erschien, hatte Drewermann in seinen Büchern Ansichten geäußert, die nicht in allen Punkten mit der katholischen Lehrmeinung konform gehen. Die einzelnen Streitfragen sind in einem intensiven Briefwechsel zwischen Drewermann und Erzbischof Degenhardt sowie in zahllosen Interviews, Stellungnahmen und Presseerklärungen von beiden Seiten ausgiebig erörtert worden.

Dabei geht es im wesentlichen um die Person Jesu, um die Geschichtlichkeit biblischer Aussagen, um die Jungfrauengeburt, um den Bedeutungsgehalt der Wundererzählungen und um die Legitimität des Anspruchs der Kirche, von Jesus gewollt und eingesetzt worden zu sein.

Außerdem spielten von Anfang an auch formale und rechtliche Probleme eine Rolle. Schrittweise wurden Drewermann die Lehr- und Predigtbefugnis und schließlich sogar das Priesteramt entzogen.

Aus der inneren Logik der Kirchenordnung und des bischöflichen Selbstverständnisses heraus ist diese Entwicklung durchaus folgerichtig.

Es ist müßig zu fragen, ob es trotzdem soweit kommen mußte, ob die Kirche nicht mehr Gelassenheit hätte zeigen können oder Drewermann mehr Kompromißbereitschaft. Dazu waren die Fronten zusehr verhärtet.

Zwischen dem Beharren auf der Überlieferung und der Gewißheit, die eine, heilige Kirche zu repräsentieren, auf der einen und dem Willen zu radikaler Reform und Neubegründung des christlichen Glaubens auf der anderen Seite konnte es wohl keine tragfähige Verständigung geben.

Auch das charismatische Auftreten Drewermanns, seine bisweilen polemischen Äußerungen und seine Selbstdarstellung in den Medien förderten nicht gerade einen sachlichen Dialog. Er läßt fast keine Gelegenheit ungenutzt, mit Vehemenz gegen ein System zu Felde zu ziehen, das seiner Ansicht nach bis in die Wurzeln verdorben ist.

In seinen Augen fehlt es in der katholischen Kirche an Gefühl und Individualität, an persönlicher Beziehung und an Liebe. Statt dessen herrschten Fundamentalismus und Dogmatismus vor und erstickten jede echte Lebensäußerung im Keim.

Dieser Analyse können sich viele Kleriker und Laien anschließen. Die Liste derjenigen, die unter den real existierenden Verhältnissen in der Kirche gelitten haben und leiden – manchmal für ein ganzes Leben –, ist lang. Der Erfolg Drewermanns beruht ja nicht unwesentlich auf dieser persönlichen Betroffenheit und der plausiblen Formulierung grundlegender Defizite.

Es besteht wahrlich keine Veranlassung, die heutige Organisationsform der Kirche, gleich ob katholischer oder evangelischer Prägung, in Schutz zu nehmen.

Aber griffige und publikumswirksame Verallgemeinerungen lösen das Problem nicht. Wer die im einzelnen erkannten Mißstände pauschal auf das Ganze überträgt und als Maßstab seiner Kritik nur den eigenen Anspruch gelten läßt, darf sich nicht wundern, wenn die angegriffene Institution ihm harten Widerstand entgegensetzt.

Drewermann auf seinem Weg zu folgen, hieße für die Kirche nicht nur, sich selbst in Frage zu stellen, sondern, in letzter Konsequenz, ihre eigene Auflösung zu betreiben.

Denn für ihn geht es »um nicht mehr und nicht weniger als um eine Regeneration des gesamten religiösen Lebens aus dem Zentrum gelebter Persönlichkeit. Es geht um eine zutiefst prophetische Reformation des zu Tode erkrankten kirchlichen Organismus.«*

Mit solchen und ähnlichen Aussagen wird es den Kritikern leichtgemacht. Es gehört nicht viel böser Wille dazu, zwischen den Zeilen ein Sendungsbewußtsein herauszulesen, das sein Vorbild in den biblischen Propheten findet.

Drewermann rühmt sich des öfteren, die Menschen von weit her anzuziehen, ihnen »ins Herz« zu sprechen und sie getröstet auf den Heimweg zu schicken. Er will die Worte Jesu in die Sprache der heutigen Zeit übersetzen und ihnen so eine Aktualität verleihen, die die Kirche über die Jahrtausendwende hinaus attraktiv erscheinen läßt. Im letzten Jahrhundert sei der Kirche die Arbeiterschaft davongelaufen, in diesem die Jugend, und im nächsten würden es die Frauen sein, wenn sich nicht sehr bald etwas ändere.

---

* Eugen Drewermann: Protokoll einer Verurteilung. München 1992, S. 13.

Von der herkömmlichen Theologie sei keine Hilfe zu erwarten, sie verharre auf dem Stand der Scholastik, reproduziere blutleere Formeln und züchte psychische Krüppel heran, die weder sich selbst noch ihre Mitmenschen wirklich kennen.

Drewermann versteht es mit meisterlicher Begabung, komplizierte Sachverhalte auf einen allgemeinverständlichen Punkt zu bringen, trotz oder gerade wegen seiner weitschweifenden Wiederholungen. Dabei nimmt er es in Kauf, daß ihm mangelnde Kompetenz sowohl auf dem Gebiet der Soziologie als auch der Psychologie vorgeworfen wird.

Sein Bezugspunkt ist die Erfahrung, die er in seinen langjährigen Therapiegesprächen gesammelt hat. Diese Erfahrung bestätigte ihm, daß die biblischen Aussagen eher als bildhafte Darstellungen von Individuationsprozessen zu deuten sind denn als dogmatisch zu glaubende Fakten.

Statt die Jungfrauengeburt als ein biologisches Ereignis anzusehen, soll sie als ein Symbol der inneren Neuwerdung betrachtet werden, dessen wahre Bedeutung sich nur auf der Ebene des Traums erschließt.

Ähnlich verhält es sich mit der Himmelfahrt Jesu. Nicht die leibliche Auferstehung sei das Entscheidende, sondern die beispielhafte Einladung an den Menschen, sich über Engherzigkeit und die Zwänge des Alltäglichen zu erheben. Im Protest gegen die Logik der Angst liege der tiefere Sinn der Nachfolge.

Worum es eigentlich geht, erschließt sich dem unvoreingenommenen Betrachter nicht aus der Aneinanderreihung von Briefen und Dokumenten. Diese sprechen keineswegs für sich, sondern verdeutlichen lediglich die Argumente und Positionen.

Eine eindeutige Wertung ist daraus nicht abzuleiten. Je nach dem eigenen Standpunkt kann man Drewermanns Ausführungen als bewegendes Plädoyer für eine menschlichere Kirche oder als Meinungsdiktat lesen, die Erwiderungen des Erzbischofs als knöchernes Beharren auf formalem Recht oder als verantwortungsbewußte Verteidigung tradierter Glaubenssätze.

Die aufgetretenen Kommunikationsstörungen beruhen nur zum Teil auf theologischen Differenzen. Darüber könnte man reden, wenn beide Parteien ernsthaft daran interessiert wären.

Aber Drewermann stößt sich an den »fertigen Sprachspielen«, die keinen Raum für eine unmittelbare Begegnung lassen. Darunter versteht er zum Beispiel, daß der Erzbischof ihm Auskunft über seinen ganz persönlichen Glauben geben soll.

Degenhardt wiederum verlangt die Einhaltung des Dienstweges, listet zum Beweis seines guten Willens die von Drewermann abgelehnten Gesprächstermine auf und erwartet ein klares Ja oder Nein auf die Grundfragen des katholischen Katechismus.

Es findet nicht nur ein bizarres Schattenboxen statt – das nach Drewermanns Meinung alle Elemente eines kafkaesken Prozesses aufweist –, sondern der Kampf wird zudem noch in unterschiedlichen Arenen ausgetragen. Jedesmal, wenn es ernst werden könnte, argumentieren die Kontrahenten auf inkompatiblen Sprachebenen.

Drewermann bevorzugt die Evidenz individueller Erfahrung, Degenhardt und seine Amtskollegen halten sich an die verbindliche Lehrmeinung. So reden im Grunde genommen nicht Theologen miteinander, sondern ein Therapeut und ein Kleriker aneinander vorbei.

In der öffentlichen Gunst liegt Drewermann vor allem deshalb vorn, weil er mit Geschick und Erfolg beidhändig auf der Klaviatur der Medienpolitik und auf der Gefühlsorgel eines großen Publikums spielt.

Für die, die nicht mit Drewermann um eine andere Kirche oder mit Degenhardt um die Bewahrung der reinen Lehre ringen, sind die Inhalte der Auseinandersetzung entweder kaum verständlich oder längst in den Hintergrund getreten.

In Interviews und Talkshows wird nach Sympathiewerten

gepunktet. Der Applaus gehört dem Überzeugungstäter David, der sich mit spitzer Feder und rhetorischer Raffinesse gegen einen scheinbar machtorientierten und unbeweglichen Goliath zur Wehr setzt.

Das daraus entstehende Stigma des Verfolgten schweißt die Anhänger Drewermanns noch enger zusammen. Sie dürfen sich in Opposition zu einer Institution fühlen, die die Ideale des Urchristentums längst verraten hat.

Mit der zunehmenden Polarisierung geht auch ein Qualitätsverlust der Debatte einher. Fast immer, wenn es in Deutschland einen erzbösen Feind zu treffen gilt, wird die unselige Vergangenheit brauner oder neuerdings auch roter Couleur bemüht.

Um die Ausmaße des Glaubenskriegs recht verständlich zu machen, kommt man anscheinend nicht um einen Vergleich mit Nazi- oder Stasimethoden herum.

So prangerte etwa Drewermanns Adlatus Peter Eicher, dessen Rolle in diesem Konflikt einer genaueren Betrachtung wert wäre, auf einer Pressekonferenz das kirchliche Vorgehen als skandalös an. Seines Wissens nach habe es so etwas nicht in der Geschichte der Hexenprozesse und nicht in den Inquisitionsprozessen, wohl aber bei den Nazis gegeben.

Die andere Seite steht dem nicht nach und sieht Parallelen zwischen den theologischen Begründungen Drewermanns und denen der Deutschen Christen im Dritten Reich oder wittert bei den Anhängern ein Bedürfnis nach Herrschaft und Führerschaft, das schon einmal ins Verderben geführt habe.

Auch Volkes Stimme übt sich nicht in falscher Bescheidenheit, wie manchen Leserbriefen zu entnehmen ist.

Wer will, kann in derartigen Mißtönen, den beifallheischenden Selbstinszenierungen und dem schier undurchschaubaren Wirrwarr von Behauptungen, Unterstellungen und gegenseitigen Anschuldigungen eine Farce mit begrenztem Unterhaltungswert sehen.

Aber die Ernsthaftigkeit der Überzeugungen sollte weder

bei Drewermann noch bei der Kirche in Abrede gestellt werden.

Eugen Drewermann, am 20. Juni 1940 im westfälischen Bergkamen geboren, interessierte sich schon früh für religiöse Fragen. Sein Vater, ein Bergmann, stammte aus einer protestantischen Familie, seine Mutter war katholisch.

Im Alter von 14 Jahren las er die Schriften Albert Schweitzers und wurde davon zutiefst berührt. Vieles von dem, was er heute an der Kirche auszusetzen hat – Dogmatismus, falsche Historisierung biblischer Berichte, Schweigen gegenüber unmenschlichen Zuständen, Mißachtung der kreatürlichen Umwelt –,fand er bei Albert Schweitzer vorformuliert.

Nach eigener Aussage hat er dagegen schon im Religionsunterricht so erfolglos protestiert wie heute gegen seinen Bischof. Trotzdem sah er im Priesteramt seine Berufung.

In Münster und Paderborn studierte er von 1959 bis 1965 Philosophie und Theologie. 1966 wurde er zum Priester geweiht und war dann zwei Jahre als Vikar in Bad Driburg tätig. Dort hatte er sein Damaskuserlebnis, als er merkte, daß theologische Antworten allein die Ratsuchenden nicht befriedigen konnten.

Deshalb absolvierte er von 1971 bis 1974 eine psychoanalytische Zusatzausbildung in Göttingen. Anschließend war er bis 1975 Studentenseelsorger in Paderborn. Die Zerschlagung der ökumenischen Studentengemeinde, die auf Veranlassung des damals noch kirchentreuen Drewermann geschah, stellt – aus heutiger Sicht – eine der ersten Zwangsanordnungen seines Bischofs dar.

1976 promoviert er mit »Strukturen des Bösen. Die jahwistische Urgeschichte in exegetischer Sicht«. Diese um zwei weitere Bände (»Die jahwistische Urgeschichte in psychoanalytischer Sicht« und »Die jahwistische Urgeschichte in philosophischer Sicht«) zum gleichen Thema ergänzte Dissertation reicht Drewermann später als Habilitationsschrift ein.

Ein Verständnis seines Gesamtwerks ist ohne Kenntnis der

»Strukturen des Bösen« kaum möglich, denn hier finden sich die Grundlagen von Drewermanns Denken. 1979 wird er Privatdozent für Dogmatik an der Katholischen Theologischen Fakultät in Paderborn.

Die anfangs noch verständnisvollen Kommentare – sogar Kardinal Ratzinger hatte bis 1988 keine größeren Bedenken gegen eine Einbeziehung der Psychoanalyse in Theologie und Exegese – weichen nach dem Erscheinen des »Markusevangeliums« einer härteren Gangart. Der Vatikan wird aufmerksam, und Drewermann bläst der Wind nun ins Gesicht.

Aber je mehr die maßgeblichen Theologen, allen voran Erzbischof Degenhardt, die Forderung erheben, daß Drewermann sich rechtfertigen solle, desto größer wird die Zustimmung an der Basis. Die Vortragssäle sind überfüllt, der Terminkalender ist randvoll.

Hunderte finden sich ein, wenn der neue Prophet spricht, und beweisen mit ihren Reaktionen, daß er ihnen wirklich Brot statt Steine zu bieten hat.

In vielen Städten schließen sich Menschen zu Solidaritätsgruppen zusammen und plädieren für mehr Christenrechte in der Kirche. Sie drohen mit Gehorsamsverweigerung und scheinen bereit zu sein, gemeinsam mit Drewermann bis zum bitteren Ende zu gehen.

Dies aber kann nur ein Ende mit Schrecken sein, denn eine Verständigung, geschweige eine Aussöhnung, ist in denkbar weite Ferne gerückt.

Nachdem Drewermann als »Zeichen der Entspannung« am 16. März 1992 erklärte, sein Priesteramt ruhen lassen zu wollen und sich mit dem Status eines freien Schriftstellers zu begnügen, folgte am 26. März die offizielle Amtsenthebung seitens des Erzbischofs.

Die Wogen glätteten sich dadurch nicht, im Gegenteil, der streitbare Rebell erwiderte, dann spiele er eben die ihm zugedachte Rolle und sei hinfort »Aufrührer« und »öffentlicher Sünder« und betrachte seine weitere Vortragstätigkeit als »erklärte Subversion«.

Es ist nicht von der Hand zu weisen, daß Drewermann seine Anliegen sehr ernst nimmt. Er ist tatsächlich ein »Eiferer aus Mitleid mit den Menschen« und bereit, für seine Mission alle erdenkbaren Unannehmlichkeiten zu erdulden. Die Hilfe, die er durch seine tiefenpsychologische Bibelexegese vielen Zweifelnden und Verzweifelten geben konnte, spricht für sich.

Aber die Frage bleibt, warum er den Anspruch erhebt, daß sein Ansatz für die gesamte Kirche verbindlich sein soll. Und warum er es mit seinen Pauschalurteilen, Verallgemeinerungen und Absolutsetzungen auch ihm wohlgesinnten Vertretern des Klerus so schwer macht, ein offenes Wort für ihn einzulegen.

Denn es sind beileibe nicht alle Mönche, Nonnen, Bischöfe oder Priester mit ekklesiogenen Neurosen geschlagen. Sicher werden vielen aufrichtig Suchenden unnötige Hindernisse in den Weg gelegt, auch krank machende Hindernisse, aber es greift etwas zu kurz, die Summe von Einzelfällen für das Ganze zu nehmen.

Zahlen sind jedoch nicht das eigentliche Problem. Es geht um das Verhältnis zwischen psychoanalytisch gewonnenen Erkenntnissen und fundamentalen Glaubenssätzen.

Drewermann lehnt das Dogma der Jungfrauengeburt ab und ersetzt es gleichzeitig durch ein neues: das der Wahrheit inneren Erlebens. Nur was als psychische Realität erfahren wurde, soll als authentisch gelten.

Als therapeutisches Mittel hat das Durchleben archetypischer Bilder seinen unbestrittenen Wert, aber daraus läßt sich nicht im Alleingang eine neue Theologie ableiten. Denn dann würde die notwendige Verbindlichkeit in Glaubensfragen durch die postmoderne Beliebigkeit individueller Erfahrung ersetzt.

Es sei denn, man betrachtete die Archetypen als anthropologische Konstante, die sich zwar kulturell verschieden, aber letztlich allgemeingültig und allgemeinverständlich äußert. Das ist jedoch eine willkürliche Annahme, ein Wunschdenken, um mit Hilfe der Psychologie C. G. Jungs eine »Einheit in der Vielfalt« zu finden.

Ein solches Bestreben ist Theologen erlaubt, es findet jedoch keinen Rückhalt in der Religionsgeschichte. Der Bedeutungsgehalt von Symbolen ist nicht universell einheitlich. Aus der Ähnlichkeit bestimmter Elemente, etwa der Berichte von der jungfräulichen Geburt eines Religionsstifters, läßt sich nicht auf die Gleichheit ihres Stellenwerts schließen.

Die Symbole der verschiedenen Religionen müssen aus dem jeweiligen geschichtlichen und kulturellen Zusammenhang heraus erklärt werden. Sonst besteht die Gefahr, daß das Interpretationsmodell, in diesem Fall die Archetypenlehre, eine richtige Einordnung der Phänomene verhindert.

Darüber hinaus ist eine solche Vorgehensweise ethnozentrisch, weil sie die im Westen entwickelten Methoden der Tiefenpsychologie auf außereuropäische Kulturen überträgt und so im Fremden immer nur das Eigene entdecken kann.

Aber der von Drewermann so gern zitierte Buddhismus ist eben keine 2500 Jahre alte Psychoanalyse, und er hat auch eine völlig andere Auffassung von der menschlichen Persönlichkeit als das Christentum. Keine bessere oder schlechtere, sondern eine eigene, die nicht ohne weiteres als vorbildlich hingestellt werden kann.

Zwar hat ein Buddhist größere Freiheiten in der Glaubenspraxis, aber seine inneren Erfahrungen orientieren sich am buddhistischen Lehrgebäude. In keiner Religion geht Erfahrung der Überlieferung voraus.

Und schließlich: Was wäre denn mit den unzähligen Gläubigen, die keinen Sinn für mystische Tiefenschau haben oder keine Gelegenheit zu einer langwierigen Psychoanalyse? Kann ein christlicher Theologe ihnen guten Gewissens sagen, daß die biblischen Wundergeschichten nur auf der psychologischen Ebene wahr sind?

Drewermann betrachtet seine Form der Exegese selbst als eine vorläufige Methode, die irgendwann durch etwas Neues ersetzt werden wird. Sie soll den Menschen des 20. Jahrhunderts einen Mittelweg zwischen Aberglaube und Unglaube, Rationalität und Mystik weisen.

Insofern setzt er die Tiefenpsychologie nicht absolut, aber er begründet mit ihrer Hilfe ein Bibelverständnis, das er für die heutige Zeit als einzig angemessen ansieht. Alles Negative, wie Angst, Gewalt und Haß, und alles, was nicht in das Bild einer inFreiheit entwickelten Persönlichkeit paßt, hat in diesem Verständnis keinen Platz.

Übrig bleibt ein sanfter Leitfaden für ein angstfreies Leben, der sicherlich seinen therapeutischen Zweck erfüllt, in seinem theologisch begründeten Geltungsanspruch aber zwangsläufig auf Kritik stoßen muß.

Die zuständigen Repräsentanten der katholischen Theologie tun sich jedoch erstaunlich schwer mit einer sachgerechten, kritischen Auseinandersetzung. Sogar Karl Lehmann, der Vorsitzende der Deutschen Bischofskonferenz, meinte, die Theologie habe »ziemlich versagt«. Degenhardt und Drewermann stünden sich wie »zwei einsame Kämpfer« gegenüber, während das Gros der Theologen schweige.

Ganz so einfach scheint es aber nicht zu sein, sich zu Wort zu melden. Als dieser Sammelband zusammengestellt wurde, gab es nicht nur verständliche Terminschwierigkeiten bei der Verfassung von Originalbeiträgen, sondern auch starke Bedenken, bereits veröffentlichtes Material zum Wiederabdruck zur Verfügung zu stellen.

Einer der angefragten Autoren mußte sich erst mit Freunden beratschlagen und lehnte dann ab, ein anderer hatte Angst, er könnte »im falschen Zusammenhang« zitiert werden, ein dritter wollte sich nicht »den Mund verbrennen«. Sogar ein zugesagtes und bereits begonnenes Interview wurde nach einer halben Stunde vom Befragten abgebrochen, weil er plötzlich »ein ungutes Gefühl« bekam. Das Motiv war nicht immer die Furcht vor Repressalien, aber es wurde deutlich, daß es sich um ein Reizthema handelt, das man lieber vorsichtig oder gar nicht anfaßt.

Der vorherrschende Tenor bei denen, die keine Berührungsängste zeigten, war eine Anerkenntnis der Leistungen und Wirkungen Drewermanns bei gleichzeitiger Anmeldung von Kritik in der Sache.

Doch warum kann darüber nicht offen gesprochen werden? Warum muß ein Priester, der von der gültigen Lehrmeinung abweicht, aber den Menschen ganz offensichtlich Wesentliches zu sagen hat, den Weg über die Öffentlichkeit wählen, um sich Gehör zu verschaffen? Reicht die Diskussionsfreiheit in der katholischen Kirche nicht aus, um im ehrlichen Dialog die Spreu vom Weizen zu trennen?

Jede Seite beruft sich auf ihren guten Willen und zählt die ausgeschlagenen Gesprächsangebote auf. In kleinlicher Erbsenzählerei wird vorgerechnet, wer sich wann verweigert hat und wer die Schuld an der Eskalation trägt.

Daß Erzbischof Degenhardt keine große Lust mehr verspürt, sich auf einen direkten Austausch von Argumenten einzulassen, mag noch verständlich sein. Ihm wurde von Drewermann ein »dringliches Aufklärungsdefizit« attestiert und purer Sakramentalismus und Fundamentalismus.

Vor die Wahl gestellt, seine getroffenen Entscheidungen zurückzunehmen und anzuerkennen, daß er auf dem Sprachniveau von Konzilsbeschlüssen aus dem 16. Jahrhundert stehengeblieben ist, oder weiterhin als unreflektiert Glaubender, ewig Gestriger zu gelten, überläßt er den Gang der Dinge den langsam, aber zuverlässig mahlenden Mühlen der kirchlichen Bürokratie.

Doch wo sind die Theologen, deren Informationsstand angeblich so viel höher ist? Wenn es sie wirklich gibt, wie Drewermann behauptet, dann liegt das eigentliche Versagen der katholischen Kirche darin, sie nicht zu Wort kommen zu lassen. Die zur Diskussion stehenden Thesen sind lange genug bekannt, um fundiert dazu Stellung nehmen zu können.

Nur so, nicht mit Dekreten und formalisierten Verurteilungen, kann die Kirche unter Beweis stellen, ob sie in der Lage ist, ihrem Anspruch auf verbindliche Normgebung auch am Ende des zweiten Jahrtausends noch gerecht zu werden.

Andernfalls muß sie das Feld für charismatische Neuerer wie Drewermann räumen und sich mit einer fundamentalistisch orientierten Gemeinde begnügen, weil die Menschen, deren Bedürfnis nach Offenheit, Pluralität und Toleranz unbefriedigt bleibt, ihr davonlaufen.

Dann wird es belanglos, ob Rom die Maßstäbe setzt oder die seelische Befindlichkeit des einzelnen.

Wie immer man Drewermann einschätzt, als Reformator oder Häretiker, ergriffenen Verkündiger oder demagogischen Irrlehrer, die Beachtung, die seine Bücher und Vorträge finden, deckt Mangelerscheinungen innerhalb der katholischen Kirche auf. Sowohl in der Art und der Vermittlung des Heilsangebots, die vielen Gläubigen nicht mehr genügen, als auch im Umgang mit mißliebigen Andersdenkenden. Das dadurch verlorengegangene Vertrauen läßt sich nicht durch Verfügungen und Totschweigen zurückgewinnen.

Mit einer Spekulation darauf, daß es lediglich zur Bildung einer erträglich kleinen Personalgemeinde kommt, während die Mehrheit der Drewermann-Befürworter zähneknirschend unter dem Schutzdach der Dome bleibt, kann die Kirche die Zukunft nicht gewinnen, selbst wenn sie diesmal noch recht behalten sollte.

Nur wenn sich im theologisch redlichen Streitgespräch herausstellt, daß die tiefenpsychologische Bibelexegese in der Lesart Drewermanns nicht einmal als Ergänzung in Predigt und Seelsorge zulässig ist, kann dieser neue Ansatz glaubwürdig verworfen werden.

Solange aber den kirchlichen Maßnahmen der Ruch anhaftet, nur Ausfluß von Machtpolitik zu sein und sich weniger gegen eine Idee, sondern vorrangig gegen eine Person zu richten, die bestehende Strukturen bedroht, drängen persönliche Diffamierungen und gegenseitige Schuldzuweisungen die Sachfragen weiter in den Hintergrund. Bis zur klärenden Scheidung der Geister muß der Grundsatz gelten: In dubio pro reo.

Fast alle bisher erschienenen Dokumentationen hatten die Zielrichtung, Drewermann in die unrühmliche Reihe der Inquisitionsopfer zu stellen. Die vorliegende Anthologie versucht anhand von positiven wie kritischen Stimmen einen Gesamteindruck zu vermitteln.

Sie ist weder ein Solidaritätsbeitrag für Drewermann noch eine Unterstützung der kirchlichen Argumente. Der erste Teil verdeutlicht die unterschiedlichen Standpunkte und zeichnet die Stationen des Konflikts nach. Auszüge aus dem langen Briefwechsel zwischen Drewermann und Degenhardt und mehrere Interviews geben einen Einblick in Inhalte und Formen des Dialogs.

Im zweiten Teil äußern sich katholische und protestantische Theologen und Journalisten, wobei häufig klare und manchmal sehr persönliche Positionen bezogen werden. Der Querschnitt reicht von sachlichen Analysen bis zu Charakterisierungen der Person Drewermanns.

Daß die tiefenpsychologische Exegese mittlerweile auch im Religionsunterricht zur Sprache kommt, zeigen Sigrid Haape und Helmut Benz.

Den Abschluß bildet die Journalistin und Schriftstellerin Eva-Maria Alves mit einer literarischen Annäherung an das Thema.

I.

Die Streitpunkte

Die Zwänge einer »fertigen Lehre«

Interview mit Eugen Drewermann

Deutsches Allgemeines Sonntagsblatt: *Herr Dr. Drewermann, als katholischer Priester und als Psychoanalytiker verkörpern Sie zunächst eine seltene und deshalb auffällige Kombination von Berufen, von theoretischen Erkenntnismöglichkeiten und praktischer Berufsausübung. Blickt man aber tiefer, so gehören die Aufgaben der Seelsorge des Theologen und Priesters und das Gesundmachen, das Bemühen um das Heil der Seele, des Psychotherapeuten ja ganz eng zusammen. Was hat Sie dazu geführt, Priester und Psychotherapeut zu werden? Wer eigentlich ist Eugen Drewermann?*

Dr. Eugen Drewermann: Priester bin ich geworden, weil ich geglaubt habe, es müsse in unserem eigenen Leben und auch für andere so etwas geben wie Gnade und Vergebung. Ich selber spürte, nur leben zu können im Glauben an eine Gnade, die ergänzt, heilt, und daß es so etwas gibt wie ein »Wunder der leeren Hände«. Ich spürte, daß man Menschen etwas geben kann: an Frieden und an Heil.

Es ist falsch, wenn manche Rezensenten in mir vor allem einen Vertreter der Psychoanalyse im katholischen Raum erblicken. Ich verstehe meine Arbeit vielmehr auf dem Hintergrund der Existenzphilosophie und der Daseinsanalyse des deutschen Idealismus. Die Psychoanalyse ist für mich ein Organ, Ängste im Menschen zu verstehen, Hilflosigkeiten, Tragödien an Verwirrung und Unheil aufzuarbeiten, statt die Menschen zu verurteilen.

Zur Beschäftigung mit der Psychoanalyse bin ich durch praktische Erfahrungen gekommen. Sie müssen sich vorstellen, daß ich mich als Vikar nach sieben Jahren theologischen Studiums in einem Zustand befand, in dem ich hoch ideologisiert war. Plötzlich trat ich heraus aus dem Gemäuer und fand Menschen, für die die Antworten, die ich jahrelang gelernt und auch geglaubt hatte, überhaupt nicht paßten. Es war nicht möglich, das, was ich in dieser Erschütterung vor mir sah, abzulehnen oder mit kirchlichen Lehrbegriffen der Moraltheologie zu versehen. Das blanke Eingeständnis, das an menschlichem Leid mir Zugetragene nicht verstehen zu können, hat mich zur Psychoanalyse gebracht.

Damals habe ich nicht gewußt, wie tief die Psychoanalyse einen selbst verändert und notwendigerweise ändern muß, ehe man für andere hilfreich werden kann.

DS: *Wächst daraus auch Ihr Selbstverständnis?*

Drewermann: Ich habe inzwischen ein ziemliches Mißtrauen gegenüber Gedanken, die nicht fühlbar sind, und gegenüber Gefühlen, die man nicht denken darf. Ich leide sehr an der Aufspaltung in Gesellschaft und in Kirche und daran, eine Ideologie der Erfahrungsfeindschaft und Ferne lehramtlich weitergeben zu sollen und umgekehrt einem Chaos von Gefühlen gegenüberzustehen, die sich nicht ordnen lassen, nicht integrierbar werden, weil zwischen Wahrheit und Barmherzigkeit immer wieder künstliche institutionelle Trennwände gezogen werden.

Die Psychoanalyse als Hilfsorgan, tiefer fromm zu sein

Die menschliche Psyche, gerade bei den Katholiken, inmitten der Kirche ist in einem desolaten Zustand. Es gibt geschlossene Formen kompakter Ideologiebildung, Angstabschnürung vom Leben draußen, Einengung nach innen und Reglement in jedem Detail des Lebens; statt einer Offenheit des Fragens, der Erlaubnis des Scheiterns, des gemeinsamen Versuchs, Wahrheit zu finden, statt sie immer schon zu haben, der Orientierung am wirklichen Leben, statt an den festgeschriebenen Formen einer fixen Lehre. Daran leide ich sehr, denn ich möchte Priester dieser Kirche sein. Und für mich ist die Psychoanalyse nie etwas anderes als ein Hilfsorgan gewesen, tiefer fromm zu sein.

DS: *Wer Ihre zahlreichen Veröffentlichungen kennt, dem vermitteln Sie das Bild eines interreligiösen Intellektuellen, eines zwischen den Religionen der Welt Stehenden, der auf dem Weg der Wahrheitssuche verschiedene Quellen ausschöpft, der sich auf die Sprache von Bildern und Symbolen versteht und sie unserer heutigen Wirklichkeit als Korrektiv entgegenhält.*

Wie sieht aus Ihrer Sicht die gegenwärtige Befindlichkeit des Menschen in unserer Gesellschaft aus? Ich denke an vorhandene Machtstrukturen, an bestehende Sehnsüchte, an wahrgenommene Auswege und Fluchtwege. Hier ist doch der Priester genauso gefordert wie der Psychotherapeut.

Drewermann: Das Christentum hat in der abendländischen Auslegung seiner selbst geglaubt, das Erbe der Religionsgeschichte ohne Schaden ausblenden zu können. Man wollte im Christentum die eigene Exklusivität bewahren, indem man ein Denken züchtete, das ständig Unterschiede hervorhob statt Gemeinsamkeiten und integrative Formen des Lebens. So, daß der Mensch ganz anders sei, als die Tiere sind, am Menschen das Denken ganz anders sei als das Fühlen, bei den Christen die eigene Religion ganz anders als die Religionsgeschichte, in der Kirche wiederum die Kleriker ganz anders seien als die Laien. Es ist ein Denken in patriarchalischem Intellektualismus und ein Ausufern von Differenzierungen. Am Ende steht eine Menge von Abspaltungen und unterdrückten Formen seelischer Reste, die wir nur noch fürchten, statt sie integrieren zu können.

Es ist ja nichts Kleines, in einer Welt zu leben, in der es eigentlich keine Asylstätte für Menschen gibt, die sich verloren und verlaufen haben; keine Orte, wo man dem hundertsten Schaf nachgeht, sondern nur die Herde kommandiert und dirigiert, wo es Formen des Nicht-machen-Müssens, auch als Ausfall, nicht mehr gibt.

In der Kirche, so sehe ich, werden die Leute in einem fertigen Zustand geglaubt, weil sie getaufte Christen sind. Als ob die gesamte Erlösungsgeschichte für das sieben-, achttägige Baby mit der Taufe erledigt wäre und man jetzt nur noch nach den Moralvorstellungen der Kirche leben müßte, um zu wissen, was ein erlöster Christ sei. Das ist absurd, weil das Christentum ursprünglich von Dingen spricht, die als so einschneidend erlebt werden müssen wie der Übergang von Tod zu Leben, von Unfreiheit zu Freiheit, von Verlorenheit zu Rettung.

Von diesem Abenteuer der Seele wagt das Christentum in seiner heutigen Form kaum etwas zu realisieren. Dieser Verrat an sich selber ist ein Verrat an den Menschen, die leiden und suchen. Deshalb, wirklich nur deshalb, möchte ich die Psychoanalyse als kritisches Organ der Theologie gegenüberstellen, weil man dort nicht umhinkommt, all den Suchwegen der Seele auf Leben und Tod nachzugehen.

DS: *Das war jetzt eine Palette diagnostischer Schlaglichter. Welche Therapie tut heute not?*

Drewermann: Die Kirche könnte eine wunderbare Gesellschaft sein, wenn sie täte, was sie sagt. Als Jesus seine Jünger ausschickte, gab er ihnen auf den Weg, sie sollten Kranke heilen, Menschen die Hände auflegen und Dämonen vertreiben. Setzen wir für Dämonen »Neurosen« und »Psychosen«, dann ist es der Wesensauftrag des Christentums, Menschen seelisch zu heilen – durch die Gegenkraft zu jeder Angst, durch eine Form von Vertrauen, die bis in die Wurzel hinein das Mißtrauen sich selber gegenüber, den Herd der Schuldgefühle, des ständigen Abgrunds, aufarbeitet.

Jesus wollte den Menschen einen Schutzraum eröffnen, in dem sie sich geborgen und akzeptiert fühlen können, vorurteilsfrei und bedingungslos vor Gott. Also müßte die Kirche, die offizielle Theologie, wieder eine Form der Selbstreflexion lernen, die den suchenden und scheiternden Menschen ein Aufenthaltsrecht inmitten ihrer eigenen Reihen gibt.

Seit den Tagen des Paulus und des Augustinus lautet die christliche Erlösungslehre, daß sich Menschen gegen die Macht ihrer eigenen Angst und Gefangenschaft nicht befreien können. Das einzige, was Menschen rettet, wäre die

Begegnung mit einer unbedingten Gnade. Die Kirche sollte eine Gemeinschaft von Menschen sein, die durch die Entdekkung eines sie zusammen tragenden Vertrauens zusammenhalten. Was wir de facto in der Kirche vor uns haben, sieht mir nicht so aus.

Ich kann das nur so bitter sagen: Es geht zu wie in den Tagen Jesu. Eine bestimmte Gruppe von Menschen hält den Schlüssel zum Himmelreich in Händen, bürdet aber dauernd den Leuten Lasten auf, an die sie selber niemals rühren.

DS: *Welches Bild vermittelt die Kirche Ihren Einsichten nach von sich selbst, und welches Menschenbild hat die Kirche?*

Drewermann: Im Unterschied zu den Tieren sind wir die einzigen Lebewesen, die kraft unserer Vernunft individuell existieren können und die deshalb den Tod als eine Herausforderung empfinden, auf die es mit den Mitteln der Biologie keine Antwort gibt. Schon deshalb brauchen Menschen, um sich wagen zu können, einen absoluten Hintergrund, der sie über dem Abgrund trägt. Das müßte die Religion tun. Insofern käme es darauf an, auf die Angst der menschlichen Existenz zu antworten, und die Religion hätte dafür wunderbare Bilder zur Verfügung: Formen des Spielens innerhalb ihres Rituals; Symbole der Anschauung über Leben und Tod, über die Ewigkeitsbedeutung jedes menschlichen Lebens, über die unveräußerliche Würde eines jeden Menschen, weil er ein Kind Gottes ist.

Das Bild, das die Kirche heute gibt, ist so nicht. Sie macht den Eindruck, eine Moralanstalt zu sein, die bestimmte bürgerliche Werte festschreibt, den einzelnen auf allen möglichen Wegen zu normieren versucht, merkwürdigerweise sehr viel Geduld und Verständnis hat mit Strukturen der Macht, den Zwängen, die dann scheinbar gesellschaftlich objektiv und unüberwindlich sind.

DS: *Sie haben einmal gesagt, die Kirche gleiche der letzten Besenkammer, die voll sei von Gespenstern und seelischem Durcheinander, in der es aber immer noch möglich sei zu leben. Wie verstehen Sie sich denn jetzt eigentlich – als »psychotherapeutische Müllabfuhr« oder als »theologischer Überlebenskünstler« innerhalb geistiger und geistlicher Schutthalden?*

Drewermann: Ich kämpfe ganz sicher um mein Überleben. Und vermutlich ist meine Perspektive ein Stück einseitig dadurch, daß ich zum größten Teil des Tages mit Menschen zu tun habe, die irgendwie mit dem Raum Kirche noch in Berührung gekommen sind und samt und sonders daran geschädigt wurden. Die Entdeckung ist für mich erschreckend, daß Leute, die sogar beamtetermaßen in hohen Positionen der Kirche sein können, nach Jahren der Psychotherapie das, was sie für Religion hielten, immer mehr abbauen, ganze Phasen des praktischen Atheismus sich auferlegen müssen, ehe wieder ein religiöses Wort zu stimmen beginnt. Und das sind die Besten.

So wächst mir die Vermutung, daß die anderen sich lediglich die Konflikte ersparen, indem sie sie anderen Menschen auferlegen. Man kann dieses Dilemma sofort daran überprüfen, inwieweit jemand in der Kirche wagt, ein Individuum zu sein, eine eigene Meinung zu haben, selber zu lernen aus seiner eigenen Biographie und der seiner Mitmenschen: menschliche Evidenzen von Mitleid gelten zu lassen, womöglich gegen die Ideologie; Zwänge, in die er objektiv seit Kindertagen hineinerzogen wurde, aufzusprengen, wenn es nötig ist. Das alles sind die Verhaltensformen Jesu gewesen, dafür hat man ihn gekreuzigt. Aber den Prozeß, Menschen zu erlösen vom objektiven Zwang einer ständig fertigen Lehre, müssen wir in den eigenen Reihen heute wieder neu lernen.

DS: *Krankt denn Ihrer Einsicht nach der Mensch an der Kirche, oder krankt umgekehrt die Kirche am Menschen? Gilt gar beides?*

Drewermann: Die Kirche tut so, als ob sie ein Recht hätte, an den Menschen zu kranken. Sie hat aber kein Recht dazu, denn sie ist für die Menschen da.

In der Gesellschaft glauben – rein statistisch – noch etwa vierzig Prozent der Menschen an ein »Leben nach dem Tode«. Die Kirchenbesuche liegen bei fünfundzwanzig Prozent am Sonntag. Das alles kränkt die Kirche, und sie fühlt sich von den Menschen verlassen, schimpft auf die Gesellschaft, daß die zu liberal ist, zu hedonistisch, also glücksbesessen und luststrebend und sexuell zu permissiv und zu konsumistisch – kurz, sie hat lauter Formeln, um sich die Wirklichkeit zu ersparen. Aber die Menschen haben Wahrheiten nicht, sondern wollen sie suchen; sie kennen menschliche Formen wirklicher und wahrer Begegnung nicht schon, sondern wollen sie probieren dürfen; sie wollen das Risiko des Scheiterns auf sich nehmen, individuell genauso wie oft beruflich. Daß die Menschen keine Hilfe dabei erfahren, macht sie krank an der Kirche.

In der Psychotherapie kommen immer wieder Frauen zu mir, die Mutter sein mußten, ehe sie überhaupt Frauen sein durften; Priester, die ein Amt bekleiden mußten, ehe sie überhaupt wußten, wer sie als Person sind; Leute aus dem öffentlichen Leben, die womöglich in der Kirche einen hohen Posten haben, aber nicht zugeben dürfen, daß ihre Ehe längst gescheitert ist; sie müssen sie aufrechterhalten, nur noch als Fassade.

Dieser Status öffentlicher Heuchelei wird so nicht mehr toleriert. In unserer Gesellschaft möchte man eine Übereinstimmung von innen und außen, keine Dauerpflicht zur Lüge. Damit kommt die Kirche nicht zurecht, doch sie müßte es, um ihrer Wahrheit willen. Solange das nicht geschieht, werden wir den Menschen nicht helfen können. Die Christen glauben an einen Gott, der in die Unterwelt hinabging, um eine verlorene Menschheit zu erlösen. Ich glaube, wir werden keinen Menschen erlösen, wenn wir nicht wagen, bis in die Unterwelt hinabzusteigen. Ich hege den Verdacht, daß sich das Christentum in der heutigen kirchlich organisierten

Form die Aufregungen erspart, die die Hölle kostet. Es macht sich den Himmel leicht und verwandelt damit die Erde in eine Gefangenschaft.

DS: *Wie sehen Sie das offensichtlich bestehende Spannungsfeld von Theologie, Kirche und Psychoanalyse?*

Drewermann: Mir geht es nicht um die Psychoanalyse, wenn ich ehrlich bin, sondern um Menschen. Zu deren Lebensvollzug zähle ich wesentlich die Fähigkeit, träumen und fühlen zu dürfen, Sehnsucht zu haben nach dem Unendlichen und Christus wahrzunehmen als einen Ort von Heilung.

Nur weil in der Kirche die Träume und die Gefühle verdrängt werden, greife ich zurück auf die Psychoanalyse. Nur weil die Kirche das nicht tut, was sie tun müßte, nämlich seelische Neurosen und Krankheiten zu heilen, scheint mir die Psychoanalyse heute das Nadelöhr für die gelebte Form von Christentum. Nur weil die großen Bilder, die in den Menschheitsreligionen und in der menschlichen Seele leben, von der Kirche mit ihrem Exklusivitätsanspruch ständig draußen gehalten werden, weise ich auf die Psychoanalyse hin als die Stelle, wo wir den kollektiven Bildern von Erlösung und von Heil gemeinsam nachgehen könnten.

DS: *Sie selbst haben von sich einmal gesagt, daß es kaum vermeidbar sei, »zwischen die Fronten« zu geraten, wenn einem die vertretenen Positionen wirklich ernst seien. Haben Sie konkrete Befürchtungen?*

Drewermann: Es ist für mich ein erstaunliches Phänomen: Ich bekomme jeden Tag Post, im Verlauf von Monaten Hunderte von Briefen von Menschen, deren Rechtschreibung oft zu wünschen übrig läßt, deren Ausbildung oft minimal ist und von denen, obwohl ich glaube, ziemlich kompliziert zu schreiben, ich mich sehr gut verstanden fühle.

Umgekehrt gibt es Leute, die haben jahrzehntelang studiert und verstehen von dem, was ich sagen möchte, schon im Anliegen kein Wort, geschweige denn, daß sie begreifen wollten, daß ich Lösungen für bestimmte Probleme vorschlage. Der Unterschied liegt meines Erachtens darin, ob jemand bei sich selbst und bei Menschen, die ihm nahestehen, verstanden hat, was seelisches Leid ist. Es gibt offenbar eine Form von affektiver Blindheit, die nicht ungefährlich ist: wenn Menschen mit sich selber scheinbar keine Schwierigkeiten haben, sich einen objektiven wissenschaftlichen Standpunkt zuzulegen, Beunruhigungen des Daseins für nicht existent erklären und nicht merken, wie sie in andere Menschen all die Schwierigkeiten hineinschieben, die sie bei sich selbst nicht sehen. Damit zu diskutieren und zu sprechen ist menschlich sehr schwierig. Ich selbst habe keine Angst mehr. Ich wollte nie ein Amt bekleiden außer dem des Priesters – und das möchte ich von innen her leben, nicht weil es vorgeschrieben ist. Wir können nur dann etwas bei Jesus lernen, wenn wir uns solidarisieren mit den Menschen, an deren Seite wir sowohl Leid erfahren als auch etwas von Gottes Gnade. Es macht einen Unterschied, ob man Zuflucht sucht beim »Apparat«, der immer schon weiß und dann von oben herab mitteilt, wie Menschen sein müssen.

Jesu Anliegen zeigt sich in dem Satz der Bergpredigt: Selig sind die Weinenden! Gott ist jedem Menschen, der leidet, näher als bei all denen, die »wissen«, wieso Menschen schuldhaft leiden. Bei jedem, der versucht, einen Menschen zu verstehen, ist mehr von Jesus wirklich als bei denen, die von außen sagen, wie das Leben auszusehen hätte.

Ich verlange von den Theologen, daß sie die Fragen und Beunruhigungen wiederbekommen, die ihnen die einfachsten Frauen auf dem Markt erklären könnten, wenn man ihnen nur erlauben würde, zehn Minuten lang ihre vergangenen fünfundzwanzig Jahre Ehe zu erzählen. Weil wir uns das nicht anhören und weil wir solches immer schon wissen, kommen wir mit uns selber und mit den Menschen nicht zurecht.

DS: *Eine zentrale Stellung nimmt in Ihren Veröffentlichungen das Jesuswort ein: »Und wenn dich einer nötigt, eine Meile mit ihm zu gehen, so gehe zwei mit ihm.« Was bedeutet dies konkret?*

Drewermann: Jeder kennt zur Genüge Menschen, die stellvertretend für andere immer wußten, wo es langgeht. Eine Auskunftei von Fertigen ist das Schädlichste von allem.

Jesus schwebt die Überzeugung vor, daß wir den Weg des anderen nicht zu kennen brauchen und auch objektiv nicht kennen. Wir sollten lediglich den andern begleiten, dahin, wohin er selber gehen möchte: nach Hause, in den Stunden, in denen es dunkel wird und er Angst hat. Wenn er keinen Weg mehr sieht und sich sehr allein fühlt, braucht er uns an seiner Seite – nicht weil wir es besser wüßten für ihn, sondern weil wir gemeinsam mit vier Augen besser sehen als er allein, angstverwirrt.

DS: *Es geht Ihnen also einmal um das konkrete Ernstnehmen des Menschen und zum anderen um die Wahrheit Gottes?*

Für jede Not gibt es eine Heilung

Drewermann: Nehmen Sie das Beispiel aus dem Neuen Testament: Es kommt eine Frau zu Jesus, die seit Jahren von Arzt zu Arzt gelaufen war, weil sie blutflüssig ist. Sie hat nur einen Gedanken: Wenn sie verstohlen – von hinten – den Saum seines Gewandes berührt, wird sie gesund werden. Mit Geschichten dieser Art hat die frühe Kirche sich verständlich zu machen versucht, bei Juden und Heiden. Sie wollte sagen: Mit welcher Not du auch immer kommst, es darf dafür eine Heilung geben. Ich möchte dieses Bild ganz wörtlich nehmen: Die Menschen, mit denen wir es zu tun haben heute, wissen von Gott vielleicht überhaupt nichts. Aber sie leiden, und sie möchten einen Ort finden, wo der Blutfluß, die ewige Verletzung am eigenen Frausein oder Mannsein, die ewigen Verstümmelungen ein Ende finden. Das ist die Wahrheit Gottes und die Wahrheit der Menschen. Für mich hat das sehr viel zu tun mit Schöpfungsglaube und mit Erlösung.

Wir kennen die Not der Menschen draußen, die Wahrheit des eigenen Herzens aber nicht mehr. Die Statistiken sagen uns, bis zu siebzig Prozent der Stadtbevölkerung sind heute neurotisch. Mit den Menschen könnten wir leben, sollten wir leben. Und wir brauchten die Religion, um ihnen zu helfen. Was hätten sonst die Bilder der Kirche für einen Wert, wenn wir sagen: Gott ist für uns wie »Brot« oder wie »Wein« oder wie »Weg« oder wie »Wasser«?

Das Interview führte Bernd Marz

Briefwechsel

Erzbischof Degenhardt an Eugen Drewermann vom 5.1.1987

Lieber Mitbruder,

Sie haben im Herder-Verlag im vergangenen Jahr ein Buch herausgebracht unter dem Titel »Dein Name ist wie der Geschmack des Lebens«. In diesem Buch haben Sie eine tiefenpsychologische Deutung der Kindheitsgeschichte nach dem Lukas-Evangelium vorgelegt.

Manche Äußerungen in Ihrem Buch scheinen mir mit dem katholischen Glauben kaum vereinbar zu sein. Zumindest sind einige Formulierungen so, daß sie ein Verständnis nahelegen, das dem Glauben der katholischen Kirche zu widersprechen scheint.

Ich möchte Ihnen heute zwei Fragen vorlegen, zu denen ich Sie um eine schriftliche Äußerung bitte:

1. Wie ist das Bekenntnis zu Jesus Christus im Glaubensbekenntnis nach Ihrer Auffassung zu verstehen »Ich glaube an den einen Herrn Jesus Christus, Gottes eingeborenen Sohn ... eines Wesens mit dem Vater ... Er hat Fleisch angenommen durch den Heiligen Geist von der Jungfrau Maria und ist Mensch geworden«?

Im einzelnen frage ich:

a) Ist die Gottessohnschaft Jesu etwas ganz Einzigartiges und Einmaliges? (Vgl. S. 24, wo Sie schreiben, daß die Frage sich für die christliche Theologie ganz neu stelle, »was mit diesem Glauben an die Gottessohnschaft im Sinne eines mythischen Symbols gemeint ist«.)

b) Ist die Gottesgemeinschaft Jesu nur ein »Bild«? (S. 146, Anmerkung 139.) Wie verstehen Sie das Zitat von Bultmann (aus Jesus Christus und die Mythologie, 14) auf Seite 146, Anmerkung 39?

c) Ist der Schoß der Jungfrau Maria nur ein Bild, nur ein archetypisch vorgegebenes, ein Symbol (vgl. S. 146, Anmerkung 39)?

d) Was bedeutet Ihre Aussage auf der Seite 42, daß die Gottessohnschaft Jesu Christi ein archetypisches Symbol ist?

Ist diese Aussage so zu verstehen, daß mit der Person Jesus von Nazaret alle menschlichen Erfahrungen verschmelzen, die in jedem Menschen angelegt sind, wenn es um Neuanfang, Regeneration, Wesensverwirklichung und Ganzwerdung geht?

e) Was meinen Sie mit der Aussage auf Seite 59, daß der Zentralbegriff des christlichen Glaubens, die Gottessohnschaft, sich der altägyptischen Religion (ca. 3000 v. Chr.) verdanke?

f) Können wir den christlichen Glauben nur verstehen, wenn wir die altägyptischen Riten durchmeditieren?

2. Frage: Kindheitsgeschichten Jesu nach Lukas

a) Sie sagen auf Seite 20, man dürfe die Kindheitsgeschichten Jesu, die mythische Texte seien, nicht »als geschichtliche Darstellungen im äußeren Sinne lesen«. Was heißt »im äußeren Sinne«?

b) Was ist gemeint, wenn Sie auf Seite 82 sagen, die Geburtsgeschichte Jesu sei weder »historische« Nachricht noch »subjektive Vorstellung«?

c) Wie ist Ihre Aussage auf Seite 88 »Die Geburt des Gottessohnes vollzieht sich nicht auf der Ebene der Historie; sie ereignet sich auf einer Ebene der Wirklichkeit, die sich nur in den Bildern des Mythos beschreiben läßt«, in Übereinstimmung zu bringen mit der Aussage des Zweiten Vatikanischen Konzils, Konstitution »Dei verbum«, Artikel 19, wo es heißt: »Unsere heilige Mutter, die Kirche, hat entschieden und unentwegt daran festgehalten und hält daran fest, daß die genannten Evangelien, deren Geschichtlichkeit sie ohne Bedenken bejaht, zuverlässig überliefern, was Jesus, der Sohn Gottes, in seinem Leben unter den Menschen zu deren ewigem Heil wirklich getan hat, bis zu dem Tag, da er aufgenommen wurde.«?

d) Wie verstehen Sie die Aussage des Zweiten Vatikanischen Konzils, Konstitution »Lumen gentium«, Artikel 63: »Im Glauben und Gehorsam gebar sie (Maria) den Sohn des Vaters auf Erden, und zwar ohne einen Mann zu erkennen, vom Heiligen Geist überschattet ...«?

Ich möchte Sie bitten, Ihre schriftliche Antwort kurz zu fassen und mir innerhalb der nächsten vier Wochen zuzuschicken. Gegebenenfalls kann Ihre Antwort Grundlage eines weiteren Gespräches sein.

Mit besten Grüßen und Segenswünschen

Eugen Drewermann an Erzbischof Degenhardt vom 30.1.1987

Sehr geehrter Herr Erzbischof,

als ich Ihre Anrede, lieber »Mitbruder« las und mein neues Buch »Dein Name ist wie der Geschmack des Lebens« in Ihrem Brief vom 5.1.87 erwähnt fand, dachte ich einen Moment lang voller Freude, es sei dies in mehr als 20 Priesterjahren das erste persönliche Wort, das Sie an mich richten würden. In der Tat könnte ich Ihnen viele Briefe von mir völlig unbekannten Personen zeigen, die nach der Lektüre dieses Buches den Wunsch verspürten, mir zu schreiben; die meisten bedankten sich für die Weihnachtsfreude, die ich Ihnen damit gemacht hätte, manche meinten sogar, sie hätten seit Jahren wieder ihr erstes wirkliches Weihnachten feiern können. Es gab auch einige – verschwindend wenige – kritische Anfragen, denen ich als Autor freilich stets größte Aufmerksamkeit schenke; aber alle Briefe – oder mündliche Stellungnahmen – verrieten in irgendeiner Weise ein persönliches Engagement, eine innere Auseinandersetzung, ein Stück Betroffenheit.

Ich kenne diese Art von Resonanz seit vielen Jahren, schreibe ich meine Bücher doch selbst mit starker innerer Anteilnahme, und besonders mein Buch über die Kindheitsgeschichte Jesu nach Lukas habe ich versucht so persönlich dicht, ja dichterisch zu schreiben, als ich irgend konnte.

Ich habe, als ich Ihren Brief zu lesen begann, also wirklich einen Moment lang geglaubt, ich hielte den Brief eines »Mitbruders« in der Hand. In Wahrheit ist dieser Brief unter Hunderten und Tausenden von Reaktionen auf meine inzwischen über 20 Bücher der bisher einzige, der ohne jedes eigene Gefühl und Empfinden, ohne auch nur die Andeutung eines persönlichen Eindrucks, ohne die geringste menschliche Auseinandersetzung auf etwas »antwortet«, das man nicht verstehen kann ohne Gefühl, Empfinden, Phantasie und Poesie.

Darf ich es offen sagen?

Es handelt sich um das Schreiben eines Mannes, den man beauftragt hat, in meinem Buch die vermeintlich »kritischen« Stellen herauszusuchen und in Form von »Anfragen« als »Ermittlungsunterlagen« aufzuarbeiten. Im Sommer des vergangenen Jahres anläßlich Ihres Firmungsbesuches haben Sie mir in einem »Gespräch« von sechs Minuten Länge mitgeteilt, »man« lese »in Rom« meine Bücher. Ich vermute, daß Sie seitdem glauben, Ihrer Amtspflicht im Sinne der Lehraufsicht mir gegenüber obliegen zu müssen. Vielleicht sind Sie deshalb wirklich der Mann, der mit diesem Brief seine Beauftragung erledigen wollte. Aber hat er sie erledigt?

Sie hätten von S. 98 an mein Buch nur sich selber vorzulegen brauchen, und Sie hätten darin die beste Weihnachtspredigt gefunden. Aber haben Sie mein Buch überhaupt bis dahin gelesen? – Sie hätten in der Auslegung der Geschichte vom zwölfjährigen Jesus im Tempel eine Meditation finden können, mit der Sie jede Firmpredigt hätten »bestreiten« können. Aber haben Sie bis dahin gelesen? – Die ehemals zwischen uns scheinbar so kontroverse Frage über das Verhältnis von Ethik und Religion, Gesetz und Evangelium, habe ich (noch einmal) in der Auslegung der Begegnung zwischen Elisabeth und Maria zu beantworten versucht. Der Mann, der mir den Brief vom 5.1.87 zustellen ließ, scheint entweder unsere vorherigen »Gespräche« oder mein Buch in diesen Passagen nicht zu kennen. Man hat ihn offenbar nur darauf angesetzt, die Herleitung des Glaubens an die Gottessohnschaft Jesu aus dem alten Ägypten als »wohl kaum katholisch« rot anzustreichen. Etwas anderes wollte er scheinbar in dem Buch nicht lesen; etwas anderes hat er jedenfalls darin nicht gelesen; und so hat er eines wenigstens erreicht: Er hat gezeigt, wie man Bücher nicht lesen kann, die religiöse Symbole nicht nur erklären, sondern selbst zur Sprache bringen wollen.

In der Tat: Die Erzählungen über die Empfängnis und Geburt des Gottessohnes sind symbolische Erzählungen; sie sind keine Berichte von äußeren Tatsachen, sondern enthalten die Wiedergabe inneren Erlebens; sie sind nicht durch Beobachtungen des (ich muß mich so ausdrücken:) Zeugungs- und Geburtsvorganges Jesu entstanden, sondern sie sind aus bestimmten Erfahrungen mit seiner Person erwachsen; sie sprechen demgemäß nicht von der biologischen Herkunft Jesu, sondern von dem Wesen seiner Person; sie liefern keine »Fakten«, die den Glauben von außen handgreiflich beweisen würden, sondern sie artikulieren den Glauben an Jesus Christus mittels derjenigen Bilder, die in unserer Seele bereitliegen, um die Begegnung mit einer absoluten Person auszusagen. Nicht einmal die Apokryphen versuchen, recht verstanden, etwas anderes; wir aber als Theologen sollten bei der Lektüre der Bibel inzwischen wissen, was literarische Genera, überlieferungsgeschichtliche Tatsachen, religionsgeschichtliche Parallelen und – nur dafür plädiere ich zusätzlich: – was archetypische Symbole sind.

Es führt in der Tat kein Weg mehr hinter Bultmann zurück; es gilt im Gegenteil zu sehen, wie ungeheuer groß der religiöse Schaden ist, der dadurch entstand und entstehen muß, daß die Bibelkritik von Spinoza bis Reimarus, von Wrede bis Bultmann verboten oder ignoriert wurde und auch in der Gegenwart offenbar nur mit Widerstreben zur Kenntnis genommen wird. Als ich noch zur Schule ging, mußte ich stundenlang diskutieren, ob Adam und Eva ein individuelles Menschenpaar gewesen sein könnten – Teilhards Schriften erhielten damals noch infolge eines falschen Verständnisses der Schöpfungsgeschichte keine Druckerlaubnis; später meldeten sich die Schüler klassenweise vom Religionsunterricht ab. Im Studium hatte ich ernsthaft bei einem damals angesehenen Fundamentaltheologen zu diskutieren, obJesus »wirklich« in Anpassung an die Anschauungsweise seiner Zeitgenossen äußerlich sichtbar in den Himmel aufgefahren sei.

Diese Fragen sind heute erledigt. Aber nicht anders, sehr geehrter Herr Erzbischof, wollen Sie heute wissen, ob »der Schoß der Jungfrau Maria nur (sic.!) ein Symbol sei«, möchten Sie wissen, ob das Grab Jesu »leer« war, und überlesen Sie den Text der Bibel, die da sagt, daß selbst Josef der Vision eines Engels im Traum bedurfte, um das Geheimnis seiner Verlobten erkennen zu können, daß Maria selbst nur durch die Erscheinung eines Engels den Erlöser der Welt »empfangen« konnte und daß auch die Frauen das Grab Jesu nur geöffnet zu sehen vermochten, weil ein Engel herabstieg, um es zu öffnen, und aus dem Grabe zu den Erschrockenen redete.

Wie sieht man, wie hört man einen Engel?

Diese Frage u. a. wollte ich in meinem Büchlein so beantworten, daß man es mitfühlen, mitdenken, mitempfinden kann.

Ich glaube nicht, sehr geehrter Herr Erzbischof, daß es Ihre Pflicht sein kann, in Konsequenz eines absolut äußerlichen Wunderbegriffs jede Interpretation der Glaubenssymbole, die Symbole als Symbole auslegt, als »wohl kaum katholisch« fixieren und denunzieren zu müssen. Die Generation, die heute heranwächst, versteht mit 17 Jahren mehr von den Gesetzen der Natur als Descartes, Newton oder Darwin, und es kommt ganz entscheidend darauf an, ihre Fragen nicht mit einem fundamentalistischen Dogmatismus niederzuhalten, der doch nur auf Angst, Gedankenarmut und Unkenntnis bzw. Unbelehrbarkeit beruht und gewiß nicht von Vertrauen, Herzensweite und Lerneifer gegenüber den Geheimnissen Gottes angetrieben wird. – Zum »Problem« des Wunderbegriffs habe ich mich übrigens in »Tiefenpsychologie und Exegese«, Bd. 2, S. 46–308, recht ausführlich geäußert.

Es liegt mir sehr daran, zu betonen, daß die von Ihnen gestellten »Anfragen« sich *nicht* auf die von mir vorgeschlagene tiefenpsychologische Hermeneutik beziehen, sondern allesamt das Problem betreffen, das durch die historische Kritik an der Bibel entstanden ist. Ich halte in der Tat die historisch-kritische Exegese in ihrer gegenwärtigen Einseitigkeit für religiös fatal; denn es kann nicht genügen, immer wieder die mangelnde Historizität biblischer Erzählungen und Überlieferungen festzustellen, ohne imstande zu sein, den bleibenden Sinn und die menschliche Gültigkeit symbolischer Sprech- und Darstellungsweisen zu verstehen. Eben deshalb liegt mir daran, die historisch-kritische Exegese mit der Tiefenpsychologie zu verbinden, um die objektive Gültigkeit von Bildern wie dem Symbol der Jungfrauengeburt, der Gottessohnschaft, der Himmelfahrt etc. aufzeigen zu können. Diese Symbole sind so wenig unwirklich oder »nur subjektiv« wie die Anschauungsformen von Raum und Zeit und die Kategorien des Verstandes – wie der Satz von der Kausalität z. B., mittels dessen wir laut Vaticanum I Gott aus der Natur erkennen können –; aber es ist philosophisch nicht mehr möglich, einem naiven Realismus zu folgen, der so tut, als seien Raum und Zeit, die Kausalität, die Modalität, die Qualität, die Quantität Eigenschaften der Dinge an sich selbst.

Ganz analog betrachte ich die Symbole der Religion als apriorische Anschauungsformen zur Deutung der menschlichen Existenz, und ich bin Gott dafür dankbar, daß er uns derartige ordnende Chiffren der Menschlichkeit mit auf den Weg gegeben hat. Insbesondere die Anschauungsform der Gottessohnschaft ist gewiß nicht durch bestimmte historische, äußerlich beobachtbare Fakten bei der Geburt Jesu entstanden. Sie ist – dafür sprechen Religionsgeschichte, Ethnologie und Tiefenpsychologie einmütig – in der menschlichen Seele grundgelegt, und sie wurde, historisch gesehen im alten Ägypten, zum wesentlichen Zentrum des religiösen und politischen Lebens. Nach Ägypten muß also gehen, wer den Inhalt, die Bedeutung, die konkrete Poesie dieser Anschauungsform kennenlernen will. Dies zu erklären ist nicht sonderbarer, als im ersten Semester der Theologie darauf hinzuweisen, daß man nach Griechenland gehen muß, um den Inhalt und die Bedeutung bestimmter Begriffe wie Substanz, Ursache, Seiendes, Unendlichkeit u. a. zu studieren. Niemals besteht der Glaube im Feststellen äußerer Tatbestände und in der Festlegung auf äußere Tatsachen; immer ist er eine Bewegung der menschlichen Existenz, ein persönliches Verhältnis zum Absoluten. Was dazu gehört, sich zu Jesus von Nazaret so absolut zu verhalten, daß es möglich wird, ihn als Gottessohn zu erkennen, habe ich auf S. 59–67 dargelegt. Sollte es für jemanden, der diese Seiten mit Verstand gelesen hat, noch fraglich sein, daß ich die Erfahrungen, die einen solchen Glauben begründen, für einzigartig, unvergleichbar, von allem Ägyptischen auf charakteristische Weise unterschieden halte?

Ich bitte Sie eindringlich, sehr geehrter Herr Erzbischof, Ihr Amt so zu verstehen, daß Sie Geheimnisse hüten, nicht Tatsachen verwalten. Ein äußerlich verstandener Glaube ist immer gewalttätig, ob er will oder nicht, und er schafft schließlich Tatsachen, die die Kirche der geistigen Struktur nach zur Sekte zu machen geeignet sind, indem sie das Feld der Entfremdung, der Außenlenkung, der Zerstörung des Gefühls, der Unterdrückung von Geist und Gedanken, der Unmündigkeit erwachsener Menschen immer mehr ausdehnen, und es ist schlimm, immer wieder Menschen zu begegnen, die mit Berufung auf lehramtliche Schreiben bereits den Glauben wanken sehen, wenn man ihnen zumutet, was in der Neuzeit zweifelsfrei und unumgänglich ist: den Glaubensinhalt innerlich zu nehmen. Das Gespräch mit der Tiefenpsychologie, mit den modernen Naturwissenschaften, mit den nichtchristlichen Religionen läßt sich nur führen durch eine psychologische Vertiefung des eigenen Glaubensbegriffes, nicht aber durch einen Rückfall auf Positionen, die sich, zur Pflicht erhoben, dem Wissen und dem Reflexionsniveau der Zeit auf eine groteske Weise verschließen würden.

Gewiß werden Sie Exegeten finden und vielleicht auch zum Schreiben gegen mich ermutigen können, die speziell in der Frage meines Buches den Anteil der alttestamentlichen Tradition auf die Formung der lukanischen Kindheitsgeschichte höher einstufen als ich; diese Exegeten aber werden dann vor dem Problem stehen, den Begriff »Gottessohn« nicht im Sinne der katholischen Dogmatik, sondern wirklich »nur« als Interpretament des Begriffes »Davidssohn« verstehen zu können. Einen Exegeten, der in der Öffentlichkeit die Erzählungen von Nazaret und Bethlehem für historische Berichte erklärt, werden Sie im ganzen deutschen Sprachraum heute nicht mehr finden. Das Problem, das sich daraus ergibt, habe nicht ich verursacht, ich habe versucht es zu lösen – im Sinne und zugunsten der katholischen Dogmatik, wie ich überzeugt bin.

Mit freundlichen Grüßen und Wünschen
für das Neue Jahr 1987,
bin ich

HARALD BISKUP

Zur ehrlichen Beichte auf die Couch des Psychiaters

Ein Kurort in Westfalen, Mitte der sechziger Jahre: Ein junger katholischer Kaplan, gerade zum Priester geweiht, wird in das staatlich anerkannte Schwefelmoorbad geschickt, um Erfahrungen in der Kur-Seelsorge zu sammeln. Nach kurzer Zeit stellt er fest, daß die Antworten, die er »jahrelang gelernt und auch geglaubt« hat, nicht auf die Fragen der Menschen passen. Ihm wird bewußt, »daß die Kirche lauter Formeln hat, um sich die Wirklichkeit zu ersparen«. Der junge Kaplan entdeckt die Psychoanalyse und macht eine psychologische Zusatzausbildung. Er will nicht einsehen, daß sich Bibel und Couch, Religion und Psychologie, gegenseitig ausschließen sollen.

Heute ist Eugen Drewermann (47) Privatdozent für Dogmatik an der Philosophisch-Theologischen Fakultät Paderborn und Psychotherapeut. Von seiner Art, die Bibel auszulegen, fühlen sich Katholiken wie Protestanten angezogen wie Nachtfalter vom Licht. Seine tiefenpsychologischen Deutungen – von Bibeltexten ebenso wie von Grimms Märchen – füllen mittlerweile Regale. Sie sind zu Kultbüchern all jener geworden, die der vielen klugen Worte, der Thesen und Theorien überdrüssig sind und statt dessen Bilder und Symbole neu entdecken.

Seiner Kirche aber ist der unauffällig, fast scheu wirkende Mann, der mit seiner schwarzen Baskenmütze wie ein französischer Landpfarrer aussieht, unbequem bis unheimlich geworden. Denn Eugen Drewermann, der bei seinen ganz und gar unspektakulären Auftritten mühelos 500 oder 800 Zuhörer auf die Beine bringt, legt schonungslos schmerzliche Defizite offen: »Haben die Millionen Menschen, denen wir Theologen mit unseren schriftgelehrten Tiraden Gott und die Bibel in Jahrhunderten förmlich aus den Herzen geredet haben, nicht ein göttliches Recht, daß wir ihr seelisches und körperliches Leid endlich als ein zentral religiöses Thema wiederentdecken?« Und: »Auf Daseinsprobleme antwortet man nicht mit Moral. Das ist grausam und endet immer wieder auf dem Scheiterhaufen.«

Nun droht ihm womöglich selbst die moderne Inquisition: der Entzug der Lehrerlaubnis, weil er, von der Bilderwelt der Psychoanalyse kommend, auf das religiös Unbewußte der menschlichen Psyche setzt, auf Mythen, Märchen und Träume. Das ist eine fremde Welt für die Theologie, die auf den Verstand abonniert ist und Gefühle verteufelt. Ein neuer »Fall« wirft seinen Schatten voraus.

»Galilei in Paderborn?« fragte jüngst besorgt das kirchenkritische »Publik-Forum« und traf damit ins Schwarze. Denn hinter dem derzeit noch auf Sparflamme schwelenden Konflikt verbirgt sich mehr als ein akademisches Fachgeplänkel. Zur Debatte steht, wie schon einmal um die Jahrhundertwende, eine Kampfansage an die moderne Psychologie. Wieder einmal geht es um den uralten Zwist zwischen Religion und Naturwissenschaft.

In aller Stille hat die Glaubenskommission der Deutschen Bischofskonferenz bei acht Professoren ein Gutachten in Auftrag gegeben, das Drewermanns mehr als 6000 Seiten umfassendes Gesamtwerk kritisch unter die Lupe nehmen soll – »zur wissenschaftlichen Vertiefung der Problematik«. Für Kenner kirchlicher Terminologie kann das nur bedeuten, daß Drewermann als »Ketzer« überführt werden soll.

In seiner Bilanz kirchlicher Versäumnisse fand Drewermann einen Bruch zwischen Denken und Fühlen, Erfahrung und Lehre, Bewußtsein und Unbewußtem. Weil die Theologie allein nicht in der Lage sei, diese Brüche zu überwinden, ist die Psychoanalyse gefragt. Doch viele Kirchenmänner fürchten die Seelenwissenschaft auch 90 Jahre nach ihrer Begründung durch Sigmund Freud noch wie der Teufel das

Weihwasser. »Nur weil in der Kirche Träume und Gefühle verdrängt werden, greife ich zur Psychoanalyse. Nur weil die Kirche das nicht tut, was sie tun müßte, nämlich Neurosen und andere seelische Krankheiten zu heilen, scheint mir die Psychoanalyse heute das Nadelöhr für die gelebte Form von Christentum.«

Seit 15 Jahren lehnt es Drewermann ab, sich in den Beichtstuhl zu setzen, weil die Psychotherapie in seinen Augen »die ehrlichere Form von Beichte« ist. Die Beichte habe »ganze Generationen neurotisch gemacht und durch wahnsinnige Schuldgefühle versklavt«.

Nach Drewermanns sanfter Botschaft war Jesus nichts anderes als ein einfühlsamer Therapeut, dem nichts Menschliches fremd war. Deshalb steht für ihn außer Frage, daß Religion vor allem anderen konkrete Lebenshilfe zu sein hat. Der Kirche aber kreidet Drewermann an, sie habe sich meilenweit von dem entfernt, was ihr Religionsstifter eigentlich gewollt habe. Sie habe sich zur reinen »Moralanstalt« entwikkelt, an deren Apparat die Menschen »seelsorglich anzupassen« seien. Drewermann vermißt Verständnisbereitschaft und Toleranz – »oder sagen wir lieber: Ehrfurcht vor Tragik und menschlichem Leid«.

Seit der Seel-Sorger vor 20 Jahren als Nur-Theologe in dem Kurort vor den Nöten der Leute kapitulieren mußte, ist ihm aufgegangen, daß die Kirche die Menschen mit ihrer Angst und ihren Schuldgefühlen allein lasse. »Ich hege den Verdacht, daß sich das Christentum in der heutigen kirchlich organisierten Form die Aufregungen erspart, die die Hölle kostet. Es macht sich den Himmel leicht und verwandelt damit die Erde in eine Gefangenschaft.«

So deutlich hat lange kein katholischer Theologe der eigenen Kirche in Sachen Moral die Leviten gelesen. Den ersten Sprengsatz hatte Drewermann gelegt mit seinem, so seine Gegner, »Generalangriff« auf die bislang unbestrittene Alleinherrschaft der herkömmlichen kritisch-historischen Methode der Bibelauslegung. Heute wirft er der Kirche klipp und klar vor, sie habe das Christentum zu einer Lehre erstarren lassen. »Christentum ist aber keine Lehre, sondern eine Lebensform.« Es müsse endlich Schluß sein mit dem nur klugen Dozieren und dem Reden über Gott in der Gelehrten-Distanz, fordert Drewermann und beruft sich dabei auf den dänischen Religionsphilosophen Sören Kierkegaard, der vor 150 Jahren als leidenschaftlicher Gott-Sucher dazu aufrief, die »gottselige Geschwätzigkeit« zu beenden. »Leute mit einem IQ von 120«, sagt Drewermann bissig, »sind deshalb noch keine besseren Christen.«

Es ist durchaus nicht nur »eine bestimmte Schicht des Bildungsbürgertums«, wie Drewermann von seinen Widersachern mit hämischem Unterton unterstellt wird, die sich von den Mythen und Märchen, Träumen und Ritualen angesprochen fühlen und seine nicht gerade volkstümlich geschriebenen Bücher verschlingen, sondern auch »einfache Christen«. Sie schlagen sich mit Zweifeln herum, ob sie zum Beispiel die Kindheitsgeschichte Jesu, wie sie die Bibel berichtet, oder die Geschichte von Adam und Eva als handfeste Fakten glauben müssen.

»Jesus hat nicht verlangt, daß Menschen ein fertiges Glaubensbekenntnis ablegen müssen, ehe sie sich in seine Nähe getrauen dürfen.« Entsprechend drastisch fällt seine Zustandsbeschreibung des gegenwärtigen Theologiebetriebs aus: »Es geht zu wie in den Tagen Jesu. Eine bestimmte Gruppe von Menschen hält den Schlüssel zum Himmelreich in den Händen, bürdet aber den Leuten dauernd Lasten auf, an die sie selber niemals rühren.«

Wer so redet, muß fast zwangsläufig zwischen die Fronten geraten. Aber dem überhaupt nicht kämpferisch wirkenden Mann, der »mit Leidenschaft Priester sein und bleiben möchte«, geht es nicht um billige Polemik. Allerdings haben die zum Teil unqualifizierten Querschüsse seiner Kritiker ihn zum Verfassen einer Verteidigungsschrift veranlaßt, die es ebenfalls in sich hat. Ein wenig christliches Hickhack ist gegenwärtig im Gange.

Bislang kommen die Attacken gegen seine »Psychotheologie« nicht unmittelbar von Bischöfen, sondern »nur« von der Theologenzunft. Aber kaum jemand kann sich vorstellen, daß etwa die renommierten Münchner Neutestamentler Rudolf Pesch und Gerhard Lohfink ihre 112 Seiten starke Drewermann-Abrechnung »Tiefenpsychologie und keine Exegese« nur aus eigenem Antrieb verfaßt hätten. In ihrer »notwendigen Streitschrift« zeihen sie Drewermann nicht nur der Unwissenschaftlichkeit, sondern werfen ihm auch vor, er betrachte die Tiefenpsychologie als Allheilmittel und er spreche dem Christentum seinen Exklusivitätsanspruch ab (was Drewermann gar nicht bestreitet). Der Rundumschlag aus München gipfelt in dem grotesken Vorwurf, in Drewermanns Sicht von Christentum seien letztlich auch Jesus und die Kirche überflüssig. Man wolle ihn partout »zum Häretiker stempeln«, sagt ein Kampfgefährte Drewermanns.

Der Tübinger Dogmatiker Walter Kasper, einer der von der Glaubenskommission bestellten Gutachter, fährt, etwas freundlicher verpackt, ebenfalls schwere Geschütze auf: Zentrale Glaubensaussagen gerieten ins Wanken, etwa die Lehre von der Dreifaltigkeit, von der Erbsünde und von den Sakramenten, vor allem aber Aussagen über Christus selbst. Nun sei die Zeit der vornehmen Zurückhaltung vorbei. Die Drohung war an Deutlichkeit nicht zu überbieten.

Drewermanns Gegner, heißt es im Nachwort zu seinem jüngsten Buch, könnten »sich rühmen, den größten Ketzer der Kirchengeschichte phantasiert zu haben«.

EUGEN DREWERMANN

Was verdient, Gott genannt zu werden?

Drewermann lehrt nicht katholisch, und dagegen müssen wir etwas tun.« So Generalvikar *Bruno Kresing* vor zweieinhalb Jahren in Paderborn. Inzwischen wird etwas getan. »Seine Lehre ist gefährlich«, weiß *Christa Meves.* »Ein gnostisches Gerüchlein«, riecht *Walter Kasper.* »Ein Guru und ein Scharlatan«, glaubt *Andreas Laun.* »Verworren und verwirrend«, findet *Hermann-Josef Lauter.* Meine Bücher gelesen zu haben, behauptet nur der letztere. Er gilt deshalb den Bischöfen als Experte. Und wirklich: Er »verfolgt« alles, was ich schreibe oder sage; nur daß er es verstanden hätte, kann ich nicht bestätigen. Deshalb das folgende – als Ariadnefaden sozusagen –, um dem Haus des Minotauros, als welcher ich manchen anscheinend gelte, zu entkommen.

1. Angst, Sünde und Verzweiflung: die Erbsündenlehre

Der Ernstfall des Christentums ist die Erfahrung von Schuld und Erlösung. Einzig das Christentum lehrt, daß alle Menschen »Sünder« sind. *Alle Menschen* – die gelebt haben und die noch leben werden. Wenn das zutrifft, muß es im Menschen etwas geben, das ihn *wesentlich* dazu bestimmt, seinem eigenen Ursprung zu widerstehen und lieber sein Unheil zu wählen, als seiner wahren Bestimmung zu folgen. »Wer so lehrt, leugnet die Freiheit des menschlichen Willens«, sagt *Jörg Splett* und vertraut auf die Ethik. Aber das Christentum richtet als erstes die Ethik zugrunde. Jeder Mensch sündigt – aus Freiheit. *Das* ist das Paradox am Anfang des Christentums. »So kann es nicht sein«, erklärt *Walter Kasper.* »Wenn eine Straße so gebaut ist, daß an einer bestimmten Stelle alle Autos in den Graben fahren, so trägt an dem Unfall nicht der Autofahrer, sondern der Straßenbaumeister die Schuld.« So dachte auch Adam nach seiner Sünde. »Die Frau, die du mir gabst, gab mir die Frucht – und ich aß«, erklärt er vor Gott. Doch Gott erklärt *den Menschen* für schuldig. Es liegt nicht an Gott, soviel steht fest. Doch woran liegt es dann? »Wenn es am Menschen liegt, daß er *schuldig* wird, so muß der Mensch *frei* sein, die Sünde zu meiden«, so *Kasper* und *Splett – und ihnen nach Hermann-Josef Lauter.* Aber wenn alle Menschen frei sind, die Sünde zu meiden, wieso ist sie dennoch zu allen Zeiten unvermeidlich und ein jeder Mensch der Erlösung bedürftig? *Das* muß man verstehen.

Das Schlimmste an all den theologischen Diskussionen über die Erbsünde liegt darin, daß hier scheinbar nur noch die kirchliche Lehre sich selber tradiert, sich selbst reflektiert. Sie erschließt nicht das Leben.

»Sünde« – das ist für die meisten die Übertretung bestimmter moralischer Gebote, und wenn eine Frau zur Sünde verführt, so geht es dabei wohl um etwas Sexuelles. Es ist die Schuld von uns Theologen, daß wir im Namen der Erbsündenlehre die Frauen erniedrigt, die Sexualität entwertet und die Menschen bis heute neutralisiert haben. Diese Hypothek aus Jahrhunderten gilt es endlich einzugestehen und abzutragen. Die Sache wird nicht besser, wenn wir, wie üblich, »die Sünde« für *Ungehorsam* erklären oder für *Stolz.* Man ist es, Gott sei Dank, leid, von der Kirche immer wieder zu hören, man müsse als erstes ihrer Autorität sich gehorsam beugen und demütig werden, um der Erlösung teilhaftig zu werden. Eine solche Sündenlehre war immer auch schon eine Ideologie von Macht und Herrschaft und ein Instrument zur Entfremdung des Menschen. Aber das Problem besteht: Was ist es an der menschlichen Freiheit, das uns Gottes Gebot übertreten läßt und uns den maßlosen Wunsch verleiht, selbst sein zu wollen wie Gott?

Hier hilft die Psychoanalyse weiter. Und die Existenzphilosophie. Und die Daseinsphilosophie. Und sogar die Tierpsychologie. Sie alle verweisen, wie auf einen Fahrstuhl, der die verschiedenen Ebenen des menschlichen Daseins Stockwerk für Stockwerk miteinander verbindet, auf das Zentralphänomen der *Angst.*

Der Unterschied ist ganz deutlich. Wer von Angst spricht, hört auf, den Menschen zu verurteilen. Er muß sich bemühen, ihn zu verstehen. Und er wird wissen, daß fortan kein Vorwurf, kein »Du mußt«, keine Forderung mehr den Menschen erlösen kann. Und eben das möchte ich: daß wir die Erbsündenlehre des Christentums als ein Instrument des Verstehens statt des Anklagens für uns zurückgewinnen.

Wir Menschen sündigen, weil wir frei sind? Ja! Weil wir Angst haben vor der eigenen Freiheit. Läßt sich das *beweisen?* Nein, denn *Hegel* hat unrecht: Aus dem Begriff der Freiheit läßt sich die Sünde nicht reduzieren. Aber es läßt sich existentiell *erweisen.* Es müssen nur wir Theologen damit aufhören, herausfinden zu wollen, was in Gott selbst am siebenten Schöpfungstage vor sich ging, als er die Welt »sehr gut« fand. Die Frage ist nicht, was Gott sich dachte, als er den Menschen frei erschuf, die Frage ist, wie es uns Menschen ergeht, wenn wir zu Geist und Verstand erwachen und Gott aus den Augen verlieren inmitten der Angst aller Welt. Was tun wir, wenn die »Schlange« zu uns zu reden beginnt, dieses Urzeitsymbol für den Abgrund der Welt, und wir erleben, daß nichts uns trägt oder meint oder will: Wir sind ohne Grund, wenn wir Gott nicht mehr sehen! Eben dies aber, daß wir Gott nicht mehr sehen im Taumel der Angst, das macht uns Menschen so heillos, so grausam, so unmenschlich »böse« – und *erlösungsbedürftig.* Wir können nicht anders. Und doch sind wir schuldig.

Wer Gott schuldig spricht, den mag *Walter Kasper* zu Recht einen Gnostiker nennen. Doch wer das notwendige Scheitern der menschlichen Freiheit aufgrund der Angst, die zu ihr gehört, im Sinne eines ethischen Optimismus verleugnet, wie *Jörg Splett* und *Walter Kasper,* um den »Konstrukteur« des menschlichen Daseins freizusprechen, der heißt in jener Sprache, die ich verabscheue, weil sie selber nichts ist als gefrorene Angst, ein erwiesener Häretiker, ein Pelagianer, ein nomistischer Irrlehrer, ein humanistischer Sektierer ... Er ist vermutlich zumeist ein suchender Mensch mit viel gutem Willen. Nur steht er in gewissem Sinne näher bei Johannes dem Täufer als bei Jesus von Nazareth.

2. Jesus, der Messias, der Davidssohn, der Gottessohn

Zur Botschaft und zum Wirken Jesu gehört die konsequente Abkehr von der wesentlich ethisch ausgerichteten Straf- und Gerichtspredigt des Täufers. Es war seine grenz- und gesetzübergreifende Güte, die ihn befähigte, Wunder zu wirken. Mit seinem Mund, mit seinen Augen, mit seinen Händen vermochte er Menschen aufzurichten, die verkrüppelt und verkrümmt ihr Leben lang sich hatten verhocken müssen, und wenn er die Stirn eines Besessenen berührte, so konnte es sein, daß darunter das Denken und Fühlen eines sich selber völlig Entfremdeten zur Ordnung des eigenen Daseins zurückfand. Nicht die Gründung einer neuen Religion mit einer fixierten Lehre und einer hierarchischen Beamtenschaft war das Ziel des Mannes aus Nazareth, sondern daß endlich gelebt und erfahrbar würde, was schon die Propheten verlangt und verheißen hatten: den Gefangenen Freiheit, den Blinden das Augenlicht, den Kranken Heilung – ein Jahr der Gnade, das niemals mehr endet.

»War Jesus Christus der Sohn Gottes?« Diese Frage ist es, die vor allem *Hermann-Josef Lauter* gegen mich ins Feld führt, indem er unterstellt, ich antwortete hier widersprüchlich. Wenn er nur begreifen wollte, daß man bestimmte Aussagen nur innerhalb bestimmter Erfahrungsbereiche und im Rahmen bestimmter methodisch verbindlicher Sprachspiele treffen kann, daß man zum Beispiel eine Passage religionsgeschichtlicher oder psychoanalytischer Betrachtungen nicht auf Fragestellungen der katholischen Dogmatik festlegen kann!

Beginnen wir psychologisch. Was nennen wir Gott? Das, was uns unbedingt angeht, meinte *Paul Tillich.* Den Konzentrationspunkt der stärksten psychischen Energie, meinte *C. G. Jung*. Und was verdient, Gott genannt zu werden? Kein Teil der Welt, lehrte das Alte Testament gegen die Mythen. Kein Teil der menschlichen Psyche, lehrte die frühe Kirche gegen die Gnosis. Gott verdient einzig jenes Geheimnis genannt zu werden, das wir die ewige Liebe, den »Vater«, den »Schöpfer« heißen, weil er allein uns zu sagen vermag, daß es uns überzählige, hinfällige, nichtige Wesen in seinen Augen geben muß, einfach deswegen, weil er möchte, daß wir sind. Dieses Geheimnis, das wir Gott nennen, erfahren wir, *wenn* wir einander lieben, dieses Geheimnis befähigt uns, *daß* wir einander lieben. Aus diesem Geheimnis uns leben zu lehren war das ganze Bemühen des Jesus von Nazareth.

Die Welt unter unseren Füßen ist wie ein offenes stürmisches Meer; doch Jesus wollte, daß wir es lernten, über die Wellen hinwegzugehen. Der Abgrund trägt, wenn wir davon lassen, auf die Wellen zu starren und auf den Sturmwind zu hören, und wenn wir nur unverwandt schauen auf die Macht, die seit Ewigkeit möchte, daß es uns gibt. Ein solches unbedingtes Vertrauen lebte in Jesus von Nazareth. Nur wer erlebt hat, wie er in der Nähe Jesu sich selber zurückgegeben wird, wie er an seiner Seite den Weg in das verlorene Paradies zurückfindet, vorbei an den Engeln mit dem Flammenschwert, die den Eingang bewachen, nur wer mit dem Blick auf Jesus von Nazareth mitten im Leben die Todesangst überwindet, so daß er gewissermaßen noch einmal ganz neu auf die Welt kommt – nur der, dem Jesus buchstäblich *alles* ist, kann sagen: Ich glaube ihn als göttlich, als Licht vom Lichte, als Sohn des ewigen Vaters, als meinen ewigen König und Herrn.

Wie kann man einen solchen Glauben vermitteln? Einzig indem man die Gestalt Jesu durch das eigene Leben zu Wort kommen läßt. In diesem Sinne sage ich mit *Sören Kierkegaard:* »Das Christentum ist keine Lehre, sondern eine Existenzmitteilung.« Für Jesus war kein Berufsstand suspekter als die Zunft der Theologen, die Gott in einen Gegenstand des Lehrens verwandeln, statt in ihm die Grundlage des gesamten menschlichen Lebens zu sehen. »Laßt ihr euch nicht Doktor der Theologie (Rabbi) nennen«, warnte er ausdrücklich seine Jünger. *Hermann-Josef Lauter* sieht allein darin bereits einen Generalangriff auf die kirchliche Orthodoxie. Aber läßt es sich leugnen, welch einen Preis die kirchliche Orthodoxie gekostet hat und noch kostet?

Kein kirchliches Dogma ohne den Ausschluß ganzer Menschengruppen als Ungläubiger oder Häretiker. Kein Glaubenssatz ohne die Gewaltanwendung hierarchischer Macht. Keine Theologenrede ohne die Verwendung einer scheinrationalen Kunstsprache, die »das Volk vom Lande« unmündig und abhängig hält. Nicht aus mangelndem Glauben, sondern aus Glauben bedürfen wir eines integraleren, weniger einseitigen, dichterischen Sprechens von Gott und von der Person Jesu.

3. Die Wahrheit der Bilder auf dem Wege der Erlösung

Das gilt insbesondere von der Lehre über die *Gottessohnschaft* Jesu. Der Begriff der Gottessohnschaft ist trotz seiner theologischen Interpretationen in den Kategorien der griechischen Philosophie alles andere als »rational«; er entstammt in Anlehnung an die Königspsalmen des alten Israels der mythischen Sprechweise der alten Ägypter, für welche der König als Gottes Sohn galt, jungfräulich geboren, in die Unterwelt steigend, zum Himmel auffahrend, zur Rechten der Sonne Platz nehmend. Es sind ganz entscheidend *mythische Bilder,* die an dieser Stelle die Erfahrungen der Menschen von Jesus von Nazareth als einer absoluten Person im Gegenüber des Abgrunds menschlicher Angst zu deuten versuchen.

Wer wissen will, was diese Bilder besagen, der muß deshalb als erstes die Poetik des alten Ägyptens nachträumen, um zu verstehen, was alles ihm Jesus zu sein vermag. Er muß in der Nähe Jesu erfahren, was es heißt, ein »königlicher«,

»sonnenhafter« Mensch zu werden, der noch einmal »jungfräulich« geboren wird, wenn er auf dem »Thron der beiden Länder« (des Bewußtseins und des Unbewußten) Platz nimmt und an der Seite der Sonne die zwölf Stunden der Nacht durchfährt.

Offensichtlich fällt es Theologen einer bestimmten Art von »Orthodoxie« überaus schwer, zu begreifen, daß wir, um die Botschaft des Gottes- und Menschensohns Jesus von Nazareth in uns einzulassen, unbedingt des Kommentars und der Ergänzung anderer nichtchristlicher Religionsformen bedürfen. Wer erklärt, wie *Hermann-Josef Lauter,* daß ihn die alten Ägypter nichts angingen, obwohl wir von ihnen all die Bilder von Himmel und Hölle, von Totengericht und Auferstehung, von der Unsterblichkeit der Seele und von der Himmelfahrt der Verstorbenen übernommen haben, der erklärt auf der Stelle auch, daß ihn die Religion anderer Völker nichts angehen müsse. Er erklärt auch, daß für ihn die Verknüpfung der Symbole des Glaubens mit den Tiefenstrukturen der menschlichen Psyche kein Thema sein könne. Und ein solcher lehrt, ob er will oder nicht, ein Christentum der psychischen Gewalt nach innen und der politischen Macht nach außen.

In Wirklichkeit repräsentieren alle heute lebenden Kulturen der Menschheit jeweils nur einen sehr begrenzten Ausschnitt der Möglichkeiten des menschlichen Wesens; auch im christlichen Abendland sind wir nicht *den* Weg der Menschheit, sondern nur einen Weg unter prinzipiell unendlich vielen anderen möglichen Wegen gegangen, um die Botschaft des Menschensohns lebendig zu halten. Es kann nicht nur sein, es ist unerläßlich, daß wir uns heute den Glauben an Gott als den Vater u. a. von den *Muslimen,* den Glauben an Christus in den Bildern der Menschwerdung von den *Hindus* und den Glauben an die Macht des Geistes von den *Buddhisten* erklären lassen. Das Eigentliche des Christentums geht dabei nicht, wie ängstliche Gemüter befürchten, verloren, es beginnt überhaupt erst wirklich zu werden.

Die Tiefenpsychologie leistet zu dieser Vertiefung des Glaubens einen unerläßlichen Beitrag, indem sie die patriarchalisch geführte, hierarchisch verfestigte und ideologisch rationalisierte Form eines universellen Herrschaftsanspruchs der Kirche durch die Rückbesinnung auf die universelle Wahrheit der Bilder in den Tiefenschichten der menschlichen Psyche aufzulösen vermag. Ob wir die Welt beherrschen oder die Herzen der Menschen für Gott aufschließen möchten, diese Frage entscheidet sich an unserem Verständnis der mythischen Symbole der verschiedenen Religionsformen der Menschheit.

Es bleibt das Thema der *Geschichtlichkeit.* Da beginnen die Mißverständnisse bereits damit, daß ich es wage, die historisch-kritische Methode in der Exegese zu kritisieren. Wer eine an der Historie interessierte Methode in Frage stellt, scheint entsprechend dieser Logik auch schon die Historie selber ignorieren zu wollen – so einfach! In Wahrheit setze ich die historisch-kritische Exegese in der Bibelauslegung voraus und stimme insbesondere der notwendigen Negativität ihres Befundes vollkommen zu. Es ist dies gerade der Punkt, an dem Kritiker wie *Hermann-Josef Lauter* mir im Grund lediglich vorwerfen, daß ich dem Objektivismus beziehungsweise Fundamentalismus ihres Glaubensverständnisses widerspreche. »Ist der Schoß der Jungfrau Maria für Sie nur ein Symbol?« fragte mich im Januar 1987 der Bischof von Paderborn in einem Brief zu meinem Buch »Dein Name ist wie der Geschmack des Lebens«.

Für dieses Denken, das auch *Walter Kasper* vertritt, glaubt nicht an die Gottheit Christi, wer die biologische Jungfräulichkeit Mariens vor und während der Geburt Jesu leugnet, und es glaubt nicht an die Auferstehung Jesu, wer in der Erzählung von der Auffindung des leeren Grabes am Ostermorgen traditionsgeschichtlich eine »apologetische Legende« sieht. Es ist mir sehr wichtig, daß die historisch-kritische Betrachtung der Bibel gezeigt hat, wie wenig wir es gerade an den religiös entscheidenden Stellen des Alten wie des Neuen

Testamentes mit historischen Berichterstattungen zu tun haben.

Allerdings – wir leben in einer Zeit, in der man eine Geschichte nur als ein Märchen oder als eine Legende bezeichnen muß, um fast unausrottbar das Urteil zu provozieren, also sei die betreffende Geschichte unwahr, weil rein subjektiv-phantastisch. Was ich der historisch-kritischen Methode vorwerfe, ist nicht, daß sie historisch-kritisch ist, sondern daß sie *nur* historisch-kritisch ist, indem sie im Rahmen eines Weltbildes verbleibt, innerhalb dessen an Wirklichkeit nur anerkannt wird, was sich objektiv in rationalen Kategorien beschreiben läßt. Aufgrund der Einseitigkeit ihres eigenen methodischen Rasters vermittelt diese Art von Bibelauslegung notgedrungen nicht Glauben, sondern Zweifel, nicht Annäherung, sondern Distanz – ja, sie räumt infolge der Eigenart der biblischen Darstellungsweise selbst den Erfahrungsgrund fort, aus dem eine religiöse Einsicht erwachsen könnte.

Deshalb nenne ich die historisch-kritische Bibelauslegung strukturell atheistisch: Sie zeigt im besten Falle korrekt auf, wie ein bestimmter Text entstanden ist und verstanden würde; was sie niemals zeigen kann, ist das religiös Entscheidende: warum die biblischen Texte eine Wirklichkeit widerspiegeln und eine Wahrheit besitzen, aus der wir Heutige leben können.

An dieser Stelle beginnt (oder endet bereits) das Problem des *Hermann-Josef Lauter* und der Bischöfe, die auf ihn hören. Die Formgeschichte hat gezeigt, daß die Bibel sich einer Reihe von Erzählgattungen bedient, die man als Mythen, Sagen, Legenden, Wunderberichte, Visionen, Berufungserzählungen, Apokalypsen usw. klassifizieren kann. All diesen Erzählformen liegt zwar an der Deutung geschichtlicher Erfahrung, aber nicht an der Überlieferung historischer Fakten. Um die Eigenart dieser Erzählweisen zu verstehen, kommt es vor allem darauf an, zu begreifen, daß es nicht nur besondere historische Gegebenheiten sind, die sich in den jeweiligen Erzählformen reflektieren, sondern daß es sich dabei um Erzählweisen handelt, die zum Wesen des Menschen gehören.

Alle Völker und Kulturen der Welt erzählen in analoger Weise von ihren Religionsstiftern, ihren Königen, ihren Wundertätern, ihren Visionären und Propheten, und statt Überlieferungen dieser Art in einen merkwürdigen Konkurrenzstreit gegeneinander zu setzen, sollte man sie als erstes dazu verwenden, all diejenigen Wahrheiten wiederzuerlernen, die zu unserem Menschsein gehören und die sich offenbar nur in Form von Märchen, Mythen, Sagen und Visionen mitteilen lassen. Als erstes kommt es deswegen darauf an, die *menschheitliche Wahrheit* der biblischen Erzählformen zu begreifen. Eben dies habe ich in den beiden Bänden über »Tiefenpsychologie und Exegese« versucht, indem ich die anthropologischen beziehungsweise psychologischen Strukturen, Erfahrungsräume, die Psychodynamik und die Weltsicht der verschiedenen biblischen Erzählweisen entwickelt habe. Ein solches Unternehmen stellt einen ersten propädeutischen Schritt in Richtung eines tieferen Verständnisses auch der spezifischen Anliegen und Inhalte der biblischen Botschaft dar. Wie dogmatisch fixiert aber muß man eigentlich sein, wenn man nach dem Vorbild von *Rudolf Pesch* und *Gerhard Lohfink* in einer solchen bewußt menschheitlichen Deutung der biblischen Erzählformen die Spezifika der christlichen Glaubenslehre aufgeführt sehen möchte und augenblicklich einen Verrat am Christlichen wittert, sobald deutlich wird, wie tief in der Geschichte und in der Seele des Menschen der christliche Glaube verankert ist? Speziell *Hermann-Josef Lauter* demonstriert mit seiner Kritik in diesem Punkte ein Verständnis von christlicher Dogmatik, das von der »anthropologischen Wende« in der Theologie *(Karl Rahner)* in keiner Weise berührt zu sein scheint.

»Aber was in den Mythen der Völker als ungeschichtliche Sehnsucht gegenwärtig war, ist inkarniert, ist geschichtliche Wahrheit geworden in Christus. Und das leugnet Drewermann durch seinen ständigen Rekurs auf bloße Archetypen im Sinne C. G. Jungs.« Wenn dies der Haupteinwand gegen meine Arbeiten sein soll, dann hätte man nur in meinen Büchern genauer (oder überhaupt erst) nachlesen sollen. »Jenseits der Mythen« lautet bereits ein Einleitungskapitel zu den »Strukturen des Bösen«. Gerade weil die Welt der Archetypen gefahrvoll und widersprüchlich ist, bedarf es eines personal vermittelten Standpunktes, der die Bilder der menschlichen Seele aus dem Zwischenbereich von Hoffnung und Zweifel, Sehnsucht und Verzweiflung herausnimmt und in eindeutige Symbole des Heils verwandelt. In diesem Sinne interpretiert der Glaube Jesu beziehungsweise der Glaube an Jesus Christus seinerseits auf entscheidende Weise die Bilderwelt der Mythen.

Aber gerade deshalb kommt es jetzt darauf an, die personale Erfahrung des Glaubens nicht zu veräußerlichen. Es ist nicht länger zu bedauern, daß die Bibel kein Historienbuch ist. Es gilt, endlich zu begreifen, daß man eine wesentliche menschliche Erfahrung niemals anders mitteilen kann als auf dem Wege symbolischer Verdichtung. Mythen leugnen nicht die Geschichte, sie stellen vielmehr die einzige Form dar, menschliche Erfahrungen in der Geschichte als göttliches Geschehen zu schildern. Wir leben nicht mehr in der Welt der Mythen. Wir wissen mit religiösen Symbolen kaum noch etwas anzufangen. Schon deshalb scheint es unerläßlich, von seiten der Tiefenpsychologie her in der Auseinandersetzung mit den Symbolen der eigenen Träume auch den Zugang zu den Erzählformen der Bibel zurückzugewinnen.

»Aber die Begriffe«, lautet der letzte Einwand von *Hermann-Josef Lauter*. »Bilder sind irrational. Gefühle sind irrational. Wir bedürfen zur Klärung rationaler Begriffe.« Antwort: Keinesfalls nur! Begriffe, die keine wahren Gefühle vermitteln, sind nicht weniger irrational als Gefühle, die sich dem Denken verweigern. Wieviel an Barbarei in unserem Jahrhundert ist beispielsweise nur deshalb möglich, weil unser Zugang zur Wirklichkeit allein von den Kategorien der

Ratio her bestimmt wird! Tiere, Pflanzen, Bäume, Wälder – all das tritt nur noch als Biomasse oder als Grundstück oder als Wirtschaftsfaktor in Erscheinung, und es gibt kein Gefühl des Mitleids, keine poetische Sensibilität, keine Empfindung des Heiligen mehr, die uns noch daran hindern könnten, mit unseren Mitgeschöpfen zu machen, was wir wollen.

Mit allem Respekt vor der Leistung des heiligen *Athanasius,* den *Hermann-Josef Lauter* als Zeugen orthodoxer Theologie bemüht: So wie er es vor über 1500 Jahren zur Pflicht erhob, hat Jesus niemals von Gott geredet. Und es könnte doch sein, daß ein bestimmtes Sprachspiel der alexandrinischen Theologie den Zugang zu dem »Vater« Jesu Christi uns Heutigen eher erschwert als eröffnet. Athanasius war groß gerade darin, daß er die Bedeutung der Person des Christus für die koptische (ägyptische!) Vorstellungswelt seiner Zeit übersetzte. Solche Leute dulden kein bequemes Sichausruhen auf fertigen Formeln, selbst wenn sie zu ihrer Zeit für bestimmte Formeln eintraten.

Wir haben im Auftrage Jesu die Pflicht, die Botschaft Gottes auch den Arabern, den Indern, den Ostasiaten zu bringen – in Sprachräume also hinein, die nicht mit der Sprache des »christlichen« Abendlandes vertraut sein können. Wie tot selbst in unserer Kultur die Theologensprache geworden ist, bedarf keines Beweises! Also müssen wir, buchstäblich um Christi willen, damit aufhören, uns als theologische Experten in Sachen Gottes gegenüber den Menschen wichtig zu machen. Wieder erlernen sollten wir eine Sprache, die ähnlich ursprünglich und wahr ist wie die des Jesaja, des Jeremia – des Jesus von Nazareth. Anderenfalls gilt für uns sein bitteres Wort: »Ihr baut den Propheten Denkmäler und zeigt damit doch nur, daß ihr selbst die Söhne der Prophetenmörder seid.«

Briefwechsel

Erklärung von Erzbischof Degenhardt vom 26.10.1989

In zahlreichen Veröffentlichungen versucht Privatdozent Dr. Eugen Drewermann, mit Hilfe der Tiefenpsychologie sowie der Mythen- und Märchenforschung die Symbol- und Bildersprache der Bibel dem heutigen Menschen zu erschließen. Dieser therapeutische Ansatz ist innerhalb der methodischen Grenzen der genannten Wissenschaften legitim und in mancher Hinsicht pastoral hilfreich. In der konkreten Durchführung seines Anliegens kommt E. Drewermann jedoch mit vielen seiner Aussagen in Konflikt mit grundlegenden Aussagen der Bibel und ihrer kirchlichen Auslegung. Das läßt sich – wie auch die theologische Fachdiskussion überwiegend erweist – insbesondere an drei für die kirchliche Glaubenslehre fundamentalen Fragen zeigen.

1. Nach der Lehre des Zweiten Vatikanischen Konzils, das sich dafür auf das klare und eindeutige Zeugnis der Heiligen Schrift stützt, geschieht die Offenbarung Gottes in der Geschichte durch Wort und Tat, die innerlich miteinander verknüpft sind (vgl. Dei verbum, Artikel 2). Die Kirche hält deshalb an der Geschichtlichkeit besonders der Evangelien fest:

»Unsere heilige Mutter, die Kirche, hat entschieden und unentwegt daran festgehalten und hält daran fest, daß die vier genannten Evangelien, deren Geschichtlichkeit sie ohne Bedenken bejaht, zuverlässig überliefern, was Jesus, der Sohn Gottes, in seinem Leben unter den Menschen zu deren ewigem Heil wirklich getan und gelehrt hat, bis zu dem Tag, da er aufgenommen wurde« (Dei verbum, Artikel 19).

E. Drewermann versteht die Offenbarung demgegenüber in vielen seiner Aussagen nicht als freie, geschichtlich sich ereignende Selbstoffenbarung Gottes, sondern als traumhafte Projektion der archetypischen Strukturen der menschlichen Seele. Diese Position geht zum Beispiel aus der folgenden Aussage hervor:

»So wie am Beginn des Frühlings die Wärme der Sonne die Blumen aus der Erde hervorlockt, indem sie die in ihnen schlummernde Gestalt nicht erschafft, wohl aber zur Entfaltung weckt, so wird man auch die Offenbarung Gottes in dem Menschen Jesus von Nazaret nicht anders verstehen können, als daß von der Person Jesu eine solche Güte und Wärme ausging, daß all die Bilder des Heils, die in der menschlichen Seele angelegt sind, durch seine Nähe auf den Plan gerufen wurden, sich mit seiner Gestalt verbanden und sich zu einem Gesamtgemälde formten, in dessen Widerschein ein jeder Mensch die Wahrheit Christi zu erkennen vermag, indem er sich selber darin offenbar wird« (E. Drewermann, Tiefenpsychologie und Exegese II, 1985, 768 f.).

Daß dies religionsgeschichtlich betrachtet zu einer Nivellierung der biblischen Offenbarung führt, zeigt etwa die folgende Aussage:

»Wir sind als Christen zu sehr alttestamentlich und zu wenig ägyptisch, um wirklich christlich zu sein, und nur eine tiefe Reform des Träumens und der Poesie könnte uns wieder lehren, was Gott im Herzen eines jeden Menschen eingeschrieben hat, um sich darin zu offenbaren« (E. Drewermann, Religionsgeschichtliche und tiefenpsychologische Bemerkungen zur Trinitätslehre, in: W. Breuning [Herausgeber], Trinität. Aktuelle Perspektiven der Theologie. Freiburg im Breisgau 1984 [= Quaestio disputata 101, 142].

Diese Sicht führt auch zu einem neuen Verständnis der Dogmen: »Ein besseres Verständnis käme zustande, wenn man die Dogmen ähnlich verstehen würde wie Traumbilder, die sich auf dem Weg zur Heilung – vor dem Hintergrund eines tieferen Vertrauens, das durch ein Gegenüber geweckt wird – spontan einstellen.« (E. Drewermann, Psychoanalyse und Moraltheologie III. An den Grenzen des Lebens, Mainz 1984, 260 f. Zum typologisch-repräsentativen Charakter der geschichtlichen Offenbarung vgl. E. Drewermann, Tiefenpsychologie und Exegese I, 54 ff., ders., Tiefenpsychologie und Exegese II, 700 f.)

2. Nach der Heiligen Schrift und der kirchlichen Lehre geschieht die Fülle der Offenbarung Gottes in Jesus Christus (Dei verbum, Artikel 4). Jesus Christus ist nach der Schrift und nach den altkirchlichen Bekenntnissen der ewige und einzige Sohn Gottes, der in der Zeit durch Maria, die Jungfrau, Mensch geworden ist. In einer Reihe von Aussagen von Drewermann wird dagegen die Gestalt Jesu religionsgeschichtlich nivelliert und auf eine Ebene mit heidnischen Göttergestalten und Heilbringern gestellt.

Auch E. Drewermann spricht an einigen Stellen von Jesus Christus als einer absoluten Person (E. Drewermann, An ihren Früchten sollt ihr sie erkennen. Antwort auf R. Pesch/G. Lohfink, Tiefenpsychologie und keine Exegese, Olten/Freiburg im Breisgau 1988, 60 f.). In anderen Aussagen wird dagegen die Gestalt Jesu Christi relativiert:

»Wer sagt: Ich glaube an Jesus Christus, Gottes eingeborenen Sohn, bekennt sich im Grunde dazu, daß er in seinem Leben all die Erfahrungen mit Christus gemacht hat, die der alte Ägypter mit der Person des Pharao verband« (E. Drewermann, Dein Name ist wie der Geschmack des Lebens, Tiefenpsychologische Deutung der Kindheitsgeschichte nach dem Lukas-Evangelium, Freiburg im Breisgau 1986, 60).

E. Drewermann geht sogar soweit, zu sagen:

»Die Götter ... leben als mächtige Gestalten in den Tiefen der menschlichen Psyche selbst und empfangen von der jeweiligen Kultur nur die Bühne und das Drehbuch ihres Auftritts. Sie mögen dann heißen, wie sie wollen, Adonis, Osiris oder Christus, Diana, Maria oder Coatlicue, Indra, Marduk oder Herakles – in allen Formen und Gestalten bleibt gleichwohl ihr unverwechselbarer Kern erhalten« (E. Drewermann, Tiefenpsychologie und Exegese I, Olten 1984, 309).

3. Nach der Lehre der Heiligen Schrift wie nach der Lehre der Kirche besteht die Erlösung, welche uns Jesus Christus gebracht hat, in der Vergebung der Sünden, der Versöhnung mit Gott, im Geschenk des neuen Lebens in Jesus Christus und im Heiligen Geist sowie in der Überwindung des Todes

(vgl. DS 1520–23; 1529; GS 22; AG 3; 8). E. Drewermann wählt aus dieser umfassenden Botschaft von der Erlösung einseitig einen wichtigen, aber keineswegs erschöpfenden Aspekt aus: die Überwindung der Angst. In anderen Aussagen kommt er zu einer schwerwiegenden Umdeutung der christlichen Erlösungsbotschaft.

Über die Befreiung von der Angst sagt er: »Einzig bezogen auf dieses Thema ist Jesus Christus wirklich der Heiland der Welt (Joh 4,41)« (E. Drewermann, An ihren Früchten sollt ihr sie erkennen, S. 61).

E. Drewermann verwirft vor allem die neutestamentliche und kirchliche Deutung des Kreuzes Jesu Christi als Sühneopfer (E. Drewermann, Das Markusevangelium I, Olten/Freiburg im Breisgau 1987, 67); er versteht »den Gott des Karfreitags als eine Chiffre der Erlösung«, »das Drama der Kreuzigung« »als ein Psychodrama der Heilung, als eine symbolisch-stellvertretende Durcharbeitung der verdrängten Gefühle von Haß, Zerstörung und Rache«, »als eine Darstellung mithin all dessen, was Menschen erst einmal erleben und tun müssen, ehe sie im Ghetto der Angst an so etwas wie Vergebung jenseits aller Schuld wirklich und unzweideutig wieder glauben können« (E. Drewermann, Das Markusevangelium I, Olten/Freiburg im Breisgau 1987, 71 f.).

In diesem Zusammenhang kommt E. Drewermann zu einem Verständnis der Eucharistie, welches der Bibel wie der kirchlichen Überlieferung fremd ist: »Die Eucharistie ist ... ein umfassender Versuch nach Art eines Psychodramas im Ausagieren des an sich Zerstörenden zu heilen; es ist wie ein Versuch, das ewig Schuldige, das ewig Verbotene bewußt zu machen und zu tun, um es im Tun als unschuldig zu akzeptieren. Die Eucharistie ist wie ein verzweifeltes, äußerstes Bemühen der Religion, dem Menschen zu sagen, was psychologisch eine Mutter ihrem Kind in der Depression gerade nicht mehr überzeugend zu sagen vermag: daß seine Schuldgefühle unbegründet sind, daß es, entgegen seinem Schuldgefühl, kein Mörder ist und daß es aufhören kann, sich als Kannibale zu fühlen und als Kannibale zu leben, nur weil es, um zu leben, essen muß; der Gott, den man im Sakrament zu töten meint, wird leben – er gibt sich selber hin –, es ist des Gottes eigenes Opfer, nicht ein Mord, was da geschieht« (E. Drewermann, Der Krieg und das Christentum. Von der Ohnmacht und Notwendigkeit des Religiösen, Regensburg 1982, 310).

Aufgrund des Gesagten ist deutlich, daß viele Aussagen von E. Drewermann mit fundamentalen Glaubenslehren, der Heiligen Schrift wie der kirchlichen Überlieferung nicht in Einklang stehen. Trotz Anregungen im einzelnen, die sein Werk gibt, bedeuten die gemachten Aussagen eine Verkürzung des Glaubens. Aus den ungenügenden, ja falschen Aussagen von E. Drewermann über die Offenbarung, Jesus Christus und die Erlösung ergeben sich außerdem verhängnisvolle Konsequenzen auch für seine Deutung der Kirche und ihrer Ämter sowie für die Darstellung der christlichen Sittenlehre.

Aufgabe der Bischöfe ist es, das Geheimnis Jesu Christi unverkürzt vorzulegen. Deshalb ist es meine Pflicht, Dr. Drewermann eindringlich zu ermahnen, die genannten Aussagen zu klären und im Sinn der kirchlichen Lehre zu korrigieren. Ich verbinde die Hoffnung, daß er von seinem wissenschaftlichen Ansatz aus zur Übereinstimmung mit der biblischen und kirchlichen Lehre gelangt.

Eugen Drewermann an Erzbischof Degenhardt vom 6.11.1989

Sehr geehrter Herr Erzbischof,

gerne nehme ich die Gelegenheit wahr, die vermeintlich unklaren Punkte »meiner« Theologie zu erläutern, ja, ich bin froh, nach all den Gerüchten und Medienmitteilungen über drohende oder schon beschlossene Maßnahmen gegen mich von Ihnen nach über anderthalb Jahren Schweigen nunmehr in substantiierter Form zu hören, was eigentlich die »Verdachtsmomente« in meinen Büchern darstellen soll – die Ausführungen von Pater H. J. Lauter zu diesem Thema hatte ich stets als klar erkennbare Mißverständnisse betrachtet, die bei genügender Lektüre meiner Bücher keiner weiteren Darlegung bedurften, zumal er zu öffentlichen Diskussionen trotz Aufforderung meinerseits niemals sich bereit gefunden hat. Es war dies übrigens – entgegen Ihrem Wort während der Bischofskonferenz – der Stil auch der Verfasser der »Quaestio«, die erst jetzt, nachdem sie fast zwei Jahre lang als ein Werk wissenschaftlicher Diskussion gehandelt wurde, als offizielle Anfrage der Glaubenskommission an mich bezeichnet wird; nur R. Schnackenburg und Pater J. Sudbrack haben trotz vieler Einladungen mit mir öffentlich oder privat bisher gesprochen. Herr Sudbrack hat inzwischen ausführlich in »Geist und Leben«, Oktober 89, sich zu meinen Gedanken geäußert – ich lege Ihnen diesen Aufsatz bei, weil er bei aller Kritik sehr gut wiedergibt, was ich wirklich sagen möchte. Leider trifft es auch nicht zu, daß ich den Autoren der »Quaestio« schriftlich nicht geantwortet hätte; es verhält sich inzwischen lediglich so, daß ich einen längeren Aufsatz z. B., der zur »Klärung« sehr beitragen könnte, weder im Rheinischen Merkur noch in der Kölner Kirchenzeitung, die in Fortsetzung die Artikel von H. J. Lauter abdrucken, veröffentlichen kann; ich bin als katholischer Theologe infolge der eigentümlichen Behandlung meines »Falles« z. Z. auf das protestantische Allgemeine Sonntagsblatt angewiesen, um mich der katholischen Leserschaft mitzuteilen. Auch von diesem Artikel lege ich Ihnen eine Fotokopie bei. Unter diesen Umständen verwundert es mich natürlich, daß Ihre Anfragen, die Sie selbst, wie ich dankbar vermerke, als Bitte um Klärung interpretieren, in sich selbst als eine fertige »Erklärung« formuliert sind, die Sie mit Ihrer Unterschrift zusätzlich noch als fertige Mitteilung für die Öffentlichkeit paraphieren. Tatsächlich bitte ich seit mehr als vier Jahren darum, nun doch zu sagen, was eigentlich zwischen Rom, Fulda und Paderborn (und nicht zuletzt zwischen der Integrierten Gemeinde in München und bestimmten Theologen in Köln) verhandelt und gehandelt wird, und auch jetzt fällt es mir – verständlicherweise, nicht wahr? – recht schwer, eine Antwort auf ein Schreiben zu geben, dessen Autoren ich sowenig kennen soll wie den möglichen Zweck seiner Verwendung. Und was mir am wichtigsten erscheint, ich trete als Priester und als Mensch ohne Zögern für meine Überzeugungen und für meinen katholischen Glauben ein, aber doch nur im Gegenüber anderer Menschen, nicht gegenüber einer formalisierten Behörde, die so tut, als ließe sich aus dem Glauben eines Menschen ein Untersuchungsgegenstand machen, den man »chemisch rein« erforschen könnte wie das Sputum und die Exkremente eines Patienten im Labor. Es ist, glaube ich, dieser Typ von Theologie selbst, der Aussagen in meinen Büchern und Vorträgen, die ich als Betroffener für Betroffene mache, notwendig mißverstehen wird, indem man eine erfahrungsgebundene, sagen wir: lyrische Sprache liest wie eine Information über sachliche Gegebenheiten und Zusammenhänge.

So habe ich, um die einzelnen Punkte durchzugehen, *zum ersten* niemals geleugnet und niemals leugnen wollen, daß Gott sich »frei« und »geschichtlich« in Jesus Christus geoffenbart hat; im Gegenteil! Gerade die Erfahrung des freien personhaften Gegenübers Gottes in der menschlichen Geschichte ist für mich der tragende Grund dafür, daß wir so zu sein und zu leben vermögen, wie Gott uns gemeint hat. Um freilich zu beschreiben, wie wir Gott durch die Person und Botschaft Jesu Christi in unserem Leben erfahren können, müssen wir die geistigen und gemüthaften Voraussetzungen und Veränderungen beachten, die im Menschen liegen, um Gott »erkennen« zu können, und die sich in ihm ereignen, wenn er Gott »erkennt«. Diese Voraussetzungen hindern nicht die Freiheit Gottes, sie bieten ihm überhaupt erst die Möglichkeit, sich den Menschen mitzuteilen; sie sind die Bedingungen, an die Gott selbst sich gebunden hat, als er den Menschen schuf. Das Konzilsdokument »Dei verbum« sehe ich ganz im Einklang mit dieser meiner Auffassung, die ich zudem mit vielen Theologen, von Augustinus über Bonaventura bis zu K. Rahner, teile. Es geht aber darum, die falschen Alternativen aufzulösen: Gott oder Mensch, Freiheit oder Bedingtheit, Offenbarung oder Geschichte. Gott, wenn er sich dem Menschen mitteilt, hebt gerade die Zerrissenheit und Gegensätzlichkeit in unserem Leben auf. Und eben deshalb sage ich: Die Art, wie Gott sich mitteilt, ist die Liebe selbst; sie weckt, wie die Sonne, im Menschen alles an Gutem zum Leben, was darin – von Gott selbst! – angelegt ist. Und so offenbart sich Gott in der Schönheit des Menschen, in dem Licht seiner Freude und in der Fähigkeit, einander gegen den Tod anzulieben, wie Christus es uns lehrte. Ich sehe nicht, wie die Geschichtlichkeit der Offenbarung Gottes geleugnet werden könnte, wenn ich (Tiefenpsychologie und Exegese, II, 596–624) ausführlich erläutere, daß der Mensch überhaupt erst durch die Offenbarung Gottes zu seiner Geschichtlichkeit findet. Und wenn ich sage, wir sollten »ägyptischer« sein, um »christlicher« zu werden, so möchte ich doch hoffen – und weiß ich durch viele Briefe –, daß man wohl verstehen kann, was ich da sage: Wir müßten zutiefst poetischere, träumewagendere, bildergeleitetere, visionärere, weitherzigere, kurz: »menschlichere« Menschen sein, um das Geheimnis des »Menschensohnes« verstehen zu können. Und dann: Ich sage nicht, die Dogmen der Kirche seien nur »Traumbilder«, ich sage: Man könnte sie meditativer, inniger, gewaltfreier, zwangloser, menschlicher verstehen, wenn man sie in sich aufnehmen würde wie verdichtete Träume, in denen Gott selbst sich uns mitteilt. Ich lehre nicht die Aufhebung der Dogmen, ich lehre im Gegenteil deren innere Verbindlichkeit auf eine Weise, daß die Menschen es verstehen können. Ich möchte nichts weiter, als das Anliegen der Mystik des 14. Jahrhunderts unter den Bedingungen der Anthropologie des 20. Jahrhunderts zu verwirklichen helfen (Tiefenpsychologie und Exegese II, 783; Das Markus-Evangelium II, 214–215).

Damit zusammen hängt *ein Zweites:* daß nur derjenige Jesus Christus wirklich verstehen kann, dem der Mann aus Nazaret buchstäblich alles geworden ist: das Zentrum seines Lebens, der Herr über Leben und Tod, der Richtmaßstab seines Handelns in Zeit und Ewigkeit. Nur um zu zeigen, was alles Jesus uns ist oder sein kann oder sein müßte, gehe ich zurück in die Religionsgeschichte und damit in die Tiefenschichten auch der menschlichen Psyche, um anhand vergleichbarer bzw. vorbereitender Vorstellungskomplexe zu beschreiben, welch eine Bedeutung die Person Jesu Christi für den Glaubenden besitzt. Es nivelliert doch nicht die Bedeutung des Lichtes, wer feststellt, daß »überall« Licht ist und alle Materie letztlich nichts weiter als gefrorenes Licht. Allerdings geht daraus nicht hervor, daß alles gleich oder gleichgültig sei, und darin stimme ich Ihnen nicht nur zu, das ist in meinen Augen generell die Voraussetzung dafür, die unterschiedliche Wirklichkeit überhaupt erkennen zu können und in methodischer Strenge unterschiedlich beschreiben zu müssen. Man kann z. B. nicht eine Passage in meinen Büchern, die religionsgeschichtlich oder religionspsychologisch formuliert ist, dogmatisch verstehen wollen, ohne sie mißzuverstehen.

So glaube ich z. B. wirklich, daß die »Götter« in der menschlichen Psyche leben – eben deshalb sind sie nicht Gott! –, aber ich habe doch niemals sagen wollen, daß Jesus Christus einer der Götter sei; ich sage lediglich, daß wir, um die Person des Christus zu verstehen, uns der Vorstellungen über das, was göttlich ist, bedienen müssen, wie Gott sie in unsere Seele gelegt hat. Daß ich Christus an einer Stelle von »Tiefenpsychologie und Exegese«, I, 309 in einem Atemzug mit Adonis und Osiris nenne, bedeutet nicht, daß mir Christus nichts anderes sei als die Götter Altsyriens oder Ägyptens, es bedeutet lediglich, daß die Vorstellung von einem Gott, der stirbt und in seinem Tode den Menschen das Leben schenkt, weit älter ist als das Christentum und in sich selbst die Voraussetzung bietet, um zu verstehen, was Christus uns ist, gerade weil er uns lehrte, daß nicht mehr stirbt, wer an ihn glaubt (Joh 11,26).

Und daraus ergibt sich das dritte, das nach meinem Verständnis eigentlich an den Anfang gehörte: die Erfahrung von Erlösung. Ich habe die Erlösungsbedürftigkeit und die Schuldverhaftetheit des Menschen im Feld der Gottesferne niemals geleugnet, sondern Sie werden, sehr verehrter Herr Erzbischof, in deutscher Sprache, soweit ich sehe, z. Z. keinem Theologen begegnen, der die Sündenlehre der Kirche so ernst nimmt wie ich. Ich habe niemals gelehrt, wie W. Kasper es darstellt: Angst oder Sünde, ich habe vielmehr gezeigt, wie der Widerspruch zu Gott aus der Angst der menschlichen Freiheit entsteht und in jedem Menschen entstehen muß, denn sonst wäre nicht jeder Mensch der Erlösung bedürftig. Wer Anstoß an der Angst als einer psychologischen Vokabel nimmt, der muß sehen, daß auch der übliche Begriff »Stolz« eine psychologische Vokabel darstellt, nur eine anklagende, statt verstehende, und eine oberflächliche, weil mißverstehende: Stolz, wenn er den Menschen sein eigenes Maß vergessen macht, ist selber die Folge des Unvermögens, das eigene Maß akzeptieren zu können; und eben das zeige ich – kein Mensch hält es aus, nur Geschöpf zu sein außerhalb der Einheit mit seinem Schöpfer; es ist aber gerade die neue Angst, die diese Einheit des Menschen mit Gott immer von neuem zerstört, wo nicht buchstäblich ein Glaube, wie Christus ihn lehrte und lebte, die Angst in unserem Herzen besiegt. Speziell in diesem Punkte muß ich übrigens um Fairneß bitten: Mit gerade diesen Gedanken hat die Fakultät, deren Magnus Cancellarius Sie sind, sehr geehrter Herr Erzbischof, in Ihrer Amtszeit mich mit summa cum laude promoviert und habilitiert, und die drei Bände der »Strukturen des Bösen«, in denen ich diese meine Meinung dargelegt habe, trägt das Imprimatur Ihres eigenen Generalvikars; ich muß solche Nichtigkeiten erwähnen, weil sie für ein bestimmtes Denken offenbar die Welt bedeuten. Jedenfalls bin ich unter diesen Umständen denn doch sehr verwundert, aus Ihrer Feder, wie ich glauben soll, nunmehr zu lesen, das alles sei »nicht katholisch«. Wenn ich dann sage, Jesus sei »nur« im Bezug zu der menschlichen Angst eine »absolute Person«, so ist das in gleichem Kontext zu verstehen; es heißt unzweifelhaft, was ich nun wirklich in jeder Predigt und in jedem Buch immer wieder sage: daß wir der Person Jesu Christi absolut bedürfen, weil nur er uns lehrt, den Tod nicht zu fürchten und an seiner Seite den Weg zurückzufinden hinüber in ein verlorenes Paradies vorbei an den Wächterengeln mit dem Flammenschwert. Es ist dasselbe, was in der Sprache des heiligen Paulus als das Ende der »Sünde« bezeichnet wird. Freilich sehe ich gerade als Psychoanalytiker, wie stark insbesondere die christliche Kreuzestheologie, statt erlösend zu wirken, eine masochistische Leidens-Mystik hervorgebracht hat; aber wiederum: nicht um die Erlösung der Menschheit durch das Kreuz Christi zu leugnen, sondern um diese Lehre psychologisch aus ihren Ambivalenzen zu lösen und eindeutig »heilbringend« zu interpretieren, liegt mir daran, die Kreuzigung Jesu aus den Widerständen der Angst gegen die Freiheit (der »Sünde« gegen die »Gnade«) zu deuten. Und so unterschiedlich kann man dann offenbar lesen: Wenn ich sage, die Eucharistie sei (vor dem Hintergrund des rituellen Gottessens in den antiken Kulturen) das Ende mörderischer Schuldgefühle, so wird, wer erneut aus religionsgeschichtlichen Erörterungen unmittelbar dogmatische Lehren ziehen will, darin etwas »Geschmackloses« (H. J. Lauter) erblicken; doch was ich sagen will, ist nichts weiter als älteste kirchliche Lehre, daß Gott in dem Sakrament des Altares uns »mütterlicher« wird, als eine Menschenmutter ihrem Kind je sein kann. Kein Kind, das nicht lernen würde, sich schuldig zu fühlen, weil es seine Mutter »verzehrt«, um von ihr zu leben! Nur Gott kann wahr machen, wonach wir uns sehnen: daß wir unzweideutig Berechtigte und Gerufene sind, auf dieser Erde zu leben, und daß wir in diesem Vertrauen wortwörtlich noch einmal zu »Kindern« werden dürfen vor Gott. Kann ich noch deutlicher sagen, daß wir zwar der Bilder bedürfen, um Christus zu verstehen, daß aber erst die Person des Christus die Ambivalenz aller menschlichen Bilder zu heilen vermag? Eben deshalb ist Jesus Christus für mich nicht weniger als für Sie, sehr geehrter Herr Erzbischof, der Heiland der Welt. Ich bete als Priester täglich in der Messe mit Ihnen das Glaubensbekenntnis; und ich bete für Sie als für meinen Bischof. Ich bäte Sie gern, den ständigen Verdächtigungen »betreffs meines Glaubens«, wie es im Aktendeutsch heißt, ein Ende zu machen. Ich möchte nichts weiter sein als ein priesterlicher Mensch, der die Botschaft Jesu zu leben sucht in unserer Zeit und für Menschen unserer Zeit. Die Sprache des Konzils von Chalkedon ist auch für mich gültig, aber müssen wir sie immer wieder für uns selber aufsagen, wenn feststeht, daß sie den meisten Menschen unserer Tage unsäglich fern und fast nichtssagend ist? – Was ich schließlich an »Verhängnisvollem« für die »christliche Sittenlehre« lehren soll, wüßte ich selber nur allzu gern – außer daß ich mit vielen anderen die Möglichkeit eines Scheiterns in der Ehe aus psychoanalytischen und theologischen Gründen anerkenne, ist mir bislang noch nichts mitgeteilt worden.

Dies alles schreibe ich unter erheblichem Zeitdruck: In 14 Tagen, erklärten Sie, Ihre »Erklärung« der Öffentlichkeit mitteilen zu wollen. Ich hoffe sehr, Sie möchten aus den vorstehenden Zeilen ersehen, daß diese »Erklärung« gegenstandslos ist; sie erklärt nicht, was ich denke, sie verklärt lediglich klar erkennbare Mißverständnisse aufgrund von Alternativen des Denkens, die niemals die meinen sind. In jedem Falle bitte ich, von der »Erklärung« abzusehen. Selbst wenn es mir nicht gelungen sein sollte, Ihre Bedenken in der Kürze der Zeit zu zerstreuen, so stehe ich gern zu jeder weiteren mündlichen Auskunft bereit. Es ist wohl nicht wahr, wie es jetzt öfter hieß, ich hätte ein Gespräch mit Ihnen (in Wiesbaden?) abgesagt. Darf ich daran erinnern, daß die Idee eines Gesprächs mit mehreren Bischöfen und Theologen in Naurod von mir selber im Gespräch mit G. Fuchs entwickelt wurde? Es war mein eigener Vorschlag, den ich für sinnlos halten mußte, als die »Quaestio« auf den Markt kam, in der ja angeblich alles Wichtige stehen sollte – und nicht stand. Ein Gesprächsangebot Ihrerseits habe ich niemals abgelehnt – wie käme ich dazu? Es trifft freilich zu, daß ich manchmal den Eindruck habe, die Art der Gespräche, wie wir sie vor ca. zwei Jahren zum letztenmal zweimal geführt haben, sei erheblich verbesserungsbedürftig, um das Wort »Gespräch« zu verdienen. Was ich meinerseits dazu beitragen kann, tue ich gern. Wozu auch sonst wären Sie mein Bischof?

Herzliche Grüße

GERNOT FACIUS

Der Bannstrahl aus Rom zielt nach Paderborn

Den Prediger in der Pfarrkirche St. Georg zu Paderborn kostete es sichtlich Mühe, seine Zuhörer zu beruhigen: »Nein, bitte, bitte nicht!« Mit lang anhaltendem Beifall hatte die Gemeinde das Wort »in eigener Sache« quittiert, das der Mann vorn am Altar an sie richtete. Eugen Drewermann, Priester, Dogmatik-Dozent und praktizierender Psychotherapeut, verkündete dort, wo er sich beheimatet fühlt, daß ihn der Bannstrahl der römischen Glaubenswächter getroffen hat. »Auf Weisung Roms« (Drewermann) prüft die Glaubenskommission der Deutschen Bischofskonferenz, ob dem Priester, der die Psychoanalyse in die Bibelauslegung integrieren will und der heute einer der erfolgreichsten Theologie-Autoren ist, die kirchliche Lehrbefugnis entzogen werden soll. Ihm droht außerdem der Verlust des »Nihil obstat« (kirchliche Unbedenklichkeitserklärung für Veröffentlichungen, Vorträge und Predigten).

Daß er kein Professor der Theologie werden soll, das, so versichert der 49jährige Westfale seinen Zuhörern, »ertrage ich gern«. Und dann folgt ein verbaler Donnerschlag: »Kaum ein Stand verrät die Botschaft Jesu so sehr wie die Zunft der Theologen.« Wenn die Kirche glaube, ihn mit der Verweigerung einer Professur zu bestrafen, »so fühle ich mich geehrt«. Drewermann: »Viel schlimmer wäre es, sie verböte mir zu schreiben.« Und genau darauf scheint die von Kardinal Josef Ratzinger initiierte Strafaktion hinauszulaufen.

Der Theologe und Therapeut ist entsetzt darüber, »aus den Medien« erfahren zu müssen, »daß aufgrund des ersten Bandes meines Markus-Kommentars die Glaubenskongregation dem Paderborner Erzbischof Degenhardt den Entzug meiner Lehrbefugnis angetragen hat«. Möglicherweise werde ihm übelgenommen, zur Auseinandersetzung Jesu mit den Schriftgelehrten und Frommen seiner Zeit deutliche Parallelen zum Zustand der heutigen Kirche gezogen zu haben. »Aber wie will man leugnen, daß solche Parallelen bestehen?« Verwunderlich sei es schon, daß ausgerechnet Ratzinger diese plötzliche Härte ins Spiel bringe. Derselbe Ratzinger, der im Juni 1988 in einem WELT-Interview erklärt hatte: »Psychoanalyse in Theologie und auch in Schriftauslegung zu integrieren ist in sich etwas Sinnvolles.« Damals fühlte Drewermann sich »geradewegs ermutigt«. Ein Trugschluß, ganz offensichtlich. Erzbischof Degenhardt vertritt inzwischen sogar die Ansicht, hier werde der Lehre der Kirche widersprochen. Eugen Drewermann – der »Ketzer« von Paderborn?

Was der Mann, der in erster Linie Priester sein will, über sein Jesus-Bild sagt, ist für manchen in der Kirche starker Tobak. Für ihn hat Jesus »niemals dogmatisch« gesprochen. »Er wäre entsetzt, wenn er hören würde, wie Jahrhundert für Jahrhundert ganze Völkergruppen aus der Kirche hinausgepreßt wurden, weil sie nicht damit zurechtkamen, daß in der Person Jesu zwei Naturen miteinander eins sind und er selber die zweite Person in der Gottheit ist, die in drei Personen eines Wesens ist.«

Das »wesentliche« Verhältnis zu Jesus sei ein »persönliches« Verhältnis, keines der Gedanken und der Theorien. Die Bibelwissenschaftler hätten die Bibel »trockengeforscht«, bedauert Drewermann in seinem Buch »Wort des Heils – Wort der Heilung«. Und er schlägt den Bogen zur aktuellen Misere: »In den letzten 25 Jahren ist die Zahl der Besucher der Sonntagsgottesdienste um etwa 50 Prozent zurückgegangen. Wir als Theologen haben das zu verantworten, daß wir die Menschen hinausgepredigt haben aus der Kirche, indem wir, statt von ihnen selbst zu reden, einen Christus verkünden, wie dieser selbst nie sein wollte.« Drewermann möchte, daß »wir endlich gerade das tun, was Jesus selbst den Jüngern aufgetragen hat«.

Wieder greift er zum Markus-Evangelium, in dem beschrieben wird, wie Jesus die Jünger in die Dörfer Galiläas schickt, mit der Weisung, den Menschen die Hände aufzulegen, Kranke zu heilen und böse Geister zu vertreiben. »Wir würden heute sagen: von Neurosen und Psychosen befreien«, argumentiert Drewermann. »Zu uns kommen immer wieder Menschen mit ihrer seelischen Not. Und wenn wir als Priester, als Seelsorger, als Theologen darauf nichts anderes zu sagen wissen als: Jesus liebt dich! oder: Er war der Sohn Gottes, weisen wir sie da ab, wo Jesus gerade wollte, daß wir sie abholen möchten.« Und er träumt von einer »traumnäheren, gewaltfreieren, weniger autoritären« Kirche, sie sollte nicht eine feste Burg sein, sondern eine Gemeinschaft von Menschen, »die angstfrei zueinanderfinden«.

Inzwischen haben die Angehörigen des Paderborner Weihejahrgangs 1966, zu dem Drewermann gehört, eine Solidaritätserklärung für den umstrittenen Theologen abgegeben, sie fordern von der Glaubenskommission eine »schnelle Klärung und faire Behandlung«. Erzbischof Degenhardt war eineinhalb Stunden Gast in diesem Zirkel. Er beteuerte, der »Person« Drewermann solle nichts geschehen. Kommentar eines Kurskollegen: »Man will ihm offiziell eins drübergeben.« Irgend etwas muß der Theologe und Therapeut, der sich selbst als »im Grunde sehr konservativ« einstuft, geahnt haben. »Ich lebe seit einem Jahr in einem kafkaesken Zustand«, sagte er 1987 im Südwestfunk. »Es wird etwas gemacht, und ich kann Ihnen schwören, ich weiß nicht, was gemacht wird. Es geht wirklich zu wie in Kafkas ›Prozeß‹.«

GEORG DENZLER

Von der Ungeistigkeit des geistigen Standes

Wer nicht weiß, wie Eugen Drewermanns riesiges Opus »Kleriker. Psychogramm eines Ideals« im Bücherregal noch unterzubringen ist, schafft am besten Platz dadurch, daß er andere Bücher zum Priesterthema einfach verkauft. Und dies nicht, weil Drewermann sie fast alle unbeachtet läßt, sondern wegen ihrer idealistischen Priesterbilder, in denen die Natur des Priesters von der Gnade, wie Wasser von einem Schwamm, aufgesogen erscheint.

Drewermanns prüfender Blick ist nur am Rande auf das theologische oder christologische Priesterideal gerichtet; ihn interessieren vor allem die menschlichen Bedingungen dessen, der sich zum Priester berufen fühlt. Selbst praktizierender Psychotherapeut, kennt der 50 Jahre alte Priester Drewermann den »Komplex« Priester – Mensch aus vielfältigen Erfahrungen. Bei ihm liegt der sonst nur in übernatürlichen Höhen schwebende Kleriker buchstäblich auf der Couch. Der Autor bedauert mit Recht, daß der katholischen Moraltheologie »eine ehrliche Auseinandersetzung mit der Psychoanalyse, mit der Dynamik des Unbewußten« bis heute mangelt.

Wer Drewermanns psychoanalytische »Kleriker«-Studien intensiv liest, muß den Eindruck gewinnen, als seien alle Priester und Ordensleute kranke, total kaputte Typen. Um dies wirklich glauben zu können, dürften einem freilich nicht so viele Priester bekannt sein, von denen sich das Gegenteil behaupten läßt. Drewermann möchte jedoch in erster Linie ein Klerikermodell vorstellen, »das mit der Wirklichkeit insoweit identisch zu sein beansprucht, als die Annahmen zutreffen, die dem Modell selbst in Gestalt des klerikalen Ideals zugrunde liegen«.

Die Kirche als Über-Ich

Den größten Teil des Buches widmet der Paderborner Privatdozent für Dogmatik der Erforschung der »Grundvoraussetzung des Glaubenssatzes von der besonderen Erwählung durch Gott«. An erster Stelle beschreibt er den verhängnisvollen Umstand, daß die Kirche ihre Kleriker zu regelrechten Beamten degradiert, indem sie »das Außerordentliche einer spontanen Berufung durch Gott in das Beamtete eines besonderen Standes umwandelt«. Zu der »behaglichen Ruhe im Beamtenstatus« mit seinem typisch amtsmäßigen Denken, auch in theologischen Fragen, trete als zweites Wesensmerkmal eine »ausgesprochen antibürgerliche Lebensform der sogenannten evangelischen Räte«, also: Armut, Gehorsam und Keuschheit.

Es ist bedrückend, zu lesen, wie das menschliche Ich des Priesters immer wieder totgeschlagen wird von dem kirchlichen Über-Ich. Deshalb hafteten den Klerikern der katholischen Kirche auch wesentliche Mängel an: »der Mut zur persönlichen Meinung, die Ehrlichkeit des freien Denkens, das Recht, aus Erfahrungen im Umgang mit Menschen zu lernen, und, wenn nicht anders möglich, die Kraft zum Widerspruch zugunsten der Wahrheit«. So wird der Priester, statt ein allzeit suchender und fragender Theologe und Mensch zu bleiben, zum urteilslosen Ideologen. Und weil dies so ist, versteht Drewermann die religiöse Krise der Kirche unserer Tage »wesentlich als eine Folge der Ungeistigkeit ihres geistlichen Standes«. Andererseits erklärt diese Einstellung auch leicht, warum die Kirche »Abweichler«, »Dissidenten«, »Häretiker« in ihren eigenen Reihen erbarmungslos verfolgt und körperlich wie seelisch vernichtet hat. »Man muß es als die entscheidende Tragödie der katholischen Kirche betrachten, daß sie auf die geistigen Herausforderungen der Neuzeit immer wieder vornehmlich mit den Mitteln der Macht statt mit den Mitteln des Geistes, mit dem Versuch zur Disziplinierung und Homogenisierung des Denkens statt mit dem

Vertrauen in die Überzeugungskraft ihrer Lehren, mit einem ausgeklügelten System von Zensur und Strafe statt mit dem Glauben an die Wahrheitsliebe und Wahrheitssuche ihrer eigenen Gläubigen geantwortet hat.«

Bei der Erörterung der drei evangelischen Räte, die nach Lehre der Kirche außerordentliche Gnadengaben Gottes (Charismen) sind und von den so Begnadeten freiwillig gelebt werden sollen, trifft Drewermann den wohl wundesten Punkt, wenn er beklagt, daß die Kirche »aus lauter Angst vor der Freiheit des Menschen, welche sie der theologischen Doktrin nach gerade in den evangelischen Räten ausgedrückt findet, im Umgang mit ihren Klerikern jeden Rückweg aus der extremen Daseinsform des ›mönchischen Lebens‹, selbst bei offensichtlich Gescheiterten, unter Androhung schwerster Einschüchterungen und Strafen bis hin zur Zerstörung der bürgerlichen Existenz und bis hin zur möglichst großen Erschwernis eines Neuanfangs auf allen Ebenen, zu verhindern sucht«.

Hart ins Gericht geht der Autor mit der Forderung der Ehelosigkeit, »gibt es doch kaum einen Bereich des kirchlichen Lebens, in dem so viel verbogen und verlogen, gelitten und gestritten wird, wie diesen«. Hier werde eine immense Angst der Kirche vor der Natürlichkeit offensichtlich. Hinreichend bekannt ist, welch prägende Rolle »die immerwährende Jungfräulichkeit der Gottesmutter Maria« nicht bloß auf zölibatäre Priester, sondern auch auf viele Laien, insbesondere auf Frauen, auch verheiratete, in ihren Vorstellungen von Sexualität und Erotik ausgeübt hat. Hauptsächlich drei Faktoren bestimmen nach Drewermann die Frömmigkeitshaltung der Kirche heute noch: »der autoritäre Zentralismus väterlicher Macht, die restriktive Strenge in den Bestimmungen der Sexualmoral und die ausgedehnte Verehrung der jungfräulichen Mutter«. Allerdings dürfte das von manichäischem Geist gespeiste Direktorium der Missionsschwestern vom »Kostbaren Blut« dem Autor nicht als einziger Maßstab dienen, um alle anderen Klöster und Ordensschwestern zu beurteilen. Soweit Drewermann sich auf seine Erlebnisse als früherer Alumnus und heutiger Psychotherapeut beruft – ein nicht geringer Teil seiner Klientel scheint aus klerikalen oder religiosen Kreisen zu stammen –, sind seine Worte von einer »kindergartenähnlichen Behütungspädagogik der Konvikte und Priesterseminare« nicht leicht von der Hand zu weisen.

Freiheit der Gefühle

Verdrängung statt Befreiung, so lautete früher die Erziehungsmaxime, alles übrige sollte großzügig der Gnade Gottes überlassen bleiben. Jeder Regens und Bischof müßte sich den folgenden Satz ins Stammbuch schreiben: »Nichts ist gebessert, solange man nicht, parallel zur Freiheit der Gedanken, den Gefühlen Freiheit gibt und erlaubt, was einem Kleriker unter Androhung des Verlustes eines Standes auf Lebzeiten verboten ist: die Liebe zu lernen, wenn er dafür reif ist.« Dieser offene Aufruf zum praktischen Bruch des Zölibatsgesetzes sollte allein schon wegen der mit dieser Verpflichtung nicht selten verbundenen Laster wie Onanie, Homosexualität und Ehebruch nicht als schlechte Lösung empfunden werden, sondern eher als Erlösung. Als besonders skandalös empfindet es Drewermann, daß der jetzige Papst heiratswillige Priester und Ordensleute nur um den Preis ihrer eigenen Anomalitätserklärung »laisiert«.

Nach der fast tödlichen Diagnose und der dementsprechend massiven, bisweilen auch übertriebenen Kritik an einer Kirche, die solche »Führungskräfte« ausbildet, ist man gespannt auf Drewermanns Therapievorschläge. Das Hauptziel müsse es sein, »das inhumane System der Außenlenkung und der Fremdbestimmung« um der Glaubwürdigkeit des Sprechens von Gott willen zu zerstören. Dies geschieht nach Drewermann dadurch, daß die Inhalte der evangelischen Räte »zunächst und wesentlich existential statt funktional, psychisch statt politisch, therapeutisch statt eschatologisch«

gedeutet werden. Armut, Gehorsam und Keuschheit sollten Wege zur Selbstfindung sein und dürften keinesfalls als Mittel der Selbstunterdrückung oder der Selbstaufopferung dienen. Dabei beruft sich Drewermann entgegen der christlichen Askese und kirchlichen Pädagogik auf Jesus von Nazareth, von dem »der Mut zum privaten Ungehorsam, nicht zuletzt auch in und gegenüber den kirchlichen Behörden« zu lernen sei.

Die Priesterausbilder sollten nach Drewermann grundsätzlich darauf bedacht bleiben, daß die Lebensformen des späteren Priesters personal geprägt sind und alles Amtliche nur als Mittel zum Zweck eingesetzt wird. »Die katholische Kirche wird jeden Tag mehr an Glaubwürdigkeit und Wahrhaftigkeit verlieren, an dem sie noch fortfährt, den Glauben und die Wahrheit einseitig an das Amt, statt wesentlich an die Person von Menschen zu binden.« Immer wieder klingt Drewermanns Hauptanliegen an, daß der Priester zu sich selbst finden müsse, und indem dies geschehe, finde er auch zu Gott.

Drewermann hat mit »Kleriker« ein längst notwendiges und auch heilsames Werk vorgelegt. Wenn etwas zu bedauern ist, dann nicht der reiche Inhalt, auch nicht die herbe Kritik, sondern der Umfang des Buches und der damit verbundene hohe Preis. Gewiß hätte man vieles kürzer fassen können und manches nicht so oft wiederholen müssen.

Wie umfangreich des Autors Vorarbeiten gewesen sein müssen, läßt allein das lange Verzeichnis der zitierten Literatur ahnen. Und doch vermißt man in der Sparte »Tiefenpsychologie und empirische Anthropologie« Namen (wie R. Hostie, G. Griesl, A. Arens), die bezeugen würden, daß der Priester Drewermann und der Redemptorist Hermann Stenger doch nicht die ersten und einzigen Theologen sind, die sich vom Standpunkt des Tiefenpsychologen oder Psychotherapeuten aus mit der Priesterproblematik beschäftigen.

Ungenügend sind oft Drewermanns Hinweise auf kirchengeschichtliche Probleme, wie, wenn er für das Dogma der

Unfehlbarkeit des Papstes allein Jedins »Kleine Konziliengeschichte« anführt. Das sieben Bände umfassende »Handbuch der Kirchengeschichte« (1962–1979) ist nicht ein einziges Mal genannt. Drewermanns kirchenhistorische Gewährsleute lassen sich an den Fingern einer Hand abzählen: Karl-Heinz Deschner, Friedrich Heer, H. C. Lea, Uta Ranke-Heinemann, Peter de Rosa – alles Namen, die nicht gerade für Objektivität stehen. Im Bereich der Dogmatik ist die Vergleichsbasis viel zu schmal, wenn der Verfasser neben Karl Rahner immer nur aus der mehrbändigen Dogmatik von Johannes Brinktrine zitiert, um zu beweisen, was Theologie oder Lehramt in bestimmten Punkten gelehrt haben.

Seit Jahren schon schwebt über Drewermanns Haupt das Damoklesschwert kirchenoffizieller Verurteilung. Wie werden die deutschen Bischöfe und wie wird vor allem die römische Glaubenskongregation unter ihrem Präfekten Kardinal Joseph Ratzinger auf den jüngsten Frontalangriff Drewermanns reagieren? Was auch immer geschehen mag, fest steht, daß jede Art von Verurteilung dieses prophetischen Priesters eine gefährliche Verurteilung der Kirche selbst wäre.

Gesprächsnotiz über das Gespräch zwischen Erzbischof Degenhardt und Eugen Drewermann am 31.1.90 von Peter Eicher

Das Gespräch verlief – was den Stil, das Klima und die Thematik betraf – in drei sehr unterschiedlichen Phasen.

I. Die Verfahrensfragen

In der ersten, einstündigen Phase wurden kontrovers vor allem die Verfahrensfragen angesprochen. Herr Drewermann beklagte dabei eindringlich,

1. daß bisher trotz der Bemühungen von seiner Seite konstruktive Gespräche mit dem Herrn Erzbischof nicht stattgefunden hätten;

2. daß er über die Vorarbeiten der Kommissionen der Deutschen Bischofskonferenz oder der vatikanischen Glaubenskongregation niemals informiert worden sei und trotz des offensichtlichen Gewichts der von diesen Gremien erarbeiteten Monitas keinerlei Gelegenheit erhalten habe, sich in diesen Gremien zu äußern oder wenigstens verständlich zu machen;

3. daß seine Artikel in den kirchlichen Presseorganen (z. B. im Paderborner »Dom«) nicht abgedruckt würden, obwohl darin durchaus falsche und ehrenrührige Vorwürfe gegen ihn erhoben würden; dem hätte der Herr Erzbischof als sein Ortsbischof und als Magnus Cancellarius der Theologischen Fakultät entgegenzuwirken;

4. daß das bisherige Verfahren in der Öffentlichkeit und für ihn selbst »ein riesiges Feld von Unsicherheit« verbreitet hätte und durchaus willkürlich gewesen sei.

Herr Erzbischof Degenhardt und Herr Prof. Klein bemerkten dagegen,

zu 1. daß jederzeit Gespräche möglich gewesen wären;

zu 2. daß die Lektüre der theologischen Literatur für die römische Glaubenskongregation und die Kommissionen der Deutschen Bischofskonferenz eine pure Selbstverständlichkeit wäre und bei Verdacht die Vorwürfe zu erhärten gesucht würden;

zu 3. daß der Erzbischof auf diese Organe keinerlei Einfluß ausgeübt habe;

zu 4. daß es ein normaler Vorgang sei, wenn ein Bischof sich von der Glaubenskommission Punkte benennen lasse, die zu beanstanden seien.

In diesem ersten Gesprächsverlauf wurde klar, daß der Herr Erzbischof unerachtet aller anderen Kontroverspunkte allein aufgrund der Beanstandungen zum »Kleriker«-Buch nunmehr ernsthaft erwägt, Herrn Drewermann ohne ein weiteres Verfahren die Lehrerlaubnis an der Theologischen Fakultät zu entziehen.

Das Gespräch wurde in dieser ersten Phase nach meinem Eindruck von seiten des Herrn Erzbischofs nicht mit dem Ziel der Verständigung, sondern der Verurteilung geführt. Ich wies deshalb auf die rechtliche Vorschrift hin, nach welcher ein solches Gespräch »mit dem Ziel der Verständigung« zu führen sei (§ 5 der Verfahrensordnung für das Lehrbeanstandungsverfahren bei der Deutschen Bischofskonferenz).

II. Die theologischen Grundfragen

Die *zweite, fast einstündige* Gesprächsphase fand in einem ganz anderen und zunehmend guten Klima, mit deutlichen Verständigungsbemühungen, klaren Fortschritten in der Sache und weitgehenden Klärungen in den wichtigsten Fragen statt. Die Klärungen bezogen sich auf folgende Kontroverspunkte:

1. *Kirche:* Auf den Vorwurf von Herrn Erzbischof Degenhardt, daß es Herrn Drewermann um eine neue Kirche gehe, wurde von Herrn Drewermann und mir klargestellt, daß es wie im »Kleriker«-Buch, so auch im ganzen Werk und Wir-

ken von Eugen Drewermann um die *Erneuerung* der Kirche Jesu Christi gehe. Unbestritten war, daß Herr Drewermann dabei den Akzent auf die priesterliche Erneuerung aller Christen, Herr Erzbischof Degenhardt den Akzent dagegen auf die Erhaltung des besonderen Weihepriestertums legte. Daß die katholische Kirche dabei vom Evangelium her ständig zu reformieren sei, war für alle Beteiligten selbstverständlich, aber Herr Drewermann insistierte darauf, daß sich ohne den Schmerz der offenen Kritik und der Trennung von psychologisch entfremdenden Formen des kirchlichen Lebens eine tiefgehende Erneuerung nicht ereignen könnte.

2. *Priestertum:* Herr Erzbischof Degenhardt hielt es für abwegig, daß die katholischen Priester nur noch Diener und Therapeuten sein sollten. Das besondere Priestertum sei allein von Jesus Christus her zu begründen und zu formen. Dagegen erläuterte Herr Drewermann den Sinn seiner Ausführungen gerade mit dem Verweis auf Jesus Christus, der in seiner Menschlichkeit wesentlich Dichter und Therapeut gewesen sei. Auf meine Frage, ob die Theologie nicht von der Christusverkündigung des Evangeliums auszugehen hätte, gab Herr Drewermann zu bedenken, daß die Theologie heute erst einmal auf die Christusverkündigung hinzuführen hätte. Dazu sei erst einmal der Abbau der verheerenden Deformationen des Christusglaubens notwendig. Im Ziel waren sich alle Beteiligten einig; offen blieb nur die Frage nach dem rechten Weg zur Evangeliumsverkündigung heute, wobei aber auch Herr Erzbischof Degenhardt erkennen ließ, daß im Prinzip verschiedene Wege der Theologie denkbar seien. Entgegen den Befürchtungen von Herrn Prof. Klein, daß die Übernatürlichkeit und Gnadenhaftigkeit des Priesterstandes durch den psychologischen Zugang Drewermanns verlorenginge, wurde von Herrn Erzbischof zumindest meine Klarstellung lebhaft bejaht, daß Herr Drewermann insbesondere durch seine Dissertation und Habilitation die genuin katholische Gnadenlehre in eindrücklicher Weise neu begründet habe. Was die zentrale Frage der Gnadenlehre und der ent-

sprechenden Begründung *jeglicher* Form priesterlicher Existenz betrifft, bestand kein Dissens. Die Frage des besonderen Weihepriestertums wurde jedoch *nicht* ausdrücklich angesprochen.

3. *Gelübde, Eid, Versprechen:* Da Herr Erzbischof Degenhardt befürchtete, daß Eugen Drewermann die Liebe auf Zeit und das priesterliche Treueversprechen bis auf weiteres propagiere, stellte ich klar, daß im ganzen Werk Drewermanns geradezu überschwenglich die unendliche *Verheißung* der Liebe und Treue stark gemacht werde, wobei allerdings das Scheitern am Gesetz der Unauflöslichkeit zum Ausgangspunkt der neuen Überlegungen geworden sei. Da Herr Drewermann die intentionale Treue und Verbindlichkeit der Liebeszusage und der Annahme kirchlicher Dienste lebhaft bejahte, wurde ein klarer Konsens darüber erzielt, daß Drewermann nicht die Liebe bis auf weiteres oder die vorläufigen Versprechen lehre, sondern für alle jene, die sich in ihrer Liebeszusage und in ihren Versprechungen nach bitteren Erfahrungen getäuscht sähen, einen Weg zur Annahme ihrer wahren Lebensintention und damit des Willens Gottes zu eröffnen sucht. Auch der Herr Erzbischof bejahte, daß Drewermann die katholische Lehre von Sünde und Gnade insbesondere in seiner Dissertation und Habilitation vertieft habe.

4. *Selbstverleugnung und Selbstverwirklichung*

In eindrücklichen Worten hatte Herr Erzbischof Degenhardt auf die Radikalität der Selbstverleugnung in der Nachfolge Jesu hingewiesen und es beklagt, daß Eugen Drewermann nur auf die Selbstverwirklichung abhebe. Nachdem Herr Drewermann klargestellt hatte, daß psychologisch gesehen die Selbstverleugnung im Sinne Jesu die wahre Selbstverwirklichung bedeute, wies ich Herrn Erzbischof auf einen Widerspruch in seiner eigenen Argumentation hin: Da er ganz zu Recht für die priesterliche Form der Nachfolge Jesu eine radikale Selbstverleugnung fordere, sei schwer verständlich, warum er die von Eugen Drewermann so einleuchtend gemachte Notwendigkeit der Trennung des priesterlichen Selbst von seinen falschen Formen nicht annehmen wolle. Die Selbstverleugnung müsse konkret da geschehen, wo die Freiheit des Selbst für den Dienst des Evangeliums verlorengegangen sei. Und dafür leiste das Werk Drewermanns einen sehr guten Dienst.

5. *Offenbarung und Geschichte (Jungfrauengeburt)*

Die seit Jahren anstehende Klärung des Vorwurfs, Eugen Drewermann leugne »die Historizität« von Jungfrauengeburt und Auferweckung Jesu, wurde in diesem Gespräch bis zu einem allseits bejahten Konsens geführt. Denn der Herr Erzbischof war durchaus einverstanden, daß dabei von »Historizität« im Sinne der modernen Geschichtswissenschaften nicht gesprochen werden könne. Herr Drewermann wiederum akzeptierte die von mir vorgeschlagene Formulierung (welche auch Erzbischof Degenhardt unterstützte), daß Gott in seinem Handeln die Geschichte der Menschen in seine eigene Geschichte aufnehme. Für die Jungfrauengeburt heißt dies, daß Gott durch die Selbstmitteilung seines Heiligen Geistes Maria erfüllt hat und so die Menschheit Jesu angenommen und geschaffen hat. Dies leugnete Eugen Drewermann in keiner Weise, aber er versuchte die Sprache dieses unerhörten Evangeliums und der entsprechenden dogmatischen Lehre für jeden Menschen verständlich und einleuchtend zu machen, indem er sie auf die psychologisch entschlüsselten Analogien der Mythen, Märchen und Legenden bezieht. Mit seiner Methodik sucht er den universalen Sinn des einmaligen Ereignisses von Gottes wunderbarem Handeln aufzuschließen und damit auf unsere Erfahrung zu beziehen. Dasselbe gilt für Gottes Handeln in der Auferweckung des Gekreuzigten.

Nach diesem Konsens im Gespräch wäre es absurd, wenn erneut der Vorwurf aufkäme, Eugen Drewermann halte nicht an der »Historizität« der Jungfrauengeburt fest, weil keiner der Beteiligten es für sinnvoll und wünschbar hielt, in dieser Sprache von Gottes Handeln zu reden.

III. Der vorläufige Gesprächsabbruch

Die *dritte* Phase des Gesprächs kann nur als dessen vorläufig abrupter Abbruch bezeichnet werden. Denn die Erklärung des Herrn Erzbischofs, daß seine Bedenken in keiner Weise ausgeräumt seien, wurde nicht durch einen Rückblick auf das Gespräch, sondern allein mit dem erneuten Verlesen der Ausgangsfragen begründet. Wie wenn in dem konstruktiven Gespräch nichts gesagt, gefragt und geklärt worden wäre, wurden alle Vorwürfe in recht scharfem Ton erneut erhoben. Der Herr Erzbischof verschloß sich allen Bitten von Herrn Dr. Drewermann, Prof. Klein und mir, zumindest eine Fortsetzung des Gesprächs anzuberaumen oder – wenn es denn sein müsse – *vor* einem Entzug der Lehrerlaubnis die dafür vorgesehenen Gremien der Deutschen Bischofskonferenz um eine Klärung zu bitten. Selbst auf die demütige Bitte von Herrn Drewermann, ihm doch wenigstens die Bedingungen einer weiterhin gewährten Lehrerlaubnis zu nennen, ging Herr Erzbischof Degenhardt nicht ein. Daraufhin hatte ich freundlich, aber bestimmt auf die kirchenpolitischen Konsequenzen hingewiesen: – Man würde auch von Rom aus die Verurteilung als Paderborner Provinzirrtum hinstellen, weil die Kirche doch Selbstkritik ertragen könnte. So käme der Herr Erzbischof in eine dauerhaft schwierige Lage. – Die Theologie würde sich weltweit diffamiert sehen, weil mit einem Lehramtsentzug die wissenschaftliche Methodik als solche verurteilt würde. – Der Herr Erzbischof lade sich für sein Episkopat ganz unnötig dauerhafte Probleme auf, die er durch andere klären lassen könnte. Damit aber würde die Diözese Schaden nehmen. – Schließlich würde man ihn, nach einem so guten Gespräch, das ja nach seinem eigenen Schreiben in jeder Weise öffentlich verwendet werden dürfe, weltweit nicht verstehen können. Denn der Gesprächsabbruch in dieser Phase entspreche nicht den kirchlichen Regeln.

Und vor allem: Der Schaden, den der Herr Erzbischof durch die Veröffentlichung des »Kleriker«-Buches befürchte, würde erst durch seine Verurteilung entstehen. Würde das Buch zur Besinnung und Umkehr angenommen, dann hätten die schadenfrohen Kritiker der Kirche selbst zu früh gelacht. Sie hätten dann aus durchsichtigen Gründen falsch prophezeit, daß durch die Verurteilung des Buches Eugen Drewermanns Buch erst sein volles Recht erhalte.

Das Gespräch endete mit eindringlichen Versuchen von Prof. Klein, Dr. Drewermann und mir, den Herrn Erzbischof dazu zu bewegen, den guten Anfang auf gute Weise fortzusetzen: – sei es durch die Fortführung der klärenden Gespräche – sei es durch eine Verlautbarung, in der er sich zur notwendigen Kirchenreform bekennt und dabei die seines Erachtens überzogenen Werturteile und Reformvorschläge Eugen Drewermanns öffentlich kritisiert, ohne Herrn Drewermann die Lehrerlaubnis zu entziehen – sei es durch das Einholen des Urteils der Kommissionen der Deutschen Bischofskonferenz vor einer Entscheidung – oder sei es schließlich durch eine Kombination der vorgeschlagenen Verfahren. Der Herr Erzbischof erklärte sich bereit, diese Fragen nach Einsicht in das endgültige Protokoll noch einmal prüfen zu wollen und jedenfalls vor der Einsichtnahme in das Protokoll keine Entscheidung zu treffen.

RUDOLF GRIMM

Ein beleidigendes Bild von Priestern und Ordensleuten?

Eugen Drewermann ist seit einigen Jahren im deutschsprachigen Raum der am meisten beachtete und wohl auch am überschwenglichsten gewürdigte Theologe. Aber er erfährt – zumindest mit einigen Gedanken und Thesen seiner zahlreichen Schriften – auch schärfere Ablehnung als jeder andere, vor allem von seiten der Kollegen der Theologen-Zunft. Die kirchliche Obrigkeit ist beunruhigt, weil ein so umstrittener Autor in ihrem Auftrag auch eine Lehrtätigkeit ausübt. Bei einem Gespräch am 31. Januar mit dem Erzbischof von Paderborn, Johannes Joachim Degenhardt, haben Drewermann und der von ihm bestellte Beisitzer, Prof. Peter Eicher, Prorektor der Universität, den Eindruck gewonnen, daß ihm jetzt der Entzug der Lehrbefugnis als Privatdozent an der dortigen katholisch-theologischen Fakultät droht.

Theologischer Hauptvorwurf an Drewermann ist, er nivelliere in seinen Schriften das, was das Christentum von anderen Religionen unterscheide. Mit dem Erscheinen seines jüngsten Buchs – »Kleriker – Psychogramm eines Ideals« – ist der Vorwurf hinzugekommen, er vermittle ein verzerrtes, beleidigendes Bild von den Priestern und Ordensleuten der Kirche. Nach Darstellung Eichers würde ein Entzug der Lehrbefugnis durch den Erzbischof sich auf dieses Buch beziehen.

Die Erörterung der theologischen Vorwürfe würde er damit der Glaubenskommission der Deutschen Bischofskonferenz überlassen. Das neue Buch enthält nach Auffassung Degenhardts viele Aussagen, die Drewermann im Auftrag der Bischöfe und als Dozent nicht machen darf.

Bedeutsam an der Auseinandersetzung mit Drewermann erscheint, daß sogar seine schärfsten Kritiker seinen Denkansatz und seine Problemstellungen grundsätzlich anerkennen. Das bezieht sich vor allem auf die Intention seiner theologischen Hauptwerke, den christlichen Glauben mit Hilfe tiefenpsychologischer Methoden und Einsichten zu erschließen und dessen persönliche existentielle Bedeutung erfahrbar zu machen.

In der Frage des unterscheidend Christlichen werden Drewermann unter anderem seine Verknüpfungen zwischen der Religion der alten Ägypter und dem Christentum vorgeworfen. Kritiker sehen die biblische Heilsgeschichte von ihm geradezu in die ganze Religionsgeschichte hinein nivelliert und von dieser überwältigt und dominiert. Die Offenbarung Gottes durch Jesus Christus sei für Drewermann »kein freies, unableitbares geschichtliches Ereignis, welches dem Menschen etwas Neues sagt«, stellte einer der Theologen fest, die 1987 von der Glaubenskommission der Bischofskonferenz ersucht worden waren, sich mit Drewermann wissenschaftlich auseinanderzusetzen.

Als theologisch nicht haltbar ist im gleichen Zusammenhang auch die Bedeutung bezeichnet worden, die bei Drewermann die sogenannten Archetypen haben, die nach der Psychologie C. G. Jungs im kollektiven Unbewußten gründenden urtümlichen Leitbilder menschlicher Erfahrung. Der Vorwurf ist, Drewermann habe den Gott der biblischen Offenbarung ins Innere der Seele verwiesen, Religion werde bei ihm zu einem Produkt des Unbewußten. Einer der Theologen, die sich mit ihm auseinandersetzten, fragte: »Ist Christus nur die Personalisierung einer mythischen Vorstellung?« Ein anderer sprach von der Gefahr einer »Verpsychologisierung« und letztlich »Naturalisierung« des Glaubens.

Grundsätzliche Kritik gilt auch der zentralen Auffassung Drewermanns von der menschlichen Alternative zwischen Daseins- und Todesangst und religiösem Vertrauen. Seiner These, das Christentum sei eine Botschaft der Erlösung des Menschen von Angst, ist entgegengehalten worden, die biblische Alternative laute nicht Angst/Vertrauen, sondern Unglaube/Glaube. Die Erlösung von Sünde und Schuld habe Vorrang vor der Überwindung der Angst.

Überhaupt spielt in der Kritik die für Christen zentrale Frage der Erlösung eine wichtige Rolle. So ist dem Paderborner Priester und Gelehrten immer wieder der Vorwurf der »Gnosis« gemacht worden, der Lehre, der Mensch werde dadurch erlöst, daß er sein wahres Selbst erkennt – also nicht allein durch Gottes Gnade.

Sozusagen am Rande bemerkt worden ist auch wiederholt, Drewermanns Sprache lasse wissenschaftliche Eindeutigkeit vermissen. Nach Drewermanns eigener Darstellung erklärte der andere Beisitzer des Gesprächs mit dem Erzbischof, Prof. Aloys Klein, in Drewermanns Schriften seien Häresien (schwerwiegende Abweichungen vom christlichen Glauben) sehr schwer nachzuweisen – er drücke sich zu schwammig aus.

Drewermann seinerseits hat in seinem Werk immer wieder Kritik an der theologischen Gelehrtensprache geübt: Sie könne in ihrer rein verstandesmäßigen Argumentation und Begrifflichkeit Religion nicht vermitteln.

Presseerklärungen

Erklärung von Erzbischof Degenhardt vom 27.2.1990

Am 31. Januar 1990 hat ein viereinhalbstündiges Gespräch zwischen Dr. Drewermann und mir in Anwesenheit der Professoren Aloys Klein und Peter Eicher über das Buch »Kleriker – Psychogramm eines Ideals« stattgefunden.

Sowohl Dr. Drewermann als auch Professor Eicher sind inzwischen in die Öffentlichkeit gegangen und haben ihre Auffassung dargelegt, bevor die vorgesehene einvernehmliche Gesprächsnotiz erstellt war.

Ich lege hiermit eine Erklärung der Öffentlichkeit vor, in der einige der Bedenken gegen inhaltliche Aussagen des Buches »Kleriker« und aus anderen Büchern Drewermanns mit Zitaten genannt werden. Die Interessierten können selbst beurteilen, wie sie die Aussagen bewerten.

Ich weise ausdrücklich darauf hin, daß ich als Ortsbischof und Magnus Cancellarius der Theologischen Fakultät Paderborn zu prüfen und zu entscheiden habe, ob solche Äußerungen wie in meiner Erklärung angeführt von einem Privatdozenten der Theologischen Fakultät mit der Lehrerlaubnis des Magnus Cancellarius vertretbar sind.

Ich habe niemals die Absicht gehabt oder geäußert, Dr. Drewermann ein Schreibverbot – etwa für ein Jahr – aufzuerlegen; ich möchte ihn auch als Priester des Erzbistums Paderborn wenn möglich behalten. Leider hat Dr. Drewermann meine Anregung, er möge von sich aus auf eine Lehrerlaubnis als Privatdozent für dogmatische Theologie an der Theologischen Fakultät verzichten, abgelehnt.

Nunmehr beabsichtige ich, entsprechend dem Wunsch von Dr. Drewermann, bei der Glaubenskommission der Deutschen Bischofskonferenz ein Lehrbeanstandungsverfahren zu beantragen. Dies ist ein rechtlich geregeltes Verfahren nach der Verfahrensordnung, die die Deutsche Bischofskonferenz 1981 erlassen hat.

Mit dem Antrag auf ein Lehrbeanstandungsverfahren werden nicht alle Aussagen, Anregungen, Anliegen, Sichtweisen, Methoden oder kritischen Äußerungen von Dr. Drewermann abgewiesen. Manche – auch scharfe – Kritik kann heilsam für die Kirche, für ihre Amtsträger und für die gläubigen Gemeindemitglieder sein.

Ich will auch die wissenschaftliche Diskussion nicht einschränken oder bestimmte Methoden – etwa die Einbeziehung der Psychologie und Psychoanalyse in der Theologie – ablehnen. Ebenfalls will ich gute Intentionen des Dr. Drewermann nicht in Frage stellen.

Mir geht es um inhaltliche Aussagen, die nach meiner Auffassung nicht oder schwer vereinbar sind mit der Lehre der katholischen Kirche.

Meine Erklärung umfaßt zwei Teile:

I. Bedenken zu Aussagen im Buch »Kleriker«. II. Bedenken dogmatischer Art zu anderen Büchern. Es handelt sich um einige Punkte, nicht um eine vollständige Auflistung der gegen Äußerungen von Dr. Drewermann vorliegenden Bedenken.

Aufgabe der Bischöfe ist es, das Geheimnis Jesu Christi unverkürzt vorzulegen. Deshalb ist es meine Pflicht, Dr. Drewermann eindringlich zu ermahnen, die genannten Aussagen zu klären und im Sinn der kirchlichen Lehre zu korrigieren. Ich verbinde die Hoffnung, daß er von seinem wissenschaftlichen Ansatz aus zur Übereinstimmung mit der biblischen und kirchlichen Lehre gelangt.

Ich beabsichtige baldmöglichst das Gespräch gemäß § 5 der Verfahrensordnung des Lehrbeanstandungsverfahrens zu führen.

I. Zum Buch »Kleriker – Psychogramm eines Ideals«

1. Dem im Buch Dargelegten liegt ein Menschenbild zugrunde, das in einer Theologischen Fakultät nach meiner Auffassung nicht von einem Privatdozenten vorgetragen werden kann.

»Es kommt darauf an, die Freiheit des einzelnen durch sich

selber in eine unauflösliche Zwangsbindung umzuformen, und das kann gelingen, wenn man ein jedes der Gruppenmitglieder (zumindest in den tragenden Positionen) nötigt, feierlich zu versprechen und zu geloben, daß es eine Freiheit in alle Zukunft nur als gebundene, entschiedene, als festgelegte Freiheit aktuieren und aktivieren wird. Der einzelne muß schwören, auf daß die Allgemeinheit seiner gefesselten Freiheit sicher werde. Nur durch diese Verfahren, durch diesen Zwang, den die Gruppe zu ihrer Selbststabilisierung jedem ihrer beamteten leitenden Mitglieder auferlegt, glaubt man, das Ekrasit der Auflösung im Herzen eines jeden entschärfen zu können« (Seite 202).

Drewermann verlangt je neue Bindung oder Loslösung zu jedem beliebigen Zeitpunkt der seelischen Entwicklung. Ein Versprechen auf Dauer sei unmenschlich, weil ja niemand wisse, wie er sich entwickle.

»Die Ämter der Kirche, wenn sie das Dasein ihrer Amtsträger psychisch nicht verformen und vergewaltigen sollen, müssen daher flexibel gegenüber der persönlichen Entwicklung des einzelnen bleiben. Sie müssen prinzipiell zeitlich begrenzt sein, wenn der einzelne sich seinem Amte nicht mehr gewachsen sieht oder wenn umgekehrt er sich selber dem Amte entwachsen fühlt« (748).

»Das Thema Ehe oder Ehelosigkeit müßte, um psychoanalytisch betrachtet glaubwürdig zu bleiben, vollkommen neutralisiert werden, das heißt, es müßte zu jedem beliebigen Zeitpunkt der seelischen Entwicklung dem einzelnen freistehen, zu heiraten oder nicht zu heiraten, wie es für ihn und für die Menschen an seiner Seite stimmt« (716).

Damit gibt es für Eheleute und für Kleriker (Ordensschwestern, Diözesanpriester) keine Verläßlichkeit. Drewermann kritisiert das Zölibatsversprechen und das Ehelosigkeitsgelübde als unzulässig (vgl. Seite 634).

In diesem Menschenbild ist offensichtlich die augenblickliche Einstellung des einzelnen maßgebliches Kriterium: Treue, Bejahung eines früher gegebenen Wortes, Verzicht auf momentane Wünsche, Triebe, Vorstellungen und Gefühle dürfen nicht erwartet werden.

Daß ein Mensch in Freiheit sich für immer bindet und auch in Schwierigkeiten seine Entscheidung durchträgt, darf nach Drewermann nicht verlangt werden; so bleibt die Treue Gottes für den Menschen, der sein Abbild ist, ohne Konsequenz im menschlichen Leben.

Eugen Drewermann versteht »Selbstverwirklichung«, »Selbstentfaltung« als jeweils zu verwirklichende Wünsche, Gefühle, Strebungen des einzelnen (vgl. Seite 431, 499, 673, 695, 706 ff.).

Selbstverleugnung – wie im Neuen Testament genannt – kann für Drewermann nur negativ bewertet werden, weil er bei den Gefühlen des einzelnen nichts eventuell Fehlerhaftes sieht.

Eine solche Auffassung ist nicht annehmbar.

2. Was Drewermann über den Priester sagt, stimmt nicht damit überein, wie die katholische Kirche den katholischen Priester versteht, nämlich als von Jesus Christus in seine besondere Nachfolge berufenen Jünger, der »in persona Christi capitis ecclesiae« (»in der Person Christi, des Hauptes der Kirche«) in Christi Vollmacht und Sendung handeln und leben soll.

Drewermann sagt, daß ein entscheidender Teil der Theologenausbildung »in Weiterführung der historisch-kritischen Bibelexegese in Traumseminaren, Einzelanalysen, in Psychodrama- und Bibliodramakursen und anderem mehr liegen« solle sowie im vertieften Studium der Religionsgeschichte und der Völkerkunde, gepaart mit den Einsichten der Tiefenpsychologie; denn das Christentum sei gerade keine Lehre, sondern eine Existenzmitteilung (Seite 741).

Der Priester sei vorzugsweise Dichter (vgl. Seite 719, 738), Prophet, Seher, Psychotherapeut (vgl. 730).

Der Bezug zu Jesus Christus kommt bei Drewermann fast nicht vor (vgl. 747).

In einer Theologischen Fakultät zur Ausbildung von katholischen Priestern können solche verengten Auffassungen nicht im Auftrag oder in der Sendung des Bischofs verkündet werden.

3. Drewermann vertritt die Auffassung, daß historische Fakten zur Religion »äußerlich« blieben und »irrelevant« seien. Man müsse »innerlich« von den Bildern der Seele her die christliche Botschaft verstehen (vgl. S. 289, 690, 733).

Drewermann wendet sich deshalb gegen eine das historische Faktum als verbindliche Glaubensaussage bezeichnende Einstellung. Er will solche Aussagen – etwa des Glaubensbekenntnisses – »symbolisch«, nicht »historisch« verstanden wissen (vgl. S. 777, Anm. 163, S. 483).

Er hält die jungfräuliche Geburt Jesu aus Maria für ein Symbol, lehnt sie aber als Faktum ab, als den Weg, wie Gott seinen Sohn Mensch hat werden lassen; an keiner Stelle spricht er von Gottes Handeln außerhalb der Seele der Menschen.

Diese Auffassung widerspricht der Lehre der katholischen Kirche (vgl. II. Vatikanisches Konzil).

4. Die Kritik Drewermanns an der katholischen Kirche ist polemisch, einseitig, verletzend.

Er spricht von »menschenverachtendem Zynismus« (S. 630), von einem formal unmenschlichen und ungöttlichen System, das lieblos von gewollter Inhumanität sei, von seelischer Grausamkeit (S. 641), von einem erstickenden Zwangssystem, von ebenso neurotischen wie neurotisierenden Lebensregeln, von »eidlich geschütztem System erzwungener Treueversprechungen«, von kompletter Unglaubwürdigkeit des Sprechens von Gott (S. 663).

Die katholische Kirche müsse endlich »aus den Fesseln und Käfigstäben einer ungeheuerlichen Form von traditioneller Veräußerlichung, dogmatischer Rechthaberei, despotischer Verwaltungsschikane, hierarchischer Machtanmaßung, einer für Gott sich dünkenden Behördenwillkür und aus dem ebenso geist- wie seelenlosen Fetischismus eines bürokratischen Objektivismus und Formalismus herausgeführt und in die Freiheit entlassen« werden. An einem Umbau des Gesamtsystems der katholischen Kirche komme man nicht vorbei (S. 661).

Drewermann verwendet ein Verständnis von Kirche, das die Aussagen des Zweiten Vatikanischen Konzils nicht beachtet, daß nämlich die Kirche Jesu Christi das Volk Gottes, der Leib Christi, ein Geheimnis (Mysterium) des Glaubens ist; er sieht offensichtlich nur einseitig und verzerrend die Kirche als System, als Organisation, als Machtinstrument.

Diese verzerrte Beschreibung der heutigen katholischen Kirche kann nicht im Auftrag dieser Kirche vorgetragen werden.

II. In zahlreichen Veröffentlichungen versucht Privatdozent Dr. Eugen Drewermann, mit Hilfe der Tiefenpsychologie sowie der Mythen- und Märchenforschung die Symbol- und Bildersprache der Bibel dem heutigen Menschen zu erschließen. Dieser therapeutische Ansatz ist innerhalb der methodischen Grenzen der genannten Wissenschaften legitim und in mancher Hinsicht pastoral hilfreich. In der konkreten Durchführung seines Anliegens kommt E. Drewermann jedoch mit vielen seiner Aussagen in Konflikt mit grundlegenden Aussagen der Bibel und ihrer kirchlichen Auslegung. Das läßt sich – wie auch die theologische Fachdiskussion überwiegend erweist – insbesondere an drei für die kirchliche Glaubenslehre fundamentalen Fragen zeigen.

1. Nach der Lehre des Zweiten Vatikanischen Konzils, das sich dafür auf das klare und eindeutige Zeugnis der Heiligen Schrift stützt, geschieht die Offenbarung Gottes in der Geschichte durch Wort und Tat, die innerlich miteinander verknüpft sind (vgl. Dei verbum, Artikel 2). Die Kirche hält deshalb an der Geschichtlichkeit besonders der Evangelien fest:

»Unsere heilige Mutter, die Kirche, hat entschieden und unentwegt daran festgehalten und hält daran fest, daß die vier genannten Evangelien, deren Geschichtlichkeit sie ohne Bedenken bejaht, zuverlässig überliefern, was Jesus, der Sohn Gottes, in seinem Leben unter den Menschen zu deren ewigem Heil wirklich getan und gelehrt hat, bis zu dem Tag, da er aufgenommen wurde« (Dei verbum, Artikel 19).

E. Drewermann versteht die Offenbarung demgegenüber in vielen seiner Aussagen nicht als freie, geschichtlich sich ereignende Selbstoffenbarung Gottes, sondern als traumhafte Projektion der archetypischen Strukturen der menschlichen Seele.

Diese Position geht zum Beispiel aus der folgenden Aussage hervor:

»So wie am Beginn des Frühlings die Wärme der Sonne die Blumen aus der Erde hervorlockt, indem sie die in ihnen schlummernde Gestalt nicht erschafft, wohl aber zur Entfaltung weckt, so wird man auch die Offenbarung Gottes in dem Menschen Jesus von Nazaret nicht anders verstehen können, als daß von der Person Jesu eine solche Güte und Wärme ausging, daß all die Bilder des Heils, die in der menschlichen Seele angelegt sind, durch seine Nähe auf den Plan gerufen wurden, sich mit seiner Gestalt verbanden und sich zu einem Gesamtgemälde formten, in dessen Widerschein ein jeder Mensch die Wahrheit Christi zu erkennen vermag, indem er sich selber darin offenbar wird« (E. Drewermann, Tiefenpsychologie und Exegese II, 1985, 768 f.).

Daß dies religionsgeschichtlich betrachtet zu einer Nivellierung der biblischen Offenbarung führt, zeigt etwa die folgende Aussage:

»Wir sind als Christen zu sehr alttestamentlich und zu wenig ägyptisch, um wirklich christlich zu sein, und nur eine tiefe Reform des Träumens und der Poesie könnte uns wieder lehren, was Gott im Herzen eines jeden Menschen eingeschrieben hat, um sich darin zu offenbaren« (E. Drewermann, Religionsgeschichtliche und tiefenpsychologische Bemerkungen zur Trinitätslehre, in: W. Breuning [Herausgeber], Trinität. Aktuelle Perspektiven der Theologie. Freiburg im Breisgau 1984 [= Quaestio disputata 101, 142]).

Diese Sicht führt auch zu einem neuen Verständnis der Dogmen: »Ein besseres Verständnis käme zustande, wenn man die Dogmen ähnlich verstehen würde wie Traumbilder, die sich auf dem Weg zur Heilung – vor dem Hintergrund eines tieferen Vertrauens, das durch ein Gegenüber geweckt wird – spontan einstellen.« (E. Drewermann, Psychoanalyse und Moraltheologie III. An den Grenzen des Lebens, Mainz 1984, 260 f. Zum typologisch-repräsentativen Charakter der geschichtlichen Offenbarung vgl. E. Drewermann, Tiefenpsychologie und Exegese I, 54 ff., ders., Tiefenpsychologie und Exegese II, 700 f.).

2. Nach der Heiligen Schrift und der kirchlichen Lehre geschieht die Fülle der Offenbarung Gottes in Jesus Christus (Dei verbum, Artikel 4). Jesus Christus ist nach der Schrift und nach den altkirchlichen Bekenntnissen der ewige und einzige Sohn Gottes, der in der Zeit durch Maria, die Jungfrau, Mensch geworden ist. In einer Reihe von Aussagen von Drewermann wird dagegen die Gestalt Jesu religionsgeschichtlich nivelliert und auf eine Ebene mit heidnischen Göttergestalten und Heilbringern gestellt.

Auch E. Drewermann spricht an einigen Stellen von Jesus Christus als einer absoluten Person (E. Drewermann, An ihren Früchten sollt ihr sie erkennen. Antwort auf R. Pesch/G. Lohfink, Tiefenpsychologie und keine Exegese, Olten/Freiburg im Breisgau 1988, 60 f.). In anderen Aussagen wird dagegen die Gestalt Jesu Christi relativiert:

»Wer sagt: Ich glaube an Jesus Christus, Gottes eingeborenen Sohn, bekennt sich im Grunde dazu, daß er in seinem Leben all die Erfahrungen mit Christus gemacht hat, die der alte Ägypter mit der Person des Pharao verband« (E. Drewermann, Dein Name ist wie der Geschmack des Lebens, Tiefenpsychologische Deutung der Kindheitsgeschichte nach dem Lukas-Evangelium, Freiburg im Breisgau 1986, 60).

E. Drewermann geht sogar soweit, zu sagen:

»Die Götter ... leben als mächtige Gestalten in den Tiefen der menschlichen Psyche selbst und empfangen von der jeweiligen Kultur nur die Bühne und das Drehbuch ihres Auftritts. Sie mögen dann heißen, wie sie wollen, Adonis, Osiris oder Christus, Diana, Maria oder Coatlicue, Indra, Marduk oder Herakles – in allen Formen und Gestalten bleibt gleichwohl ihr unverwechselbarer Kern erhalten« (E. Drewermann, Tiefenpsychologie und Exegese I, Olten 1984, 309).

3. Nach der Lehre der Heiligen Schrift wie nach der Lehre der Kirche besteht die Erlösung, welche uns Jesus Christus gebracht hat, in der Vergebung der Sünden, der Versöhnung mit Gott, im Geschenk des neuen Lebens in Jesus Christus und im Heiligen Geist sowie in der Überwindung des Todes (vgl. DS 1520–23; 1529; GS 22; AG 3; 8). E. Drewermann wählt aus dieser umfassenden Botschaft von der Erlösung einseitig einen wichtigen, aber keineswegs erschöpfenden Aspekt aus: die Überwindung der Angst. In anderen Aussagen kommt er zu einer schwerwiegenden Umdeutung der christlichen Erlösungsbotschaft.

Über die Befreiung von der Angst sagt er: »Einzig bezogen auf dieses Thema ist Jesus Christus wirklich der Heiland der Welt (Joh 4,41)« (E. Drewermann, An ihren Früchten sollt ihr sie erkennen, S. 61).

E. Drewermann verwirft vor allem die neutestamentliche und kirchliche Deutung des Kreuzes Jesu Christi als Sühneopfer (E. Drewermann, Das Markusevangelium I, Olten/Freiburg im Breisgau 1987, 67); er versteht »den Gott des Karfreitags als eine Chiffre der Erlösung«, »das Drama der Kreuzigung« »als ein Psychodrama der Heilung, als eine symbolisch-stellvertretende Durcharbeitung der verdrängten Gefühle von Haß, Zerstörung und Rache«, »als eine Darstellung mithin all dessen, was Menschen erst einmal erleben und tun müssen, ehe sie im Ghetto der Angst an so etwas wie Vergebung jenseits aller Schuld wirklich und unzweideutig wieder glauben können« (E. Drewermann, Das Markusevangelium I, Olten/Freiburg im Breisgau 1987, 71 f.).

In diesem Zusammenhang kommt E. Drewermann zu einem Verständnis der Eucharistie, welches der Bibel wie der kirchlichen Überlieferung fremd ist: »Die Eucharistie ist ... ein umfassender Versuch nach Art eines Psychodramas im

Ausagieren des an sich Zerstörenden zu heilen; es ist wie ein Versuch, das ewig Schuldige, das ewig Verbotene bewußt zu machen und zu tun, um es im Tun als unschuldig zu akzeptieren. Die Eucharistie ist wie ein verzweifeltes, äußerstes Bemühen der Religion, dem Menschen zu sagen, was psychologisch eine Mutter ihrem Kind in der Depression gerade nicht mehr überzeugend zu sagen vermag: daß seine Schuldgefühle unbegründet sind, daß es, entgegen seinem Schuldgefühl, kein Mörder ist und daß es aufhören kann, sich als Kannibale zu fühlen und als Kannibale zu leben, nur weil es, um zu leben, essen muß; der Gott, den man im Sakrament zu töten meint, wird leben – er gibt sich selber hin –, es ist des Gottes eigenes Opfer, nicht ein Mord, was da geschieht« (E. Drewermann, Der Krieg und das Christentum. Von der Ohnmacht und Notwendigkeit des Religiösen, Regensburg 1982, 310).

Aufgrund des Gesagten ist deutlich, daß viele Aussagen von E. Drewermann mit fundamentalen Glaubenslehren, der Heiligen Schrift wie der kirchlichen Überlieferung nicht in Einklang stehen. Trotz Anregungen im einzelnen, die sein Werk gibt, bedeuten die gemachten Aussagen eine Verkürzung des Glaubens. Aus den ungenügenden, ja falschen Aussagen von E. Drewermann über die Offenbarung, Jesus Christus und die Erlösung ergeben sich außerdem verhängnisvolle Konsequenzen auch für seine Deutung der Kirche und ihrer Ämter sowie für die Darstellung der christlichen Sittenlehre.

Presseerklärung von Eugen Drewermann vom 3.3.1990

Am 28. Februar erfuhr ich aus der Presse, daß der Erzbischof von Paderborn Dr. J. J. Degenhardt die Deutsche Bischofskonferenz ersuchen will, ein Lehrbeanstandungsverfahren gegen meine »Kleriker«-Analyse und einige Aussagen in anderen Büchern durchzuführen. Ich kann es nur begrüßen, daß er mir nach dem ersten theologischen Gespräch, das am

31. Januar in der Sache konstruktiv geführt wurde, meine Lehrbefähigung als Privatdozent an der Theologischen Fakultät Paderborn nicht entzieht. Das vom Erzbischof von Paderborn angestrebte Verfahren wird zeigen, wie haltlos die vorgebrachten Vorwürfe sind.

Leider enthält die Pressemitteilung des Herrn Erzbischofs schwerwiegende Widersprüche und Irreführungen der Öffentlichkeit, die der Klarstellung dringend bedürfen:

1. In der Verfahrensordnung der Deutschen Bischofskonferenz, die nunmehr gilt, heißt es: »Bevor der Ordinarius ... einen Antrag zur Durchführung eines Lehrbeanstandungsverfahrens stellen kann, muß ein Gespräch ... stattfinden mit dem Ziel, die Frage so zu klären, daß ein Verfahren sich erübrigt« (§ 5). Wie kann der Öffentlichkeit bekanntgegeben werden, daß ein Antrag auf ein Lehrbeanstandungsverfahren beabsichtigt ist, bevor ich um dieses Gespräch überhaupt erst gebeten wurde? Und wie kann dieses mit dem Ziel der Erledigung des Verfahrens geführt werden, wenn *vorher* schon die Absicht öffentlich bekanntgemacht wurde, es zu beantragen?

2. Durch die Presseerklärung erfuhr ich zum erstenmal detailliert und schriftlich von den Vorwürfen, die doch in allgemeiner Form im Gespräch von Ende Januar Thema waren. Konkret: Obwohl in der Diskussion mit dem Erzbischof, Prof. Eicher, Prof. Klein und mir die allgemeinen Vorwürfe großenteils geklärt waren, werden der Öffentlichkeit diese Klärungen vorenthalten. »Die Verwendung der Gesprächsnotiz soll keiner Beschränkung unterliegen«, schrieb der Erzbischof vor dem Gespräch. Obwohl alle Korrekturen des Protokolls seit über zwei Wochen dem Erzbischof vorliegen, enthält er uns und der Öffentlichkeit aber diese Gesprächsnotiz vor. Schlimmer noch: er veröffentlicht jetzt eine Ermahnung, die er mir am 26. Oktober 1989 mit der Bitte um Beantwortung zustellte. Meine Antwort vom 6. November bewog ihn nach seiner schriftlichen Einschätzung vom 7. November zum Verzicht darauf, »zum jetzigen Zeitpunkt die

Erklärung an die Öffentlichkeit zu geben«, da meine »Ausführungen ... in einigen Punkten die angesprochenen Sachfragen klären helfen können«. Am 12. Januar 1990 teilte er mir gar mit, er habe – ohne meine Ermächtigung – »in Rom Kardinal Wetter, Bischof Lehmann und Bischof Kasper« mein Antwortschreiben zur persönlichen Kenntnis gegeben. Und dies führte offensichtlich dazu, daß er persönlich die vorher angemahnten Beanstandungen nicht mehr weiterverfolgte. Er wollte das »Kleriker«-Buch zum Anlaß nehmen, mir die Lehrerlaubnis zu entziehen, und erklärte ausdrücklich trotz eindringlicher Bitte um Fortführung des Gesprächs, er wolle unmittelbar nach der Lektüre des Protokolls eine eigene Entscheidung treffen und bewußt die Glaubenskommission nicht einschalten, da ein ordentliches Lehrverfahren ihm zu lange dauere. Was anderes also war noch möglich, als die Öffentlichkeit zu informieren und sie über die wirklichen Fortschritte im Gespräch am 31.1.90 zu unterrichten. Warum nur präsentiert der Erzbischof jetzt der Öffentlichkeit erledigte Vorwürfe, alte, inzwischen geklärte Fragen ohne meine Antworten auch nur zu erwähnen? Warum veröffentlicht er das Protokoll des Januargesprächs nicht, nachdem er seinen Wortlaut mit den Beteiligten abgestimmt haben wird? Warum geht ein Bischof solche Umwege, statt den einfachen Weg der Wahrheit und des direkten Gesprächs zu wählen. Soll ich mit Hiob klagen: »Ihr übertüncht die Wahrheit mit Lüge?« Freilich: Warum das so ist, habe ich in meinem Buch »Kleriker« ausführlich analysiert.

3. Erzbischof Degenhardt erklärte, daß er meinem Wunsch entsprechend ein Lehrbeanstandungsverfahren bei der Deutschen Bischofskonferenz beantrage. Wie kann mir der Wunsch unterstellt werden, mit einem Verfahren gegen mein ganzes Bemühen um die Wahrheit der Existenz des Menschen vor Gott überzogen zu werden? Mein Wunsch ist Verständigung, Gespräch, Heilung durch wahrhaftige Kommunikation – nicht Anklage, Justiz und bürokratisches Kirchenverfahren. Ich habe dem Erzbischof in einem eigenen

Brief vom 14.2.90 sogar angeboten, ein Semester lang an der Fakultät nicht zu lehren, wenn er den Sommer über zu weiteren Gesprächen sich bereit zeige. Der Bischof erwähnt dieses Angebot mit keinem Wort. Er will nicht weiter sprechen, er muß »handeln«. So allerdings bleibt es wahr: Besser als verurteilt zu sein, ohne Gehör gefunden zu haben, ist es, in der Hoffnung auf ein theologisches Gespräch zu leben, welches solche Verfahren überflüssig machen wird. »Die Wahrheit wird euch freimachen.«

DETLEF FRANKE

Jesus – kein Beamter mit A 14

Für den gewöhnlichen Sterblichen ist nicht leicht zu verstehen, worum es bei der Auseinandersetzung zwischen Priester und Bischof geht. Drewermann, der an der Theologischen Fakultät in Paderborn – einer selbständigen katholischen Hochschule – als Privatdozent lehrt, hat zuletzt durch die Veröffentlichung seines Buches »Kleriker« – Psychogramm eines Ideals« den Unwillen konservativer Kreise in der katholischen Kirche erregt. Ihm wird vorgeworfen, ein verzerrtes, beleidigendes Bild von Priestern und Ordensleuten zu vermitteln. In dem mehrere hundert Seiten starken Werk beleuchtet Drewermann das Selbstverständnis von Geistlichen mit psychoanalytischen Mitteln und beschreibt die Diskrepanz zwischen der persönlichen Einstellung der Kleriker und ihrem Amtsverständnis. Die Berufsentscheidung vieler Priester begreift Drewermann nicht als Gnade Gottes, sondern als eine Folge »ontologischer« (seinsmäßiger) Verunsicherung. Drewermann behauptet, daß die eigene Identität vieler Geistlicher nur in der Identifikation mit einer fremden Rolle gesichert erscheint, und rät zu mehr Ehrlichkeit und Direktheit in der Kirche. Sein Vorwurf gipfelt in der Feststellung, daß die Kirche Kranke hervorbringe, »bis an die Grenze des Wahnsinns«. Er will, daß die Priester von ihren Ängsten und Zweifeln sprechen, statt sie zu verdrängen und die eigene Unsicherheit mit dogmatischen Formeln zu überdecken. Auch Drewermanns Ansatz, bei der Auslegung der Bibel psychoanalytische Methoden anzuwenden, stößt auf Kritik. Seine Gegner werfen ihm vor, er habe den Gott der biblischen Offenbarung ins Innere der Seele verwiesen, Religion werde bei ihm zu einem Produkt des Unbewußten und er setze in seinen Schriften das Christliche gegenüber anderen Religionen herab.

In einem Interview mit dem Hessischen Rundfunk sagte Drewermann im November vergangenen Jahres, seitdem er selbst Priester sei, leide er an der Differenz, in der »wir Kleriker als Stand gegenüber unserem Vorbild, der Person Jesu, stehen«. Der Stand der Kleriker sei »seelenfern und leblos« geworden, »völlig dem entgegen, was Jesus wollte«. Jesus selbst war »kein Beamter; er lebte quer durch die Institutionen, lebte völlig unkonventionell und undogmatisch«. Jesus habe sicher keine neue Religion gründen wollen, »mit Institutionen, Hierarchie, Beamtenschaft, nach A 14 besoldet«.

Das Lehrbeanstandungsverfahren, das Erzbischof Degenhardt anstrebt, soll nun klären, ob Drewermann mit dieser Meinung von der kirchlichen Lehre abweicht oder nicht. Es liefert die theologisch begründete Entscheidungsgrundlage für einen Entzug der kirchlichen Lehrerlaubnis. Nach der »Verfahrensordnung für das Lehrbeanstandungsverfahren bei der Deutschen Bischofskonferenz« von 1981 können beide Seiten ein solches Verfahren beantragen. Zuvor muß allerdings ein Gespräch zwischen dem beteiligten Bischof und dem Autor mit dem Ziel geführt werden, anstehende Fragen so zu klären, daß sich ein Verfahren erübrigt.

Innerhalb von zwei Monaten kann dann die Glaubenskommission der Deutschen Bischofskonferenz darüber entscheiden, ob ein Verfahren eröffnet wird. In diesem Fall bestellt sie nach freiem Ermessen eine aus fünf Personen zusammengesetzte Theologenkommission, die innerhalb eines Monats zusammentritt, die Äußerungen des Autors prüft, sich mit diesem und seinem Anwalt trifft und ein Gutachten für die Bischofskommission erstellen soll. Eine Verurteilung von Äußerungen kann die Kommission mit Dreiviertelmehrheit beschließen.

Am Ende des Verfahrens steht ein »Vorschlag«, an den sich der Ortsbischof des betroffenen Theologen jedoch nicht halten muß. Entzieht der Ortsbischof die Lehrerlaubnis, kann der Betroffene noch Widerspruch bei der Glaubenskongregation im Vatikan einlegen.

Briefwechsel

Erzbischof Degenhardt an Eugen Drewermann vom 7.10.1991

Sehr geehrter Herr Dr. Drewermann!

»Nicht Lehren zu leugnen, dem Leben zu dienen, ist und war meine Absicht, alles andere würde ich, gelangte ich zu besserer Erkenntnis, widerrufen. Man lasse mich wissen, was das sei, denn wissen vor allem möchte ich jetzt, wieviel an Freiheit, Innerlichkeit, Liebe und Ehrlichkeit wagt und erträgt die heutige Kirche?« – so haben Sie am 23. September 1991 Ihren Standpunkt und Ihre Rückfrage an mich auf mein Verlangen nach Klarstellung bzw. Widerruf Ihrer Aussagen formuliert.

»Ich bin überzeugt, katholisch zu sein mit dem, was ich lehre« – so oder ähnlich haben Sie in den letzten Wochen wiederholt erklärt, gleichzeitig aber abgelehnt, sich von Äußerungen zu distanzieren, die nach meiner Beurteilung der katholischen Lehre widersprechen und die nicht nur falsche Eindrücke hervorgerufen haben. Leider muß ich das feststellen. Ich verweise dazu auf die ausführliche Anlage.

Hinzu kommt, daß Sie wiederholt in den letzten Monaten gegen die Kirche und die, die in ihr besondere Verantwortung tragen, wie Papst und Bischöfe, sich überaus polemisch und aggressiv geäußert haben. Ich sehe mich darum nicht mehr imstande zuzulassen, daß das mit der von mir erteilten Lehrbefugnis geschieht. Deshalb habe ich nach sorgfältiger Prüfung in dem beigefügten Dekret Ihnen bis auf weiteres die Ihnen von mir am 23. Februar 1979 erteilte Lehrbefugnis für das Fach Katholische Dogmatik an der Theologischen Fakultät Paderborn entzogen.

Es schmerzt mich sehr, daß ich mich in meiner Verantwortung als Bischof vom Gewissen her zu dieser Maßnahme genötigt sehe.

Der Entzug der Lehrbefugnis bedeutet aber nicht, daß Sie sich in der Öffentlichkeit nicht mehr äußern dürfen. Ich würde mich vielmehr freuen, wenn eine öffentliche theologische Diskussion, an der auch Sie teilnehmen, zu einer positiven Klärung Ihrer Positionen führen könnte. Mit Ihnen bin ich der Überzeugung, daß in der Kirche das Ringen um die Wahrheit möglich sein muß.

Eine faire, Ihre Rechte wahrende Möglichkeit der Klärung bietet auch das von der Deutschen Bischofskonferenz vorgesehene Lehrbeanstandungsverfahren, das zu beantragen Ihnen freisteht.

Wenn bei Ihnen in der Vergangenheit Unsicherheit entstanden sein sollte, ob die Verfahrensordnung für das Lehrbeanstandungsverfahren bei der Deutschen Bischofskonferenz vom 4. Mai 1981 im Erzbistum Paderborn formell in Kraft ist, möchte ich feststellen, daß ich schon in der Vergangenheit die Verfahrensordnung für mich als verbindlich angesehen und danach gehandelt habe.

Ich betrachte den Entzug der Lehrbefugnis meinerseits als eine hoffentlich vorübergehende Maßnahme und bin gern zu einer Revision bereit, falls es zu einer positiven Klärung kommen wird.

Bei dieser Gelegenheit möchte ich Ihnen versichern, daß ich positive Ansätze Ihrer Theologie nicht in Abrede stellen oder mindern will. Ich begrüße es zudem dankbar, daß Sie vielen Menschen Lebenshilfe geben.

Ich bejahe ausdrücklich, daß auch Kritik in der Kirche Raum hat und haben muß, daß dabei aber auch das Sentire cum ecclesia mit zu bedenken ist. Ich bejahe, daß die Kirche stets auch heute der Erneuerung bedarf. Ich wünsche, daß dabei nicht ein Zerrbild oder eine Karikatur von Kirche zum Zweck von vordergründiger Polemik und durchsichtiger System- und Strukturkritik gezeichnet wird.

Ich wünsche Ihnen aber auch noch Augen zu sehen, daß es nicht nur dort, wo Sie wirken und Menschen begegnen, Freiheit, Innerlichkeit, Liebe und Ehrlichkeit in der Kirche gibt.

Die Kirche und ich selbst haben davor keine Angst. Ich wünsche es mir und ertrage es nicht nur.

Ihr Wunsch, dem Leben der Menschen in der Kirche zu dienen, läßt mich hoffen, daß Sie auch durch die weitere theologische Diskussion zu einer tieferen Erkenntnis dessen gelangen, wo heute noch Dissens besteht.

Wenn ich Ihnen nach Abwägen aller Umstände nicht die Ausübung der priesterlichen Weihegewalt verbiete, erwarte ich gleichwohl von Ihnen und hoffe, daß Sie bei Ihrem priesterlichen Wirken, besonders im Dienst am Wort, das Geheimnis Christi vollständig und getreu verkünden und dabei im Sinne Ihres Weiheversprechens die Gemeinschaft mit der Kirche und mit mir als Ihrem Bischof bereitwilliger und deutlicher bekunden. Ihr in einem sehr versöhnlichen Stil gehaltener Brief vom 4. Oktober 1991 bestärkt mich in meiner Hoffnung. Über Ihr priesterliches Wirken möchte ich mit Ihnen demnächst noch ein Gespräch führen. Terminvorschläge werde ich Ihnen zukommen lassen.

So verbleibe ich mit der Zusage meines Gebetes
und grüße Sie als Ihr ...

Dekret

Der unterzeichnete Erzbischof Dr. Johannes Joachim Degenhardt in seiner Eigenschaft als Magnus Cancellarius der Theologischen Fakultät Paderborn

– unter Bezugnahme auf die Artikel 26 und 39 der Apostolischen Konstitution »Sapientia christiana«, die die Aufgaben der Dozenten jedweden Grades und gleich welcher Stufe festlegen,

– unter Beachtung von Artikel 23 derselben Konstitution, der die verschiedenen Stufungen von Dozenten und deren Rechtsstatus gemäß den landesüblichen Hochschulen vorsieht, was in Artikel 24 der Statuten der Theologischen Fakultät Paderborn vom 28.7.1987 in bezug auf die Rechtsstellung eines Privatdozenten in Verbindung mit § 95 des Gesetzes über die wissenschaftlichen Hochschulen des Landes Nordrhein-Westfalen vom 20.11.1979 (WissHG NRW) partikularrechtlich normiert worden ist,

– im Hinblick darauf, daß Artikel 21 Absatz 3 der genannten Statuten der Theologischen Fakultät Paderborn ausdrücklich auf die Beachtung der Bestimmungen von Artikel 22 §§ 2 und 3 der Durchführungsverordnungen zur Apostolischen Konstitution »Sapientia christiana« verweist, die an der Theologischen Fakultät nur für die »Mitglieder« des Lehrkörpers gelten, nicht aber für die »Angehörigen« der Hochschule (vergleiche Artikel 5–7 der Statuten), und im Hinblick darauf, daß § 95 Absatz 6 letzter Satz WissHG NRW bestimmt, daß die Bezeichnung »Privatdozent« kein Dienstverhältnis begründet und es deshalb Sache des Magnus Cancellarius ist, gegebenenfalls einem Privatdozenten die Lehrbefugnis zu entziehen,

– in Übereinstimmung mit Artikel 10 in Verbindung mit Artikel 24 Absatz 2 der zitierten Statuten der Theologischen Fakultät Paderborn, worin die Aufgaben und Zuständigkeiten des Magnus Cancellarius in bezug auf einen Privatdozenten geregelt sind, wobei die Bestimmungen von § 95 Absatz 7 in Verbindung mit § 54 Absatz 3 WissHG NRW beachtet werden, *entzieht* hiermit bis auf weiteres Herrn Dr. Eugen Drewermann die ihm am 23.2.1979 (Prot. Nr. G 807/79) gemäß § 10 Absatz 2 der Habilitationsordnung der Theologischen Fakultät Paderborn erteilte Lehrbefugnis für das Fach »Katholische Dogmatik«.

Paderborn, den 7. Oktober 1991
Magnus Cancellarius der
Theologischen Fakultät Paderborn
gez. Osterholz, Notar

Rechtsmittelbelehrung: Gegen dieses Dekret steht dem Betroffenen innerhalb einer ausschließenden Nutzfrist von zehn Tagen nach rechtmäßiger Bekanntgabe das Rechtsmittel der Verwaltungsbeschwerde zu.

»Hier geht es um das Fundament des Glaubens«

Interview mit Bischof Lehmann

Herr Bischof Lehmann, worin sehen Sie in dem Konflikt Drewermann die Hauptgründe, die zum Entzug seiner Lehrerlaubnis geführt haben?

Dr. Drewermann hat in fast 15 Jahren mit ungefähr 30 Büchern ein sehr großes Gesamtwerk verfaßt, das nicht mehr leicht zu überblicken ist. Es ist gefährlich, einige Einzelaussagen herauszugreifen. Die insgesamt veröffentlichten Dokumente belegen im einzelnen die Konfliktpunkte. Die Stellungnahme der Glaubenskommission der Deutschen Bischofskonferenz vom 8. Oktober 1991 hebt einige durchgehende Schwierigkeiten hervor. Wenn ich über diese Texte hinaus persönlich antworten soll, muß ich folgendes nennen:

Dr. Drewermann möchte mit Recht die seelischen Schätze heben, die auch im biblischen Glauben verborgen sind. Nach Drewermann kommen diese immer gleichen Archetypen, Urbilder also, mehr oder minder in allen Religionen vor. Auch das Christentum – und hier wird es schon bedenklich – hat keine andere Wahrheit, wenngleich der christliche Glaube diese religiöse Bildersprache der Menschheit besonders gut zu deuten vermag. Damit lassen sich zwar viele existentiell bedeutsame Einsichten erschließen, aber in Anwendung auf die biblische Offenbarung verfehlt diese Interpretation einige grundlegende Aspekte des christlichen Glaubens: Das radikal Neue des christlichen Glaubens geht nicht auf in der Bilderwelt der Menschheits- und Religionsgeschichte. Bei allem Verwobensein der biblischen Botschaften mit den Religionen der Nachbarvölker und bei aller äußeren Ähnlichkeit mancher Bilder und Begriffe, zum Beispiel »Sohn Gottes« oder »Jungfrauengeburt«, kann man – gerade nach den heutigen exegetisch-historischen Erkenntnissen – das Besondere des christlichen Glaubens und seine Einzigartigkeit unterscheiden. Dies kommt in der Theologie Dr. Drewermanns entschieden zu kurz, obgleich er öfter darauf aufmerksam gemacht wurde.

Dr. Drewermann tadelt an der katholischen Theologie auch der Gegenwart, daß sie unter anderem zu objektivistisch sei. Er selbst orientiert sich an der von ihm immer wieder beschworenen Wende der Neuzeit zum Subjektiven. Sein therapeutisches Interesse verstärkt diese Konzentration auf das Subjekt und dessen innere Erlebnisse. Dabei wird nicht genügend deutlich, daß diese persönlichen Erfahrungen sich gerade im christlichen Glauben einem zunächst außer uns geschehenen Offenbarungsereignis verdanken. Geschichtliches Ereignis und persönliche Aneignung, Faktum und symbolische Deutung gehören unauflösbar zusammen. Drewermann interessiert sich weitgehend aber nur für die Dimensionen der »inneren Wahrheit«. So kommt es vielfach zu irreführenden Entgegensetzungen, wie zum Beispiel »biologisch – symbolisch«. Die Realität der Offenbarung – Gott ist leibhaftig in unsere Geschichte eingegangen – wird nicht selten bei Drewermann verzerrt und karikaturhaft wiedergegeben.

Diese Grundposition hat in Dr. Drewermanns Theologie schwerwiegende Konsequenzen im Verständnis der Person Jesu Christi, der Kirche, der Sakramente und des Menschen. Auch wenn Dr. Drewermann sich oft wortreich dazu äußert, bleibt seine Antwort in dieser Hinsicht undeutlich und unzureichend. Hier geht es aber um das Fundament des biblisch-christlichen Glaubens.

Was auffällt – in der Auseinandersetzung mit dem Paderborner Theologen ist es zu keinem Lehrbeanstandungsverfahren gekommen, auch nicht zu einem Verfahren, das ja der Ortsbischof einleiten könnte.

Im Frühjahr 1990 hat der Erzbischof von Paderborn, der die ganzen Jahre über eine außergewöhnlich geduldige Verständnisbereitschaft gezeigt hat und dem an einer Klärung des Konfliktes vor Ort gelegen war, den Antrag auf ein Lehrbeanstandungsverfahren gestellt. Da jedoch das notwendige Gespräch zwischen dem Erzbischof und Dr. Drewermann mit dem Ziel, die in Frage stehenden Punkte so zu klären, daß ein Verfahren sich erübrigt, bis dahin nicht stattgefunden hatte, konnte der Antrag damals nicht angenommen werden. Außerdem muß das Ergebnis eines solchen Gespräches schriftlich festgehalten und nach Möglichkeit von beiden Gesprächspartnern unterzeichnet werden. In den bisherigen Anträgen auf ein Lehrbeanstandungsverfahren war dies immer ein heikler Punkt. Ich verweise auf Paragraph 5 der Ordnung. Es ist gut, daß das Verfahren erst in Gang kommen kann, wenn auch diese Form des Verständigungsversuches ganz ausgelotet ist. Ein Gespräch dieser Art gelingt freilich nicht mehr so leicht, wenn ein solcher Konflikt schon so weit fortgeschritten ist.

Der ursprüngliche Antrag von Erzbischof Dr. Degenhardt blieb also wohl aus diesen Gründen stecken. Erzbischof Dr. Degenhardt setzte den Dialog ab dem Frühjahr 1990 auf andere Weise fort. Dr. Drewermann zeigte selbst merkwürdigerweise kein Interesse an einem Lehrbeanstandungsverfahren. Die Glaubenskommission selbst kann aber von sich aus kein solches Verfahren einleiten.

Es ist immer wieder der Vorwurf laut geworden, daß es zuwenig Gespräche zwischen beiden Parteien gegeben habe. Ist mit Eugen Drewermann zuwenig gesprochen worden?

Wenn eine solche Entscheidung wie die Aberkennung der Lehrbefugnis gefallen ist, gewinnt man leicht den Eindruck, man habe zuwenig miteinander gesprochen. Man muß sich ohnehin immer fragen, ob man die Möglichkeit zu Gesprächen genügend genutzt hat. Allein die schriftlichen Unterlagen dieser Gespräche füllen seit Anfang 1987 bis 1990 weit mehr als 100 engbedruckte Seiten, und man muß die jetzt bekanntgewordenen Dokumente noch hinzuzählen. Der Erzbischof von Paderborn wird eine vollständige Dokumentation herausgeben. Schließlich gab es vielstündige direkte Gespräche am 31. Januar, 9. März und am 6. Juli 1990. Wir hatten also längere Zeit die begründete Hoffnung, es könnte in diesen Gesprächen zu einer grundsätzlichen Einigung kommen. Leider konnte man sich über eine ursprünglich geplante schriftliche Zusammenstellung dieser Gespräche nicht verständigen. Übrigens hat Erzbischof Dr. Degenhardt alle seine Gesprächstermine mit Dr. Drewermann seit 1986 dokumentiert.

In meinen Augen hat sich der Konflikt dann weiter verschärft, weil Dr. Drewermann seit Ende 1990 bis in die jüngste Zeit sehr herausfordernde Interviews mit sich steigernder Polemik veröffentlichen ließ. Diese Äußerungen waren ganz und gar nicht geeignet, die aufgekommenen Bedenken zu zerstreuen, im Gegenteil. Ich kann nicht verstehen, warum Dr. Drewermann und seine Berater in dieser Zeit allem Anschein nach keine Einigung mehr auf dem Boden unmittelbarer Gespräche suchten, sondern größten öffentlichen Druck auf den Erzbischof von Paderborn ausübten. Schließlich hat Dr. Drewermann nochmals die Öffentlichkeit gesucht in der Pressekonferenz am 23. September in Bonn. Dabei wollte er nicht nur die Herbstvollversammlung der Deutschen Bischofskonferenz, die keine Kompetenz in der Sache hatte, für seine Zwecke einspannen, sondern er hat dabei auch seine Thesen nochmals bekräftigt. Zuvor schon, am 16. März 1990, hatte ich Dr. Drewermann gebeten, »das sachliche, differenzierte und vertrauensvolle Gespräch mit dem Erzbischof von Paderborn zu suchen«. Eine solche Instrumentalisierung der Öffentlichkeit, wie von Drewermann betrieben, schadet der Sache, nämlich der objektiven Erkenntnis der Wahrheit. Nach meinen Erfahrungen hat ein solches Vorgehen fast immer die Atmosphäre zwischen Theologie und Lehramt vergiftet. – Ich wäre froh, wenn es diesmal nicht so wäre.

Warum ist es so schwierig, die Argumente des kirchlichen Lehramtes der Öffentlichkeit verständlich zu machen?

Sobald man in Einzelheiten der Argumentation gehen muß, verringert sich das Interesse. Im Fall von Dr. Drewermann geht es um Grundstrukturen, die größte Bedeutung haben für den Bau einer Theologie, jedoch nicht so leicht handgreiflich aufgezeigt werden können. Viele Menschen haben außerdem in Dr. Drewermann mehr einen helfenden Therapeuten gesucht und gefunden, weniger einen Fachtheologen. Schließlich tritt man heute vielfach für eine fast unumschränkte Freiheit theologischer Meinungsäußerungen ein, während man für die Bindung an den Glauben der Kirche und die Verantwortung des Lehramtes weniger Verständnis hat. Dr. Drewermann hat diese Tendenzen publizistisch zunächst erfolgreich genutzt.

Aber es gibt freilich auch noch einen mehr inhaltlichen Grund für die Popularität Dr. Drewermanns. Viele Menschen unserer Gegenwart haben ein starkes Bedürfnis nach Spirituell-Meditativem, nach allgemeinen religiösen Urgeheimnissen und nach einer gewissen Offenheit für mystische Versenkung. Angesichts vielfältiger Bindungs-, Beziehungs- und Identitätsprobleme sehnen sie sich nach Versuchen einer gelingenden Selbstfindung. Dieses Interesse ist oft mit einem weitverbreiteten Affekt gegen das dogmatisch-institutionelle Moment am Christentum verbunden. Jesus als der große Therapeut, der Helfer zur Selbstfindung und als Kristallisationspunkt religiöser Symbole – dies paßt ziemlich genau in die heutige religiös-weltanschauliche Landschaft mit ihrem »postmodernistischen« Flair. In dieser Hinsicht hat sich Dr. Drewermann immer schon mit dem jeweiligen »Zeitgeist« gut verstanden. Die Kirche wird sich freilich ernsthaft fragen müssen, ob sie selbst diesen Bedürfnissen in verantwortlicher Weise genügend Rechnung getragen hat. Der unbequemen ganzen Wahrheit bleibt sie dennoch verpflichtet.

Was bedeutet ganz konkret der Entzug der Lehrerlaubnis für Drewermann, der ja damit nicht vom priesterlichen Dienst suspendiert wurde?

Dr. Drewermann hat damit die vom Erzbischof von Paderborn ihm als Privatdozent an der Theologischen Fakultät Paderborn gegebene Lehrbefugnis an der dortigen Hochschule verloren. Damit kann er keine Lehrveranstaltungen mehr abhalten und nicht mehr bei Prüfungen mitwirken. Die Ausübung des priesterlichen Dienstes ist davon nicht berührt. Dr. Drewermann hatte keine bezahlte Professorenstelle.

Wer im Raum der Kirche Theologie lehrt, tut dies zum einen mit der ihm zustehenden Lehr- und Forschungsfreiheit, zum anderen im Namen und im Auftrag der Kirche. Wenn ein Theologe in seiner Lehre von dem zuständigen Bischof beanstandet wird, dann weiß darüber hinaus die Öffentlichkeit innerhalb und außerhalb der Kirche, daß dieser Theologe Lehranschauungen vertritt, die mit dem verbindlichen Glauben der Kirche nicht übereinstimmen. Es ist darum nicht alles falsch, was er sagt, aber er hat das Vertrauen verloren, in allem ein verläßlicher Lehrer der Kirche zu sein. Die Menschen innerhalb und außerhalb der Kirche haben ein Recht, von dieser Einschränkung zu wissen. Erzbischof Dr. Degenhardt hält eine Revision der getroffenen Maßnahme bei einer Klärung der strittigen Sachverhalte für möglich.

Wie wollen Sie dem pastoralen und auch gesellschaftlichen Flurschaden begegnen, mit dem die katholische Kirche vermutlich durch die getroffene Entscheidung rechnen muß?

Wir müssen unablässig um Verständnis für die hier vorgetragenen Argumente ringen, besonders auch bei den von der Kirche enttäuschten Anhängern Dr. Drewermanns. Viele haben ihre Stellung zu Glaube und Kirche in einer Weise von Dr. Drewermann abhängig gemacht, daß er für sie geradezu zu einem Propheten geworden ist. So unentbehrlich glaubwürdige Zeugen auch sind, so gibt es doch auch eine gefährliche Art der Identifikation mit menschlichen Vermittlergestalten des Glaubens, Glaube ist zuerst Glaube an Jesus.

Bei der Begrenzung eines möglichen »Flurschadens« sind alle Disziplinen der Theologie zur intensiven Mitarbeit aufgerufen. Es gibt ja bis jetzt nicht so viele Fachleute, die sich auf Drewermanns umfangreiches Werk ernsthaft, aber auch kritisch eingelassen haben. Gewiß ist in den letzten Jahrzehnten das therapeutische Element in aller Seelsorge zu sehr vernachlässigt worden. Den Verlust an »Seele« versuchte man vielerorts durch einen übersteigerten »Intellektualismus« und »Aktionismus« wettzumachen.

Sie selbst sind ein Bischof, der das Gespräch mit anderen Fachwissenschaften sucht. Ist mit der Entscheidung im Konflikt um Eugen Drewermann der Dialog zwischen der katholischen Kirche und der Tiefenpsychologie blockiert?

Viele werden es so empfinden. Aber dieser Dialog hat ja nicht nur mit Dr. Drewermann stattgefunden. In der praktischen Theologie spielt die Diskussion um eine vielfache Integration psychologischer Erkenntnisse eine große Rolle. Dr. Drewermann hat davon wenig zur Kenntnis genommen. Er kann jedenfalls nicht für sich in Anspruch nehmen, »die« Psychotherapie oder »die« Tiefenpsychologie zu vertreten. Es gibt dafür zu viele Schulen und Richtungen. Man darf auch die Einwände namhafter Psychologen gegen Drewermanns Theorie und Praxis nicht einfach übergehen. Ich habe zum Beispiel bedauert, daß es zwischen Albert Görres und Eugen Drewermann zu keinem fruchtbaren Gespräch – diesmal unter Psychologen – gekommen ist.

Es wird einzelne Blockaden geben. Aber psychologische Erkenntnisse werden auch weiterhin in der Seelsorge eine wichtige Rolle spielen. Ich hoffe, daß der notwendige Dialog zwischen Psychologie und Theologie nun mit noch größerer Sorgfalt und mit größerem Respekt für die jeweilige Wirklichkeit des Psychologischen und des Theologischen geführt wird. Die Krise kann tief einschneiden und schmerzlich sein, aber vielleicht ist sie gerade auch so die Voraussetzung für eine künftige, besser gelingende Begegnung.

Das Interview führte Josef Schlösser

KARDINAL WETTER

Bei Drewermann bleibt Wichtiges unklar

Der Erzbischof von Paderborn, Dr. Johannes Joachim Degenhardt, hat Herrn Dr. Eugen Drewermann, Priester der Erzdiözese Paderborn und Privatdozent an der dortigen Theologischen Fakultät, die kirchliche Lehrbefugnis entzogen, nachdem einige von Herrn Dr. Drewermann als strittig angesehene Glaubensfragen mit seinem Erzbischof nach mehreren Gesprächen und wiederholtem Briefwechsel nicht geklärt werden konnten.

Die Glaubenskommission der Deutschen Bischofskonferenz hat sich wiederholt mit den durch Herrn Dr. Drewermann aufgeworfenen Fragen befaßt. Sie kann ein Lehrbeanstandungsverfahren jedoch erst dann eröffnen, wenn die in der Verfahrensordnung vom 4. Mai 1981 festgelegten Bedingungen erfüllt sind. Dies ist bis jetzt nicht der Fall. Zunächst ist für Lehrfragen sein Bischof zuständig.

Da der jüngste Appell Dr. Drewermanns an die Deutsche Bischofskonferenz öffentliche Aufmerksamkeit hervorgerufen hat und der für ihn zuständige Erzbischof von Paderborn ihm inzwischen die Befugnis entzogen hat, im Namen der Kirche zu lehren, stellen wir ebenfalls öffentlich in Wahrnehmung unseres lehramtlichen Auftrages zur verbindlichen Darlegung des kirchlichen Glaubensbekenntnisses in aller Kürze folgendes fest:

1. Der sogenannte »tiefenpsychologische Ansatz« Dr. Drewermanns zur Interpretation der Hauptaussagen der Hl. Schrift und des Glaubensbekenntnisses der Kirche betrifft grundlegende Themen der theologischen Erkenntnislehre, der biblischen Exegese, der Fundamentaltheologie, der Dogmatik, der Moraltheologie und der Sozialethik.

Unbestritten ist, daß die wissenschaftliche Theologie für die Auslegung des Glaubens Methoden, Resultate und auch manche Hypothesen der Philosophie, der Geschichts-, Sozial- und Humanwissenschaften zusätzlich in Dienst nehmen kann und soll. Man kann es in dieser Hinsicht nicht beanstanden, wenn Dr. Drewermann auch die neuere Psychologie, Tiefenpsychologie und die vergleichende Religionswissenschaft in das Bemühen um das Verständnis des Glaubens einbezieht. Nicht wenige Menschen sagen, daß sie auf diesem Weg Hilfen für ihren Glauben empfangen hätten. Dennoch muß festgestellt werden, daß bei Dr. Drewermann die für das Verständnis des christlichen Glaubens fundamentale Frage nach der Zuordnung von Gottes geschichtlich-realer Selbsterschließung einerseits und der Aufnahme dieser Offenbarung im menschlichen Denken, Handeln und Fühlen andererseits zutiefst ungeklärt und zweideutig bleibt.

Es ist etwas Grundverschiedenes, ob man die personale Offenbarung des dreieinigen Gottes in Jesus Christus und die daraus sich ergebenden Inhalte des Glaubensbekenntnisses als Produktionen und Projektionen vorgegebener Offenbarung mit Hilfe philosophischer, psychologischer, anthropologischer und religionsgeschichtlicher Kategorien zu deuten und dem menschlichen Verstehen zugänglich zu machen sucht. Da Dr. Drewermann offenkundig die Grundstruktur der ein für allemal ergangenen, einmaligen Offenbarung Gottes in Jesus Christus in ihrer Einheit von Tat und Wort, Geschichte und Deutung nicht genügend erfaßt und bewahrt, stellt er oft dualistisch entgegen, was innerlich aufeinander bezogen ist, zum Beispiel die Realität des Offenbarungsereignisses und ihre symbolische Darstellung. Das leibhaftige Zeichen in der konkreten Geschichte spielt nicht die Rolle, die ihm in der Heilsgeschichte zukommt. Hier liegt ein grundlegender Unterschied zum Mythos.

Diese Gesichtspunkte zeigen, daß es hier nicht nur um die Frage einer Beurteilung einzelner Lehrmeinungen Eugen Drewermanns geht, sondern um die Frage einer zulässigen Gesamtinterpretation von Offenbarung, Glaube und Kirche. Deshalb dreht sich die Auseinandersetzung auch nicht um

Herrschaftsstrukturen und Selbstkritik der Kirche, sondern um Strukturen des Heils und der Heilsvermittlung. Dies zeigt sich auch in den Einzelfragen der Auseinandersetzung.

2. Zu den von Dr. Drewermann an die Deutsche Bischofskonferenz öffentlich herangetragenen Einzelfragen bedarf es in diesem Zusammenhang keiner neuen Stellungnahme. Überhaupt geht es hier nicht um eine öffentliche Erklärung der Bischofskonferenz, wie sie Dr. Drewermann fordert, vielmehr fordert das kirchliche Lehramt einen einzelnen Theologen, der im Namen der Kirche lehrt, auf, seine Äußerungen zu klären. Die Bischöfe haben zu allen Einzelfragen öfter den Glauben der Kirche dargelegt. So weisen wir für das Offenbarungsverständnis der Kirche auf die Offenbarungskonstitution des Zweiten Vatikanischen Konzils »Dei Verbum« Nr. 2–6 hin.

Was die dualistisch anmutende Entgegenstellung von einem theologisch-symbolischen und einem biologisch-realen Verständnis der Geburt Jesu, des menschgewordenen Sohnes Gottes, durch den Heiligen Geist aus der Jungfrau Maria angeht, sei erinnert an die Darstellung der damit verbundenen exegetischen, dogmengeschichtlichen und dogmatischen Fragestellungen in dem von den deutschen Bischöfen im Jahr 1985 herausgegebenen Katholischen Erwachsenenkatechismus, Seite 174–178. In diesem Zusammenhang sind auch die Fragen nach dem historischen Jesus und dem Christus des Glaubens behandelt. Was die Begründung der Sakramente, besonders der Eucharistie und des Weihepriestertums im Wirken des geschichtlichen und erhöhten Herrn betrifft, sei ebenfalls erinnert an den Erwachsenenkatechismus, Seite 291 ff., 344 ff., 380 ff., und das Schreiben der deutschen Bischöfe über das priesterliche Amt (1969).

Hinsichtlich des moraltheologisch recht fragwürdigen, weil den Zusammenhang von Freiheit und Schuld auflösenden Begriffes einer »tragischen Schuldverstrickung«, die fast unausweichlich zur Tötung eines ungeborenen Kindes nötigt oder berechtigt, sei verwiesen auf das Zweite Vatikanische

Konzil in seiner Erklärung zur Würde der menschlichen Person in der Pastoralkonstitution »Gaudium et Spes« Nr. 27 und 51.

3. Von einem kirchlich beauftragten Lehrer der Theologie wird zu Recht erwartet, daß er sich um die Übereinstimmung mit dem Glauben der Kirche und die Einheit mit seinem zuständigen Bischof bemüht. Die Agitation mit den Mitteln der Medienöffentlichkeit dient kaum der Förderung der heilbringenden und heilenden Kraft des christlichen Glaubens und seiner Verwirklichung im Leben, was ja nicht zuletzt Anliegen Dr. Drewermanns ist.

Aus diesen Darlegungen wird ersichtlich, daß die Maßnahme, die der Erzbischof von Paderborn getroffen hat, gerechtfertigt ist.

Die Bischöfe werden auch in Zukunft ihrem Dienst an der Integrität des christlichen Glaubensbekenntnisses nachkommen. Es ist nicht ihre Aufgabe, bestimmte theologische Interpretationen innerhalb der legitimen Bandbreite der Glaubensauslegung zu favorisieren oder zu beschränken. Sie empfehlen Herrn Dr. Drewermann ausdrücklich, den Dialog mit der Fachtheologie aufzunehmen, die sich in vielen Beiträgen schon kritisch mit seinen den authentischen christlichen Glauben gefährdenden Thesen auseinandergesetzt hat.

Briefwechsel

Offener Brief von Eugen Drewermann vom 18.10.1991

Sehr geehrter Herr Erzbischof,

selbst nach Ihrer Schätzung ist also mein letzter Brief vom 4. Oktober sehr »versöhnlich« gestimmt, und in der Tat: ich bat Sie darin, wohl zum zehntenmal seit einem Jahr, endlich mit mir zu reden und theologische Fragen theologisch statt auf dem Verwaltungswege zu lösen. Doch drei Tage später, am 7. Oktober 1991, übergaben Sie der Öffentlichkeit, eher als mir, Ihr erstes dem Stil nach persönlich, ja geradezu »wohlwollend« formuliertes Schreiben, allerdings nur, um Ihre seit langem beabsichtigte Verurteilung auszusprechen. In diesem Briefe äußern Sie den Wunsch, ich möchte doch »auch noch Augen« dafür haben, daß es »Freiheit, Innerlichkeit, Liebe und Ehrlichkeit in der Kirche« gebe. Dieser Wunsch erscheint mir leicht erfüllbar, Sie müssen nur in aller Öffentlichkeit ein paar Fragen beantworten, die mir den Blick derzeit noch trüben.

Freiheit. Wieviel davon hat wohl ein Theologe, mit dem zu reden Sie sich nur ein einziges Mal unter dem Formzwang des Paragraphen 5 des Lehrbeanstandungsverfahrens »mit dem Willen zur Verständigung« herablassen, um dann alle erreichten Übereinstimmungen (Sünde und Freiheit, Geschichtlichkeit und Offenbarung, Wiederverheiratung Geschiedener, Eid und Gelübde etc.) vor der Öffentlichkeit zu verschweigen und hintendrein just die Punkte zur Verurteilung vorzuschieben, über die wir nie gesprochen haben (Abtreibung, Eucharistie, Priestertum – was Sie wollen)?

Was ist das für eine Freiheit, die es verbietet, vor einer Verurteilung miteinander zu reden, sich hernach aber großzügig in neuen Gesprächsangeboten gibt? Richtig: Eine solche Freiheit nennt man Herrscherwillkür. Da wird geurteilt ohne Beweisaufnahme, ohne Verteidigung, ohne Anhörung, da ist der Ankläger, der Richter und der Exekutor per Dekret ein und dieselbe Person, da beschafft sich dieser Richter, der zudem auch noch Großkanzler seiner Fakultät ist, nachträglich ein laut Fakultätsprotokoll niemals verabschiedetes Gutachten seiner (wirklich seiner) Theologenschaft und bietet schließlich wie zum Hohn auch noch als »faire Möglichkeit« den Gang des Verurteilten zur Glaubenskommission der Deutschen Bischofskonferenz an, die selber zeitgleich ihrem theologisch bedrängten Amtskollegen hilfreich beispringt und ihm mit Berufung auf den Erwachsenenkatechismus attestiert, schon recht zu handeln.

Unter diesen Umständen muß ich wohl schon dankbar sein, daß Sie mich nicht auf die eigentlich noch fairere Möglichkeit hinweisen, bei der römischen Glaubenskongregation um Revision nachzusuchen. Denn wollen Sie sich wirklich immer noch die Freiheit nehmen zu leugnen, daß es Herr Ratzinger selber war, der schon im Oktober 1989 Sie aufforderte, mir die Lehrerlaubnis zu entziehen? Die Freiheit jedenfalls nehmen Sie sich immer noch, herumzureden, ich leugnete mit meiner tiefenpsychologischen Textauslegung die Geschichtlichkeit der Offenbarung.

Auch wenn Worte bei Ihnen offenbar nicht durchdringen: Das habe ich nie getan. Ich nehme lediglich den Stand der historischen Kritik an der Bibel ernst und versuche, die wesentlich symbolische Darstellung religiöser Erfahrungen der Bibel mit Hilfe der Tiefenpsychologie positiv zu verstehen, statt den Mangel an äußeren Informationen mit fundamentalistischen Dekretionen zu kompensieren.

Freiheit? Da erklären Sie, den theologischen Diskurs, das Ringen um die Wahrheit geradewegs zu wünschen. Doch das sind Ihre Worte. Ihre Taten bestehen darin, seit rund zehn Jahren den Lehrerverbänden, den Bildungshäusern, den Buchhandlungen, den Zeitungen Hindernisse in den Weg zu legen, mit mir zusammenzuarbeiten. Noch im März 1990, in vorauseilendem Gehorsam zu meiner längst beschlossenen Verurteilung, verfügte einstimmig die österreichische Bischofskonferenz denselben Katalog von Ausgrenzungsmaßnahmen. Auf diese Weise wird ein als »Kritiker« Verdächtigter ohne weiteres zum Schuldigen, und er wird besonders schuldig, wenn er am Ende so frei ist, seine Schuld gar nicht einzusehen, sondern Sie nach wie vor zu fragen, ob im Jahre 1991 ernsthaft nur »katholisch« ist, wer die Jungfräulichkeit Mariens biologisch glaubt und die Auferstehung Jesu mit dem leeren Grab identisch setzt.

Innerlichkeit? Wie soll sie zustande kommen bei so viel fundamentalistischer Äußerlichkeit bis in das Verständnis der zentralen Glaubensinhalte hinein? Begriffen aber habe ich dies: Die Äußerlichkeit einer »objektivistischen«, weisungsabhängigen, ideologieträchtigen Theologie ist in der Kirche so lange nötig, als es eine Beamtenschaft der garantiert richtigen Lehre gibt, in deren Händen die Botschaft Jesu zur Verwaltungsbürokratie verkommt und selbst das Wort der Freiheit eher an Kafkas »Strafkolonie« als an das Neue Testament gemahnt.

Ehrlichkeit? Sie finge damit an, daß Sie all die genannten heimlichen Ausgrenzungsmaßnahmen öffentlich zurücknähmen. Doch werden Sie das tun? Sie werden, wie bisher, sich weigern, auf derart »polemische Äußerungen« einzugehen, oder, noch besser, Sie weisen sie entschieden zurück. Inzwischen aber krankt diese Kirche nach 450 Jahren verweigerter Reformation zentral an ihrer erzwungenen Unehrlichkeit, Unpersönlichkeit und Doppelbödigkeit. Die meisten Priester, Theologen und Gläubigen denken zum Beispiel über die Jungfräulichkeit Mariens nicht anders als ich auch; aber sie dürfen es nicht öffentlich sagen; sie leiden an den veralteten Idealbildungen der Kirche zum Beispiel bezüglich Gehorsam, Zölibat und ähnlichem nicht anders, als ich es in meinem für Sie so »verleumderischen« Buch »Kleriker. Psychogramm eines Ideals« im Oktober 1989 beschrieben habe; aber menschliche Evidenzen können nicht gelten, solange nicht einmal die Existenz, geschweige denn die Durcharbeitung des Unbewußten im Menschen Teil der heutigen Theologie ist. Wenn wir so weitermachen, wird Friedrich Nietzsche sehr bald recht bekommen, daß Priestersein und Lügen ein und dasselbe sei; und ich sehe nicht, wie wir das ändern könnten ohne eine längst überfällige Reform an Haupt und Gliedern.

Und dann die Liebe! Wo soll ich sie sehen, wenn der Vorsitzende der Bischofskonferenz Karl Lehmann den Frauen, die ein Kind abtreiben, vorwirft, sie wollten nur einen schönen Urlaub machen, statt Opfer zu bringen? Wo soll ich sie sehen, wenn Frauen, die ohnedies nicht ein noch aus wissen, im Rahmen der priesterlichen Opferideologie noch obendrein als Mörderinnen diffamiert werden? Wo soll ich sie erkennen, wenn Sie nach wie vor darauf bestehen, daß selbst das Mahl der Liebe Jesu mit den Zöllnern und Sündern, daß selbst das Passah des Messias nicht der Gemeinschaft der Menschen dienen dürfe, sondern daß es ein Trennungszeichen sein und bleiben müsse zwischen Juden und Christen und zwischen Protestanten und Katholiken? Natürlich kenne ich viele innerliche und liebevolle Priester auch in der katholischen Kirche; doch sobald sie so frei sind, ehrlich zu sagen, was sie denken und tun, werden sie innerhalb des real existierenden Katholizismus augenblicklich ihr Priesteramt gefährden.

Ich selbst also soll jetzt mit Ihnen – offenbar nur noch – über das »Priestertum« reden, alles andere sollen Ihre Theologen besorgen. Das ist es wohl, was Sie Ihr »Gesprächsangebot« in Ehrlichkeit und Liebe nennen. Und in der Zwischenzeit soll ich jetzt Tag für Tag mit Menschen das Abendmahl feiern, denen Sie erklären, sobald ich den Mund aufmachte, trage es nicht mehr die Vermutung, in allem katholisch zu sein. Da werden also, Gott sei Dank, mal die Gläubigen selber entscheiden dürfen, was sie für katholisch halten. Ich aber brauche, ja, ich vermag nach Ihrem Dekret jetzt schon gar nicht mehr im Namen der Kirche zu reden; es wird fortan für mich genügen, wenn ich ganz einfach versuche, im Namen Jesu zu sprechen. Das nenne ich wirkliche Freiheit.

Ruhe? Exzellenz! Wie soll sie zu machen sein mit dem Mann aus Nazareth? Nicht der Ruhe, dem Frieden, der aus Wahrheit kommt, lassen Sie uns verpflichtet sein.

Eugen Drewermann

MARTIN LOHMANN

Entschieden, aber nicht gelöst

Mit dem Entzug der kirchlichen Lehrbefugnis durch den Paderborner Erzbischof Johannes Joachim Degenhardt ist der Fall Drewermann zwar entschieden – gelöst ist dieses die katholische Kirche bedrückende Problem damit freilich noch lange nicht. Der Beobachter fühlt sich eher in der Rolle eines Theaterbesuchers, der nach dem letzten Vorhang eines Dramas Nachdenklichkeit und Zweifel mit nach Hause nimmt. Warum nur, so will er vorwurfsvoll fragen, mußte es so weit kommen?

Man wird diese Frage nicht nur an eine einzige Adresse richten können. Wer aber die Auseinandersetzung zwischen dem Rebellen und seinem Bischof über die Jahre verfolgte, kommt unweigerlich zu der Erkenntnis, daß die jetzt getroffene Entscheidung einer gewissen inneren Logik nicht entbehrt. Das kirchliche Lehramt steckte schon seit längerem in der Zwickmühle zwischen Konsequenz und Glaubwürdigkeit nach außen. Da zog in aller Öffentlichkeit und mit zunehmender Schärfe ein Theologe gegen eine Kirche zu Felde, in genau deren Namen er einen Lehrstuhl verliehen bekam, um auf ihm nichts anderes als die Lehre der Kirche zu verkünden.

Vor allem in den letzten Monaten schienen der selbsternannte Leidensapostel und seine ihn schlecht beratenden Ratgeber mit dem Feuer an der Zündschnur regelrecht zu spielen. Dabei bildeten sich, wie das so geht, um den Matador jubelnde Bekennerkreise – und befruchteten seine ohnehin vorhandene Neigung zur maßlosen Selbstüberschätzung bis ins Unfaßbare. So sehr, daß Drewermann sich am Abend der Entscheidung über seine kirchliche Lehrbefugnis wiederholt mit der Gestalt Jesu verglich, der ja ebenfalls von den Pharisäern der Volksaufwiegelung beschuldigt worden sei.

Aber genau solche Figuren ziehen die Menschen heute an. Eugen Drewermann, der beim zuständigen Bischof vorläufig das Vertrauen verlor, »in allem ein verläßlicher Lehrer der Kirche zu sein« (Karl Lehmann), hat mit vielen seiner Äußerungen eine in den Menschen schlummernde Sehnsucht nach Heil und Geborgenheit geweckt. »Viele Menschen«, so sagte es der Vorsitzende der Bischofskonferenz Karl Lehmann in einem Interview, »haben in Dr. Drewermann mehr einen helfenden Therapeuten gesucht und gefunden, weniger einen Fachtheologen.« Dabei machten viele ihren Glauben in einer Weise von ihm abhängig, daß er, der Helfer, zu einem alles ausschließenden Propheten wurde.

Schade, daß der begabte und mit viel Wissen begnadete Paderborner Theologe die Grenzen seiner Mission nicht mehr sehen wollte. Von seinen tiefenpsychologischen Ansätzen könnte und sollte die Kirche viel lernen, vor allem deshalb, weil das Eingehen auf das menschliche Bedürfnis nach Spirituell-Meditativem und nach einer Offenheit für Mystik eine Bereicherung der ohnehin bisweilen recht arm wirkenden Pastoral wäre. In der konkreten Seelsorge, der direkten Begegnung von Menschen, sollte der Mut herrschen, Reglementieren durch Motivieren zu ersetzen. Liebgewinnen ist das Gebot der Stunde.

Davon ist aber im vorliegenden Fall wenig zu spüren. In der untheologischen Öffentlichkeit wird jetzt erst recht das so gerne gepflegte und die eigene Abneigung beflügelnde Bild einer unbarmherzigen Hierarchie hängenbleiben. Nur wenige werden sich der Mühe unterziehen, in die Tiefe der Argumentation zu steigen. Sekundiert wird solche Verweigerung vom Verursacher des Streits selber. Leider. Drewermann verbreitet immer noch, es handle sich um Herrschaftsstrukturen und mangelnde Selbstkritik der Kirche – und verschweigt, daß sich die Kirche nicht von ihm Strukturen des Heils und der Heilsvermittlung unfehlbar diktieren lassen kann.

So unbeholfen das kirchliche Antwortvermögen auf Dre-

wermann auch wirken mag: Mit der Entscheidung haben Bischof Degenhardt und die ihn unterstützende Glaubenskommission der Deutschen Bischofskonferenz dokumentiert, daß Theologie eben nicht zu einer »Ideologie der Rechthaberei« (Drewermann) degenerieren darf. Und sie haben eine schriftlich fixierte Sorge der Paderborner Theologie-Kollegen Drewermanns berücksichtigt, die schon vor Monaten dessen »exzessive Philosophie der Subjektivität« und seine durch Übertreibungen provozierten Konfrontationen mit der Kirche beklagten.
Über den entstandenen Flurschaden wird sich niemand freuen können. Hoffentlich auch nicht Drewermann, der – zum Dialog aufgefordert – gern zu parieren pflegt: Ich will provozieren.

»Jesus wollte diese Kirche nicht«

Interview mit Eugen Drewermann

SPIEGEL: Herr Drewermann, ist Jesus in Bethlehem geboren oder in Nazareth? Am Heiligabend ist in allen Kirchen die Rede von Bethlehem, viele Theologen halten Nazareth für den Geburtsort.

DREWERMANN: Daß Jesus nicht in Bethlehem geboren ist, ist ziemlich sicher. Nazareth wird seine Heimat gewesen sein; ob er dort geboren ist, steht dahin. Ich vermute, daß Jesus weder in dem einen noch in dem anderen Ort geboren ist.

SPIEGEL: Warum nicht in Bethlehem?

DREWERMANN: Dieser Ort wird nur an zwei Stellen des Neuen Testaments genannt. Die Evangelisten Lukas und Matthäus haben die Geburt nach Bethlehem verlegt, um eine Ankündigung des Propheten Micha aus dem Alten Testament auf Jesus zu beziehen: »Du, Bethlehem im Lande Juda! Du bist keineswegs die unbedeutendste Stadt in Judäa, denn aus dir soll der Mann kommen, der mein Volk Israel führen wird.«

SPIEGEL: Und warum nehmen Sie an, Jesus sei auch nicht in Nazareth geboren?

DREWERMANN: Auch für Nazareth als Geburtsort gibt es theologische Gründe, die aller Wahrscheinlichkeit nach historisch nicht belegbar sind.

SPIEGEL: Wurde Jesus von einer Jungfrau geboren? Der Paderborner Erzbischof Degenhardt wirft Ihnen vor, diese Frage zu verneinen. Er hat Ihnen unter anderem deshalb die Lehrerlaubnis entzogen und Ihnen angedroht, Sie vom Priesteramt zu suspendieren. Das wäre für die katholische Kirche und ihre Theologie ein Jahrhundertereignis, ein Jahrhundertskandal: Sie würden als erster katholischer Theologe in der Bundesrepublik wegen »falscher Lehre« nicht nur vom Katheder, sondern auch von Kanzel und Altar verbannt.

DREWERMANN: Die Jungfrauengeburt ist nicht als historisches Ereignis aus den Texten des Neuen Testaments zu begründen, sie ist nicht als biologisches Ereignis zu verstehen.

SPIEGEL: Jesus hat also einen leiblichen Vater gehabt?

DREWERMANN: Ja. Jesus ist als Mensch gezeugt und geboren wie jeder andere Mensch auch. Ungewöhnlich war nicht seine Geburt, sondern sein Leben. Um dies zu deuten, haben die ersten Christen die Bilder von der Jungfrauengeburt benutzt, die auf altorientalische Königsvorstellungen zurückgehen. Die Geburtsgeschichten Jesu bei Matthäus und Lukas sind mythennahe Legenden, keine historischen Berichte.

SPIEGEL: Stehen Sie unter den katholischen Theologen mit der Ansicht allein, die Jungfrauengeburt sei kein historisches, kein gynäkologisches Faktum?

DREWERMANN: Es ist umgekehrt. Der Paderborner Erzbischof und die Leute in Rom, die ihn drängen, gegen mich vorzugehen, stehen mit ihren Ansichten ziemlich allein. Was ich sage und schreibe, sagen und schreiben die meisten Theologen, die sich mit dieser Frage befassen. Nur tun sie es nicht vor so großem Publikum, und sie tun es nicht ohne einschränkende Nebensätze, die sie vor der Verfolgung durch ihre Oberhirten schützen sollen.

SPIEGEL: Sind die heutigen Bischöfe, was dieses Thema angeht, so weit hinter der Theologie zurück wie die Bischöfe zur Zeit Galileis hinter der Naturwissenschaft?

DREWERMANN: Zweifellos, und das gilt nicht nur für dieses Thema. Sie wollen den katholischen Christen einen Glauben aufzwingen, der seit mindestens 150 Jahren überholt ist. Sie handeln so, als habe es in dieser Zeit keine historisch-kritische Erforschung der biblischen Texte gegeben.

SPIEGEL: Lassen Sie uns erörtern, wie historisch oder unhistorisch die anderen biblischen Berichte über Jesus sind. Die Evangelisten, die Jesus nicht kannten und ihre Texte 40 bis 60 Jahre nach dessen Tod schrieben, berichten viele Wundertaten: Er habe Dämonen ausgetrieben, Aussätzige, Blinde und Lahme geheilt, zweimal Brot vermehrt und beim erstenmal 5000 Menschen mit fünf Broten und zwei Fischen gesättigt, Wasser in Wein verwandelt. Er sei auf dem Wasser gegangen und habe Tote auferweckt. Was davon ist wirklich geschehen?

DREWERMANN: Viele Wunderberichte im Neuen Testament lassen von vornherein daran zweifeln, daß sie im historischen Sinn authentisch sind. Die Zweifel beruhen darauf, daß die Berichte zumeist ein formalisiertes, auch in anderen Religionen übliches Schema verwenden, das zunächst die Hilflosigkeit der Menschen dramatisiert, um dann desto großartiger die Wundertaten des Gottesmannes erscheinen zu lassen.

Wunder der Art, wie sie Jesus vollbracht haben soll, wurden auch über die Hauptfiguren anderer Religionen berichtet. Lange vor Jesus hat Dionysos – der griechische Gott des Weins und der Ekstase – Wasser in Wein verwandelt, lange vor Jesus ist Buddha über Wasser gegangen. Lange vor Jesus hat Asklepios, der griechische Gott der Heilkunst, Krankheiten aller Art geheilt.

Und es gibt zudem die jüdischen Parallelen. Die zweimalige Brotvermehrung Jesu steht nur deshalb im Neuen Testament, weil über Moses im Alten Testament Ähnliches berichtet wurde.

SPIEGEL: Nun machen es sich die katholischen Bischöfe einfach. Sie erklären die Wunderberichte in den anderen Religionen für Legenden, die Wunder Jesu für historisch.

DREWERMANN: Wenn sie das tun, ignorieren sie die Ergebnisse der historisch-kritischen Forschung. Und, schlimmer noch, sie verstellen den Zugang zum Verständnis der Texte. Es sind Bilder, die symbolisch zeigen sollen, welche Kraft Jesus gehabt hat, Menschen zu sich selbst zu führen.

SPIEGEL: Wenn es nur Bilder, also keine historischen Berichte sind, dann hat Jesus demnach keine Wunder vollbracht?

DREWERMANN: Ich bin sicher, daß die Person Jesu faszinierend auf Menschen gewirkt hat, so daß er subjektiv als befreiend, als ermutigend, als Ängste beseitigend und auch als heilend erlebt wurde. Unter suggestivem Einfluß sind Spontanheilungen möglich, weil psychische Leiden physisch krank machen können. Darüber gibt es heute unter Medizinern keinen Streit. Vor 2000 Jahren hat man von solchen Zusammenhängen nichts gewußt und solche Heilungen für Wunder gehalten.

SPIEGEL: Waren damals, sind heute solche Heilungen auch anderen möglich?

DREWERMANN: Zweifellos. Es gab solche Heilungen in der Antike, es gibt sie heute in einigen Stammeskulturen, etwa bei den Schamanen, es gibt sie in der Psychotherapie. Am Anfang der Psychoanalyse Sigmund Freuds stand die Heilung einer Gelähmten, die ihre Gliedmaßen nur im hypnotisierten, nicht auch im bewußten Zustand bewegen konnte.

SPIEGEL: All die anderen Wunder, die Jesus laut Bibel vollbracht hat, sind Legenden, daran ist nichts Wahres?

DREWERMANN: So kann man nicht sagen. Wenn etwas nicht historisch ist, dann kann es trotzdem wahr sein. Dieser Gedanke ist mir sehr wichtig.

SPIEGEL: Darauf kommen wir noch.

DREWERMANN: Zu Ihrer Frage: Alle Wundererzählungen über Jesus sind, sieht man von den Heilungsberichten ab, symbolischer Natur, obwohl sie von den Evangelisten so verfaßt wurden, daß sie als historische Berichte verstanden werden konnten.

SPIEGEL: In allen vier Evangelien wird behauptet, Jesus habe vor seinem Tode gewußt, daß er am dritten Tage auferstehen werde. Dazu sagte der evangelische Theologe Rudolf Bultmann, der bedeutendste historisch-kritische Forscher: »Wer weiß, daß er nach drei Tagen auferstehen wird, für den will offenbar das Sterben nicht viel besagen.«

DREWERMANN: Bultmann hat ganz sicher recht in dem Sinne, daß sich die Art, wie Jesus an die Auferstehung glaubte, nicht von der Art unterscheidet, wie wir Christen daran glauben. Jesus wußte darüber nicht mehr als wir.

SPIEGEL: War das Grab Jesu leer, ist Jesus am dritten Tag nach seinem Tode leiblich auferstanden? Das wird ja Ostern gefeiert.

DREWERMANN: Wenn ich sage, die Ostergeschichten seien Legenden, wird mancher sagen, also stimme auch das nicht. Doch das ist zu simpel gedacht, auch Legenden haben ihren eigenen Wert. Aber man kommt um die Erkenntnis der Exegese, also der neutestamentlichen Forschung, nicht herum: Die Ostergeschichten haben den Glauben an die Auferstehung nicht begründen, sondern ihn nur auslegen wollen. Sie sollen in Bildern verkünden: Die Geschichte Jesu ist mit seinem Tod am Kreuz nicht zu Ende.

SPIEGEL: Also fromme Dichtung statt historischer Wahrheit?

DREWERMANN: Dichtung statt historischer Berichte, nicht statt Wahrheit.

SPIEGEL: Welche Wahrheit steckt denn in diesen Legenden von der Auferstehung? Bultmann hat in einem SPIEGEL-

Gespräch gesagt, an die Auferstehung zu glauben heiße, »sich von der Verkündigung treffen zu lassen und ihr glaubend zu antworten«. Können Sie es auch so kurz machen?

DREWERMANN: Ich sage, an die Auferstehung glauben heißt auf Gott vertrauen, daß seine Liebe den Tod überdauert. Aber mit solchen Sätzen ist es nicht getan. Die Bibel lebt von Bildern, und nur wer die Sprache dieser Bilder versteht, kann sich den Glauben bewahren. Auch das leere Grab ist ein Bild für eine Wahrheit des Glaubens.

SPIEGEL: Nur ein Bild, kein Bericht, also geben Sie Bultmann recht: »Ein Leichnam kann nicht wieder lebendig werden und aus dem Grabe steigen.«

DREWERMANN: So ist es, das gilt für das Grab Jesu, und es gilt für alle anderen Gräber, in Verdun und in Vietnam, in Paderborn und in Hamburg. Die Auferstehung ist dort genausowenig sichtbar wie drei Tage nach Ostern in Jerusalem.

SPIEGEL: Nach der Himmelfahrt würden wir Sie nicht fragen, hätte Ihr Erzbischof sie nicht zum Gegenstand des Glaubensverfahrens gegen Sie gemacht. Dabei haben doch klammheimlich sogar die rückständigen Dorfpfarrer die Himmelfahrt aus der Liste der historischen Ereignisse gestrichen. Sie fürchten, sich lächerlich zu machen, schickten sie Jesus auf denselben Weg, den die Raketen nehmen.

DREWERMANN: Der für mich zuständige Bischof beharrt darauf, die Himmelfahrt müsse möglich gewesen sein und habe sich 40 Tage nach Ostern ereignet.

SPIEGEL: Wenn es damals das Fernsehen gegeben hätte, hätte es nach Erzbischof Degenhardts Meinung darüber berichten können?

DREWERMANN: Jedenfalls hat der Erzbischof mir geschrieben, er verstehe die Himmelfahrt als raumzeitlich datierbares Ereignis. Ich halte das für ein Mißverstehen der biblischen Texte. 40 Tage sind ein häufig zu findendes biblisches Schema. Himmelfahrt kann man nur so verstehen, daß man sich erheben kann über Menschenangst, Vergänglichkeit und Zerstörung. Das lehrt dieses Bild. Wer etwas anderes sieht, lehrt nicht Glauben, sondern Aberglauben.

SPIEGEL: Ähnlich wie Ihr Erzbischof äußerte sich Gerhard Bergmann, ein Prediger der protestantischen »Bekenntnisbewegung ›Kein anderes Evangelium‹«. Er sagte: »Ein Akt der Wahrnehmung ist die Himmelfahrt gewesen. Aber ob Jesus nun drei Meter brauchte, um zu verschwinden, oder ob er gleich im Augenblick entschwand, das ist nicht entscheidend.«

DREWERMANN: Jeder sollte das Recht haben, in der Form zu glauben, die ihm hilft, sein Leben zu leben, mit seinen Ängsten fertig zu werden. Mir liegt nicht an Verketzerungen. Das möchte ich bei aller Kritik an Fundamentalisten wie Bergmann doch sagen.

SPIEGEL: Die einen halten es für Aberglauben, die Himmelfahrt nach Metern zu messen, die anderen halten es für Unglauben, das Ereignis zu bestreiten. Ist für beides in der Kirche Platz?

DREWERMANN: Dagegen habe ich nichts. Ich wehre mich nur dagegen, daß Fundamentalisten im Bischofsamt wie Erzbischof Degenhardt nicht Toleranz üben, sondern zum Aberglauben verpflichten wollen.

SPIEGEL: Es hat sich, wenn wir resümieren, was wir bislang besprochen haben, nach Ihrer Ansicht im Leben und nach dem Tode Jesu nichts ereignet, was nicht mit den Naturgesetzen übereinstimmte?

DREWERMANN: Die Auffassung, Gott könne die Naturgesetze für die Zeit und die Person Jesu außer Kraft gesetzt und Wunder bewirkt haben, halte ich für falsch und gefährlich.

Sie hilft nicht, den christlichen Glauben zu begründen, sondern führt zum Atheismus. Denn was wäre das für ein Gott, der zwar in seinem Sohn Jesus seine Allmacht demonstriert, ansonsten aber angesichts eines Meeres von Menschenleid untätig bleibt? Das wäre ein Gott ohne Menschlichkeit.

Der Sinn der Wundergeschichten ist nicht, von Gott Mirakel zu erwarten, sondern sich durch ihre Bilder zu eigenem Handeln anregen zu lassen, also zu geben, ohne zu rechnen – der Sinn der Brotvermehrung; über die eigene Angst hinwegzugehen – der Sinn des Seewandels.

SPIEGEL: Nach katholischer Lehre hat Jesus alle sieben Sakramente der Kirche eingesetzt: Taufe, Eucharistie oder Abendmahl, Firmung, Priesterweihe, Krankensalbung, Beichte und Ehe.

DREWERMANN: Jesus hat mit Sicherheit kein einziges Sakrament eingesetzt, wie heute ziemlich alle Theologen wissen.

SPIEGEL: Wirklich ziemlich alle?

DREWERMANN: Es mag noch irgendwo Fundamentaltheologen geben, die Fundamente dort suchen, wo keine zu finden sind. Aber das sind nur wenige.

SPIEGEL: Warum wissen es nur die Theologen, nicht auch die Gläubigen?

DREWERMANN: Da liegt das Problem. Unsere Kirchengläubigen wurden lange Zeit vom Wissen der Theologen ausgeschlossen, größtenteils sind sie es noch immer. Die Theologen ihrerseits haben nicht den Mut, über all diese Fragen offen zu sprechen.

SPIEGEL: Nun beruft sich Ihre Kirche darauf, daß Jesus laut Bibel aufgefordert habe, das Abendmahl zu seinem Gedächtnis zu halten, und zu den berühmtesten Stellen des

Neuen Testaments gehört auch sein Taufbefehl: »Geht nun zu allen Völkern der Welt und macht die Menschen zu meinen Jüngern. Tauft sie im Namen des Vaters, des Sohnes und des Heiligen Geistes.«

DREWERMANN: Was Jesus über Taufe und Abendmahl gesagt haben soll, ist ihm lange nach seinem Tode zugeschrieben worden. Taufen in aller Welt kann er schon deshalb nicht befohlen haben, weil er an das nahe Weltende glaubte und sein Wirken auf Israel beschränkte.

SPIEGEL: Das Abendmahl, die Eucharistie ...

DREWERMANN: ... kann man auch nicht auf Jesus zurückführen.

Er war Jude, und es ist völlig ausgeschlossen, daß der Jude Jesus beim letzten Abendmahl seinen Jüngern Brot gab und dabei die Worte sprach: »Das ist mein Leib, der für euch geopfert wird.« Und daß er den Jüngern den Kelch mit den Worten gab: »Das ist mein Blut.«

SPIEGEL: Diese Worte stehen fast gleichlautend in den ersten drei Evangelien und bei Paulus. Und so wird es katholischen Christen bis heute in jeder Messe mit den sogenannten Wandlungsworten verkündet. Warum ist es ausgeschlossen, daß Jesus dies gesagt hat?

DREWERMANN: Weil diese Vorstellung, das Fleisch eines Menschen zu essen und das Blut eines Menschen zu trinken, für einen Juden, und nicht nur für den, etwas Gräßliches ist. Jesus wäre nie auf die Idee gekommen, das Fest-Essen des jüdischen Passahfestes, das die Juden an den Auszug ihrer Vorfahren aus Ägypten erinnert, umzuwandeln in eine Mahlzeit, bei der die Gläubigen sakramental teilhaben am Leben eines Gottes, der sich im Tod opfert.

SPIEGEL: Nun ist offizielle katholisch-kirchliche Lesart, Jesus habe sich aus der jüdischen Religion gelöst und sei einen großen Schritt weitergegangen.

DREWERMANN: Sicher nicht in diese Richtung. Was Jesus wollte, war – nach dem wenigen, was wir über ihn historisch wissen – eine Belebung, eine Erneuerung der Religion seines Volkes, mit prophetischem Anspruch und ohne Aufschub. Seine revolutionäre Tat war es, daß er Zöllner und öffentliche Sünder zur Gemeinschaft mit Gott einlud. Insofern ist es aberwitzig, daß die katholische Kirche das Sakrament der Eucharistie, also die Kommunion in der Messe, allen Nichtkatholiken und sogar vielen Katholiken verweigert, Geschiedenen zum Beispiel. Jesus hat niemanden aus seiner Gemeinschaft ausgeschlossen, die katholische Kirche schließt jeden aus, der nicht das glaubt und tut, was sie vorschreibt.

SPIEGEL: Handeln Sie als Priester da anders, als Ihre Kirche es befiehlt?

DREWERMANN: Ich schließe niemanden aus. Bei mir können auch Protestanten und Geschiedene die Kommunion empfangen, haben also Zugang zum Sakrament.

SPIEGEL: Es ist für Sie kein Problem, mit den Sakramenten umzugehen, die Jesus nicht eingesetzt und eigentlich nicht mal gewollt hat?

DREWERMANN: Ich gehe davon aus, daß die Sakramente aus den Bedürfnissen entstanden sind, die im Menschen angelegt sind. Ihre Berechtigung muß vom Menschen her, sie kann nicht historisch aus der Botschaft Jesu abgeleitet werden.

SPIEGEL: Herr Drewermann, in Ihren Büchern vergleichen Sie häufig das Christentum mit anderen Religionen. Warum ist Ihnen das so wichtig?

DREWERMANN: Wenn ich zum Beispiel zeige, daß es schon in der altägyptischen oder in der aztekischen Religion den Glauben an jungfräuliche Geburten, an Himmelfahrten, an Gottessohnschaften gab, dann weise ich nach, daß die Menschen unabhängig von ihrem jeweiligen speziellen Glauben solche Vorstellungen brauchten.

Ich glaube sogar, daß im alten Ägypten eine Bilderwelt existiert hat, die uns Christen heute helfen kann, besser zu verstehen, was es bedeutet, wenn wir sagen, Jesus sei Gottes Sohn. Denn wir haben uns in der christlichen Überlieferung gar zu sehr daran gewöhnt, in verkürzten Begriffen zu reden, die zur Meditation, zur lebendigen Aneignung des Glaubens nicht mehr taugen.

Und es gibt noch einen weiteren Grund: Die Welt wächst zusammen, die Religionen, die in verschiedenen Kulturen entstanden sind, können und müssen voneinander lernen; sie können sich ergänzen. Und der einzelne kann sich leichter als früher für die eine oder die andere entscheiden. Es kann sein, daß er als Buddhist besser zu sich selbst findet, als wenn er sich dem Christentum zuwendet. Religionen sind so etwas wie Medikamente für spezielle Krankheiten, und nicht für jede Krankheit ist jedes Medikament geeignet.

SPIEGEL: Das Christentum ist nicht, wie die Bischöfe lehren, den anderen Religionen prinzipiell überlegen, sondern ihnen gleichwertig?

DREWERMANN: Es führt nicht weiter, diese Frage zu bejahen oder zu verneinen. Das Christentum hat auf viele wichtige Fragen überhaupt keine Antwort. Zur Macht hat es bis heute trotz des Ohnmächtigen am Kreuz ein sehr ambivalentes Verhältnis. Auf die Frage nach Krieg und Frieden äußert sich die katholische Kirche verwirrend statt klärend. Da sind mir die Buddhisten lieber. Die haben weniger Kriege geführt, haben die Macht nicht verherrlicht, leben sogar nach ziemlich demokratischen Regeln. Also müssen wir von ihnen lernen.

SPIEGEL: Bultmann und andere Theologen, die festgestellt haben, wie unhistorisch die meisten Berichte über Jesus sind, wollen die Bibel zugleich »entmythologisieren«, den Mythos zerstören. Da denken Sie völlig anders. Sie wollen umgekehrt den Mythos erhalten. Warum?

DREWERMANN: Nicht bei unwichtigen, sondern gerade bei den wichtigsten Passagen des Neuen Testaments müssen wir feststellen, daß es sich um Legenden, um Symbole, um Mythen handelt. Das gilt insbesondere für die Darstellung von Jesu Geburt, Tod, Auferstehung, Himmelfahrt. All dies können wir nicht als unmodernes Beiwerk beiseite schieben, wie es die Entmythologisierer versuchen.

Die Vergleiche mit anderen Religionen zeigen, daß bestimmte Sehnsüchte, Verhaltensformen, Riten sich gleichen. Daraus schließe ich, daß es offensichtlich eine gemeinsame, allen Menschen verständliche Sprache im Unbewußten gibt. Ich nenne es eine Sprache der Bilder. Diese Sprache darf nicht dadurch abgeschafft werden, daß man die Bilder »entmythologisiert«. Man muß in Bildern denken können, um die Botschaft Jesu zu begreifen. Wer die Bilder der Religion nicht mehr versteht, der versteht die Religion nicht mehr.

Hinzu kommt: Menschen, die Mythen nicht mehr verstehen, kommen auch mit ihren eigenen Träumen, mit ihren eigenen Sehnsüchten nicht mehr zurecht.

SPIEGEL: Wie paßt es zusammen, daß Geschichten im historischen Sinn falsch, aber trotzdem wahr sind?

DREWERMANN: Ich will eine Antwort geben, die mit Theologie nichts zu tun hat. Picasso wurde mal gefragt, warum er Menschen so eigentümlich male, daß sie ganz anders aussehen als in Wirklichkeit. Seine Antwort war: Kein Mensch könne behaupten, daß Kunst Wahrheit sei. Die Kunst sei Lüge. Aber es sei eine Art von Lüge, die uns helfe, die Wahrheit zu verstehen.

SPIEGEL: Soll heißen, die Religion ...

DREWERMANN: ... erschließt dem Menschen mit Hilfe ihrer Bilder eine Welt, die sich mit Worten allein nicht öffnen läßt.

SPIEGEL: Ihr Erzbischof wirft Ihnen vor, daß Sie anderes Priestertum wünschen, als es die Kirche heute besitzt. Das ist für ihn neben der Jungfrauengeburt und der Abtreibung der wichtigste Punkt in der Auseinandersetzung mit Ihnen.

Der Kern scheint uns zu sein, ob die Priester ihren Beruf als Opfer betrachten müssen, ob sie ihr Leben der Kirche opfern, wie Jesus sein Leben am Kreuz geopfert hat. So wird es ja feierlich immer wieder verlangt und versprochen.

DREWERMANN: Darum geht es in der Tat. Der Erzbischof und ich sind schon verschiedener Meinung darüber, ob diese Opfertheologie auf Jesus zurückgeführt werden kann.

SPIEGEL: Bultmann hat es für eine primitive Mythologie erklärt, zu glauben, »daß ein Mensch gewordenes Gotteswesen durch sein Blut die Sünden der Menschen sühnt«.

DREWERMANN: Diese Opfer- und Sühnetheologie war Jesus völlig fremd. Die Geschichten von den Zöllnern, den Pharisäern und den Sündern zeigen, daß Jesus die Vergebung der Sünden nicht von einer Vorleistung oder gar von einem Opfer abhängig gemacht hat. Diesen Gedanken – Vergebung ohne Vorleistung – hat er verkörpert und verkündigt.

Das paßt überhaupt nicht zu der Lehre, Opfer seien zur Versöhnung Gottes notwendig. Solche masochistischen Implikationen gehören zur Begründung des Kreuzesopfers und des Opferpriestertums in der katholischen Kirche, aber sie stehen erkennbar dem Anliegen Jesu entgegen.

SPIEGEL: Welchen Sinn sah Jesus in seinem Tod, wenn nicht den eines Opfers?

DREWERMANN: Er sah in seinem Tod überhaupt keinen Sinn. Er wollte nicht sterben. Als sich die Auseinandersetzung verschärfte, wird er sich gesagt haben: Laßt sie machen, was sie wollen, sie werden nur beweisen, daß sie nichts über den Tod hinaus können. Angst läßt sich überwinden durch Vertrauen auf Gott, komme, was da wolle. So und nur so, durch sein Gottvertrauen, hat sein Sterben einen Sinn gehabt.

SPIEGEL: Auf das Wort Jesu, es gebe zur Ehe Unfähige um des Himmelreichs willen, führt die katholische Kirche den Zölibat, die Ehelosigkeit ihrer Priester zurück.

DREWERMANN: Es ist ein schwer zu deutendes Wort, aber zur Begründung des Zölibats gibt es nichts her. Jesus hat keine Priester eingesetzt, schon gar keine ehelosen Priester.

SPIEGEL: Sondern?

DREWERMANN: Er verlangte von denen, die ihm folgten, daß sie seine Sache zu ihrer Sache machten. Es gab sicher keine Vorschriften, die seine Jünger zu einer Kaste, zu einem Orden hätten machen sollen. Jesus und seine Jünger – das war eine herrschaftsfreie, von Vertrauen geleitete Gemeinschaft. Wie wenig Jesus von Priestern hielt, steht an mehreren Stellen im Neuen Testament.

SPIEGEL: Erklärt sich die Hartnäckigkeit, mit der Ihre Kirche Sie verfolgt, damit, daß Sie mit mehr Resonanz als andere den Zölibat bekämpfen?

DREWERMANN: Das wäre zu einseitig gesehen. Aber wer den Zölibat bekämpft, der bekämpft die Macht der Kirche, und das ist ziemlich das einzige, was Sie nicht tun können, ohne bestraft zu werden.

Sie dürfen theologischen Unsinn jeder Art erzählen. Sie dürfen als Priester mit einer Frau zusammenleben, solange es keinen »Skandal« macht. Sie dürfen Ihren Priesterdienst so pedantisch, so seelenlos versehen, wie Sie nur wollen. Sie dürfen Menschen aus der Kirche vertreiben, statt sie in die Kirche hineinzuholen. All dies und noch viel mehr dürfen Sie. Aber Sie dürfen nie versuchen, die Macht der Kirche zu gefährden. Dann geht es Ihnen an den Priesterkragen.

Insofern wird auch die Diskussion über den Zölibat vermutlich unter dem falschen Stichwort der Sexualfeindlichkeit geführt. In Wirklichkeit geht es um die Unterdrückung der Person. Wem verboten wird zu lieben, der lebt nur noch im Amt.

SPIEGEL: Ihr Buch »Kleriker« ist die schärfste, umfassendste und kenntnisreichste Kritik an der katholischen Kirche, die es in den letzten Jahrzehnten gegeben hat. Ist Ihre Kirche in einem so desolaten Zustand wie zur Zeit Luthers?

DREWERMANN: In gewissem Sinn ist sie in einem schlimmeren Zustand, und so, wie sie heute ist, hat Jesus sie nicht gewollt. Sie hat 450 Jahre lang versucht, Luther und die Reformation zu widerlegen, und ist dabei immer einseitiger, immer enger, immer starrer geworden. Seit dem Konzil von Trient Mitte des 16. Jahrhunderts hat sie Zuflucht genommen zu der Behauptung, ihre Bischöfe könnten objektive Wahrheiten garantieren und kraft Amtes weiterreichen durch die Jahrhunderte. Daß ich dies in Frage stelle, hat die Bischöfe gegen mich aufgebracht.

SPIEGEL: Weil es um den Glauben geht?

DREWERMANN: Nein, weil es um die Macht geht. Ich hatte ursprünglich nur dazu beitragen wollen, daß der einzelne Mensch von innen heraus seinen Glauben, sein Denken und Fühlen in Einklang bringen kann. Da gibt es ja manche Kluft, manchen Bruch. Aber es stellte sich heraus, daß ein Mensch, der mit sich selbst ins reine kommt, keine Außenleitung durch eine kirchliche Autorität mehr braucht. Sie wird überflüssig, lästig und schädlich.

SPIEGEL: Sie entziehen den Bischöfen die Macht, über den Glauben zu wachen und die Menschen in Recht- und Falschgläubige zu teilen?

DREWERMANN: So ist es. Die Bischöfe glauben doch allen Ernstes, ihr Amt und nur ihr Amt sei geeignet, die Wahrheit des Glaubens zu formulieren und zu sichern. Das halte ich für eine widergöttliche Anmaßung. Religiöse Wahrheit lebt im Menschen und teilt sich ihm persönlich mit. Sie ergibt sich nicht aus überlieferten und außengeleiteten Doktrinen.

SPIEGEL: Ist diese Auffassung katholisch?

DREWERMANN: Wenn die Bischöfe bestimmen können, was katholisch ist, ist sie wahrscheinlich nicht katholisch. Wenn katholisch das ist, was den Glauben stärkt und zu Gott führt, ist sie katholisch.

SPIEGEL: Was würde sich in der Kirche ändern, wenn sie sich nach Ihren Vorstellungen reformierte?

DREWERMANN: Fast alles.

SPIEGEL: Beschränken wir uns auf die Priester. Sie wären nicht mehr zum Zölibat verpflichtet. Nicht mehr ein Drittel lebte heimlich mit Frauen zusammen, wie Sie in Ihrem Buch »Kleriker« vermuten, sondern fast alle wären verheiratet.

DREWERMANN: Nicht nur deshalb würden die Priester anders leben als bisher. Sie würden diesen Beruf nicht mehr wählen, weil sie das Leben fürchten, sondern weil sie Mut zum Leben haben. Sie würden Priester, nicht um ihr Leben aufzuopfern, sondern um es mit dem Recht auf Glück zu führen. Sie kapselten sich nicht in ihrer Gemeinde ab, sondern suchten den Kontakt vor allem mit denen, die der Kirche fernstehen. Sie duckten sich nicht vor ihren Bischöfen, sondern arbeiteten selbstbewußt mit ihnen zusammen.

SPIEGEL: Würden in einer erneuerten Kirche Frauen zum Priesteramt zugelassen?

DREWERMANN: Solange das katholische Priestertum mit der Opfertheologie begründet wird, können Frauen nicht Priester werden. Seit der Steinzeit ist das Töten von Tieren, das Darbringen von Opfern eine Sache der Männer. Erst wenn das Priestertum wesentlich anders begründet würde, als Dienst an der Gemeinde zum Beispiel, könnten Frauen zum Priesteramt zugelassen werden. Dann wären sie sogar die besseren Priester, denn dann ginge es nicht mehr um Triebunterdrückung und Opfer, nicht mehr um Macht und Herrschaft. Priesterinnen würden der katholischen Kirche helfen, die richtige Einstellung zu den Frauen zu finden. Das ist ihr nun schon 2000 Jahre lang nicht geglückt.

SPIEGEL: Im Streit um die Abtreibung und den Paragraphen 218 haben Sie eine Position, die Ihr Erzbischof nicht für katholisch hält. Was werfen Sie der Kirche vor?

DREWERMANN: Die Kirche hat zuwenig Verständnis für die Frauen, die schwanger sind und keinen Ausweg wissen. Hier, in diesem Zimmer, haben Frauen gesessen, und ich habe ihnen keinen Rat geben können, wie sie eine Abtreibung hätten vermeiden können, so ausweglos war ihre Situation. Solche Frauen sind keine Mörderinnen. Aber von den Bischöfen werden alle Frauen, die abtreiben, so bezeichnet und geächtet.

Die Kirche hat weder das Recht noch die Pflicht, festzusetzen, was ein Verbrechen, wer eine Verbrecherin ist. Aufgabe der Kirche ist es, gerade jenen Menschen zu helfen, die Dinge glauben tun zu müssen, die sie gar nicht tun wollen, und die darunter leiden. Das gilt für sehr viele Frauen, die mit ihrer Frage allein stehen: Soll ich, darf ich, muß ich abtreiben?

Niemand, schon gar nicht die Kirche, hat das Recht, jede abtreibende Frau schuldig zu sprechen, völlig unabhängig davon, in welchen Konflikten, mit welchen Ängsten sie lebt.

SPIEGEL: Können Sie uns erklären, warum solche Gedanken nicht katholisch sind?

DREWERMANN: Das müßten Sie Degenhardt fragen. Ich halte vieles, was die Bischöfe zur Abtreibung sagen, für unchristlich und für unmenschlich. Und sie reden zynisch. Der Mainzer Bischof Lehmann zum Beispiel, der Vorsitzende der Deutschen Bischofskonferenz, hat sich nicht entblödet, in einer Pressekonferenz über Frauen zu reden, die lieber nach Mallorca fahren, als ein Kind zu gebären.

Ich kenne Frauen, die viel schuldiger würden, wenn sie ein Kind zur Welt brächten, als wenn sie es abtrieben. Um es drastisch zu sagen: Ein Kind kann nur leben, wenn seine Mutter mit ihm leben kann. Also muß man das Problem zunächst aus der Sicht der Frau sehen und nicht abstrakt aus der Sicht des ungeborenen, embryonalen Kindes.

SPIEGEL: Herr Drewermann, es gibt nicht die geringsten Anzeichen dafür, daß sich die katholische Kirche reformieren will. Entmutigt Sie das nicht?

DREWERMANN: Es gibt für mich mehr Gründe weiterzumachen als zu resignieren. Manches wird geschehen, völlig egal, ob der Papst und die Bischöfe es wollen. Am Zölibat zum Beispiel kann die Kirche nur noch ein paar Jahre festhalten, dessen bin ich völlig sicher.

SPIEGEL: Und wenn sich sonst nichts ändert?

DREWERMANN: Ich bin trotz allem entschlossen, Priester zu bleiben, solange es geht.

SPIEGEL: Warum eigentlich, wenn doch Jesus keine Priester wollte?

DREWERMANN: Ich will die Menschen nicht im Stich lassen, denen ich als Priester diene und helfe, und ich will das Amt so ausüben, wie es dem Willen Jesu entspricht. Das ist in der heutigen Kirche schwer, fast unmöglich. Doch es lohnt den Versuch.

Die katholische Kirche mutet mir allerdings einen unerträglichen Widerspruch zu: Ich darf zwar predigen, aber nicht lehren. Demnach bin ich katholisch auf der Kanzel, aber nicht am Katheder.

SPIEGEL: Das ist die Situation des Tübinger Theologieprofessors Hans Küng schon seit zwölf Jahren, und er ist mit seinem Status offenbar zufrieden.

DREWERMANN: Ich habe den Paderborner Erzbischof wissen lassen, daß ich nicht bereit bin, einen solchen Widerspruch zwischen Lehre und Leben hinzunehmen.

SPIEGEL: Herr Drewermann, wir danken Ihnen für dieses Gespräch.

Das Interview führten Werner Harenberg und Manfred Müller

Briefwechsel

Erzbischof Degenhardt an Eugen Drewermann vom 9.1.1992

Sehr geehrter Herr Dr. Drewermann,

mit Ihren öffentlichen Äußerungen seit dem 8. Oktober 1991 haben Sie von Mal zu Mal meine Erwartung und Hoffnung enttäuscht, die ich in meinem Brief an Sie am 7. Oktober 1991 mahnend ausgesprochen habe: »Daß Sie bei Ihrem priesterlichen Wirken, besonders im Dienst am Wort, das Geheimnis Christi vollständig und getreu verkünden und dabei im Sinne Ihres Weiheversprechens die Gemeinschaft mit der Kirche und mit mir als Ihrem Bischof bereitwilliger und deutlicher bekunden.«

Insbesondere im SPIEGEL-Gespräch (»Der Spiegel« vom 23.12.1991) unter dem Titel »Jesus wollte diese Kirche nicht« haben Sie ausdrücklich Glaubenslehren der katholischen Kirche abgelehnt. Ihr Dissens von der kirchlichen Lehre erschien Ihren Gesprächspartnern des SPIEGEL so offenkundig, daß sie die Frage stellten: »Warum eigentlich (wollen Sie Priester bleiben), wenn doch Jesus keine Priester wollte?«

Nach Ihren zahlreichen Äußerungen in Interviews und vor allem im obengenannten SPIEGEL-Gespräch sehe ich mich verpflichtet, Ihnen die Predigtbefugnis ab sofort bis auf weiteres zu entziehen. (Anlage)

Ich bedauere sehr, diese Entscheidung treffen zu müssen, für die Sie durch Ihre Äußerungen und Ihr Verhalten seit Oktober 1991 die Verantwortung tragen. Trotz meiner Enttäuschung hoffe und bete ich für Sie um Einsicht und Umkehr.

Dekret

Hiermit entziehe ich Ihnen gemäß can. 764 CIC in Verbindung mit can. 760 CIC ab sofort bis auf weiteres die Predigtbefugnis, die Ihnen am Tag Ihrer Priesterweihe von meinem Vorgänger erteilt wurde.

Die Gründe für den Entzug der Predigtbefugnis sind die in Ihren Interviews seit Oktober 1991, besonders aber im SPIEGEL-Gespräch in »Der Spiegel« vom 23.12.1991 zum Ausdruck kommenden Abweichungen von der Glaubenslehre der katholischen Kirche über die Einsetzung der Sakramente, vor allem auch der Eucharistie und des Priestertums durch Jesus Christus, über das katholische Verständnis des Kreuzestodes Christi, über die Feier der Eucharistie und des priesterlichen Dienstes, über die Geburt Jesu aus der Jungfrau Maria (Jungfrauengeburt), über die Autorität der Kirche und der Bischöfe in Sachen des Glaubens und der Sitten sowie erneut über die sittliche Beurteilung der Abtreibung durch das kirchliche Lehramt.

Gegen dieses Dekret können Sie Verwaltungsbeschwerde gemäß can. 1737 CIC einlegen. Voraussetzung dafür ist gemäß can. 1734 § 1 die schriftliche Beantragung der Rücknahme oder Abänderung des Dekretes innerhalb einer ausschließenden Nutzfrist von 10 Tagen nach rechtmäßiger Bekanntgabe des Dekrets.

Erzbischof Degenhardt/Notar

Erzbischof Degenhardt an Eugen Drewermann vom 18.1.1992

Sehr geehrter Herr Dr. Drewermann,

in Ihren Briefen vom 12. und 17. Januar 1992 wie auch in Ihren Äußerungen in der Öffentlichkeit vertreten Sie die Ansicht, der Widerruf der Predigtvollmacht durch Dekret vom 9. Januar 1992 verletze geltendes kirchliches Recht, da die in can. 1720 CIC vorgeschriebenen Schritte für den Erlaß eines außergerichtlichen Strafdekrets nicht eingehalten worden seien.

Ferner gehen Sie offensichtlich davon aus, Sie hätten bis

zum 30. Januar 1992 Zeit zur Einlegung der Beschwerde gegen den Entzug der Predigtvollmacht.

Darum gebe ich Ihnen dazu folgende Erläuterungen beziehungsweise Klarstellungen:

1. Der Widerruf der Predigtvollmacht ist keine strafrechtliche Maßnahme, auch wenn Sie das persönlich so empfinden.

Der Widerruf der Predigtvollmacht hat die Hörer der kirchlichen Verkündigung im Blick; sie sollen vor Verwirrung und Irreführung bewahrt werden. Es obliegt der Verantwortung des Bischofs, den Dienst der Verkündigung zu leiten (can. 756 § 2 CIC) und dafür Sorge zu tragen, daß das Geheimnis Christi, gestützt auf Schrift und Überlieferung, auf Liturgie, Lehramt und Leben der Kirche, vollständig und getreu verkündet wird (can. 760 CIC). Can. 764 CIC erwähnt ausdrücklich die Möglichkeit des zuständigen Ordinarius, die Predigtbefugnis einzuschränken oder zu entziehen.

Gegen den Entzug der Predigtbefugnis haben Sie – wie im Dekret mitgeteilt – das Rechtsmittel der Verwaltungsbeschwerde. Das heißt, Sie können an mich den Antrag auf Rücknahme oder Abänderung des Dekrets innerhalb von zehn Tagen, seit der Bekanntgabe am 11. Januar 1992, stellen. Adressat der Beschwerde ist danach die Kleruskongregation in Rom.

2. Gesondert vom Entzug der Predigtbefugnis habe ich Ihnen mit Schreiben vom 9. Januar 1992 mitgeteilt, daß ich mich aufgrund Ihres Verhaltens und Ihrer Äußerungen in der Öffentlichkeit seit Oktober 1991 verpflichtet sehe, gegen Sie mit den Mitteln des kirchlichen Strafrechts vorzugehen. Dabei mache ich Gebrauch von der Möglichkeit des außergerichtlichen Verfahrens nach can. 1720 CIC. Der CIC von 1983 hat bei diesem Verfahren, verglichen mit dem CIC von 1917, den Schutz und das Verteidigungsrecht des Beschuldigten verstärkt. Folgende Schritte sind darum einzuhalten:

– Der Ordinarius (Bischof) muß die Vorwürfe dem Beschuldigten mitteilen und ihm die Möglichkeit geben, sich zu verteidigen (can. 1720 Nr. 1 CIC).

– Der Ordinarius (Bischof) muß dann die Vorwürfe, Beweise und die Verteidigung zusammen mit zwei Beisitzern sorgfältig abwägen (can. 1720 Nr. 2 CIC).

– Die Entscheidung muß wenigstens kurz die Gründe rechtlicher und tatsächlicher Art enthalten (can. 1720 Nr. 3 CIC).

An dieses Verfahren habe ich mich gehalten, indem ich Ihnen mit Schreiben vom 9. Januar 1992 die Schrift mit den Beschuldigungen habe überbringen lassen und Ihnen die Möglichkeit der Verteidigung gemäß can. 1720 Nr. 1 CIC bis zum 30. Januar 1992 gegeben habe.

Ich erwarte eine schriftliche Verteidigung auf die Beschuldigungen.

3. Ihr Vorwurf, auf der Pressekonferenz in Bonn am 17. Januar 1992 erhoben, es komme mir zum Beweis der Rechtmäßigkeit meines Vorgehens darauf an, zu behaupten, Sie hätten die Gesprächstermine abgelehnt, trifft also nicht zu. Der Entzug der Predigtbefugnis und das anhängige Verfahren gemäß can. 1720 CIC sind nicht identisch.

4. Schließlich entspricht auch Ihre Behauptung nicht den Tatsachen, Sie hätten aus sieben vorgeschlagenen Gesprächsterminen doch einen, der Ihnen am günstigsten auskam, ausgewählt.

Richtig ist:

Ich hatte Ihnen zuerst vier Termine gegeben, keinen haben Sie wahrgenommen.

Dennoch habe ich Ihnen dann nochmals drei Termine für den Januar 1992 gegeben und ausdrücklich hinzugefügt: »Das Gespräch (ist) in einer der von mir zur Wahl gestellten Weisen für mich unabdingbar.« (Brief vom 29. November 1991.) Den letzten Termin haben Sie weder verbindlich bestätigt noch die von mir geforderte Zusammensetzung des Gesprächs akzeptiert.

Am Schluß muß ich Ihnen noch folgendes sagen:

Sie haben öffentlich kundgetan, daß Sie trotz des eindeutigen Schreibens des Herrn Generalvikars vom 15. Januar 1992 die Eucharistie in der Aula des Gymnasium Theodorianum feiern wollen. Sie verstoßen damit nicht nur gegen can. 932 § 1 CIC, sondern handeln auch dem priesterlichen Gehorsam zuwider, ganz abgesehen davon, daß Sie auch die Rechte des Ortspfarrers – hier der Marktkirchgemeinde – mißachten.

Mit freundlichen Grüßen ...

Eugen Drewermann an Erzbischof Degenhardt vom 21.1.1992 (Auszüge)

Sehr geehrter Herr Erzbischof,

sooft ich Ihren Brief vom 18.1. lese, frage ich mich, was er eigentlich noch mit mir zu tun hat. Seit Beginn des Jahres 92 ist für Sie offenbar nicht mehr nur die Verweigerung theologischer Gespräche zur Grundlage Ihres Vorgehens geworden – selbst Ihre Briefe beschäftigen sich eigentlich nur noch mit der Rechtfertigung Ihrer Verwaltungsmaßnahmen.

Das jedenfalls möchte ich Sie doch noch fragen: ob Sie allen Ernstes glauben, promovierter Exeget, der Sie sind, daß Jesus eine »Kirche« hat einsetzen wollen, in der glaubende oder doch glaubensuchende Menschen mit »außergerichtlichen Strafdekreten« oder »mit den Mitteln des kirchlichen Strafrechts« gegeneinander glauben »vorgehen« zu müssen?

Ihnen gegenüber empfinde ich weder Groll noch Abneigung, wenngleich Ihre »Schriftstücke« mich inzwischen, gelinde gesagt, auf die Palme bringen können. Ich sage mir aber: Dieser Degenhardt hat eine Art zu glauben, die ich von vielen Menschen kenne und die gewiß vielen Menschen hilft, die ich selber nur sehr schwer oder gar nicht erreichen könnte – W. James spricht in bezug auf diese Haltung von einer Religiosität der robusten Denkungsart.

Ich selber besitze diese Robustheit nicht, habe sie nie besessen und will sie auch nicht haben; sie ist eine menschliche Möglichkeit, die ich respektiere, und so hätte ich auch mit

Ihnen selber als Person nicht die geringste Schwierigkeit, wenn, ja wenn nicht Sie als Bischof, von Amts wegen, offiziell sich gezwungen sähen, mich mit allem, was mir heilig ist, aus der Gemeinschaft der Menschen, mit denen ich mein Leben lang verbunden war, auf dem Verwaltungswege auszuschließen.

Warum war und ist es nicht möglich, zu sagen: Des Drewermanns Art mag sein, wie sie will, sie hilft offensichtlich vielen Menschen, die wir, als Kirche, anscheinend nicht mehr erreichen? Sie mag in vielem korrektur- und ergänzungsbedürftig sein, aber sie kann doch nicht ganz falsch sein; was menschlich hilfreich ist, kann ja vor Gott nicht ganz verkehrt sein?

Was Jesus wollte, war doch nicht etwas Exklusives, sondern Universales – Menschlichkeit, wo und wie immer sie sich realisieren und erfahren läßt. Es war sein Bemühen um die Ausgegrenzten, das ihn selbst zum Ausgegrenzten machte.

Nur anmerken möchte ich noch, daß mir das »Rechtsbuch« der kath. Kirche weit fremder ist als der Koran oder die Upanishaden: Ich lese nicht darin, und es scheint mir unmöglich, daß jemand, der das Neue Testament verstanden hat, in den Verordnungen dieses Buches nicht die vollkommene Mißachtung der Bibel erkennen sollte; schlimmer: Wer in den Kategorien des einen Buches denkt, der ist völlig außerstande, die des anderen zu begreifen.

Deswegen muß ich Sie enttäuschen, wenn Sie »eine schriftliche Verteidigung auf die Beschuldigungen« »erwarten«. Ihre Maßnahmen sind ja längst in Kraft, und sie werden, ich zweifle nicht, sehr bald durch neue Maßnahmen »ergänzt« werden.

Ich sage nicht noch habe ich gesagt, Sie brächen mit Ihren Maßnahmen und Dekreten geltendes Kirchenrecht; ich sage im Gegenteil, daß dieses Kirchenrecht Ihnen Willkürmöglichkeiten bietet wie einem absolutistischen Herrscher des 16. Jh.s, indem dieses Kirchenrecht die Entwicklung der Kultur des Rechtswesens in der Neuzeit nicht mitgemacht hat. Die Menschen im 20. Jh. akzeptieren eine Rechtsordnung nicht länger mehr als rechtens, in welcher ein Erzbischof die Anklage erhebt und zugleich das Urteil spricht und als Appellationsinstanz nur seine eigene auftraggebende Behörde zuläßt.

35 Jahre lang habe ich jetzt damit zugebracht, darüber zu diskutieren, wie und warum das Christentum eine wahre Religion sein kann, wenn es erkennbar dieselben Erzählungen überliefert, die auch andere, z. T. ältere Religionen überliefern; ich glaube, daß die Person Jesu alle verfügbaren deutenden Bilder der Menschheit weit überstrahlt und in eine Wahrheit setzt, die sie so nie besessen haben; aber zu debattieren, ob die Jungfräulichkeit Mariens »wirklich« eine historische, biologische Tatsache war oder nicht, und dementsprechend bei den anderen Glaubenslehren der Kirche – sehr geehrter Herr Erzbischof, damit, ich versichere Sie, werde ich die letzten 20 Jahre meines Lebens nicht mehr zubringen. Endgültig nicht mehr.

Während ich dies schreibe, kommt es mir selber fast vor wie ein Abschiedsbrief. Ich werde jetzt, nach Schließung der kath. Kirchenräume für mich als Priester, Predigtgottesdienste außerhalb der Räume der kath. Kirche anbieten müssen – weiß Gott, es ist und war so nicht mein Wunsch. Falls Sie noch Möglichkeiten für die Rückkehr zu vernünftigen theologischen Gesprächen und damit zu einer fruchtbaren Verständigung sehen, sollten Sie diese Möglichkeiten umgehend mitteilen und ergreifen.

Alles Gute. E. Drewermann

Hirtenwort von Erzbischof Degenhardt vom 7.3.1992

Liebe Schwestern und Brüder!

Im Oktober 1991 und im Januar dieses Jahres sah ich mich verpflichtet, Herrn Dr. Drewermann, Priester des Erzbistums Paderborn, die Lehrbefugnis für das Fach katholische Dogmatik an der Theologischen Fakultät Paderborn sowie die Predigtbefugnis zu entziehen.

Schon seit längerer Zeit gab es schwerwiegende Differenzen über verschiedene Aussagen von Herrn Dr. Drewermann. In der Öffentlichkeit, vor allem in den Medien, hat die jüngste Entwicklung heftige Reaktionen und zum Teil aggressive, die Kirche, den Papst und die Bischöfe herabsetzende Kritik ausgelöst.

Auch in der Kirche hat es ein sehr unterschiedliches Echo gegeben. Mit Zustimmung und Verständnis, aber auch mit Ablehnung, Häme und Empörung hat man auf meine Entscheidung reagiert. Mancher hatte kein Verständnis dafür, daß die Kirche eine Rechtsordnung hat und Gesetze kennt und anwendet, die sowohl dem Schutz des einzelnen als auch dem Schutz der kirchlichen Gemeinschaft dienen. Dann wiederum wurden mir Verstöße gegen das kirchliche Recht bei meinem Vorgehen gegen Dr. Drewermann vorgeworfen. Andere unterstellten, es ginge mir um die Macht des Papstes und der Bischöfe, ein unbequemer Querdenker oder Prophet solle mundtot gemacht werden.

Ausdrücklich habe ich aber zur theologischen Diskussion aufgefordert. Der Ort dafür ist nicht der Marktplatz, sind nicht Talkshows im Fernsehen. Der Wahrheit Gradmesser ist nicht der Applaus. Ruhe und Stille, nicht Hektik unter grellen Scheinwerfern und vor Mikrophonen fördern die Klärung der Fragen.

Ich habe mich nach reiflicher Überlegung in einem Brief noch einmal an Herrn Dr. Drewermann gewandt und ihn zum Nachdenken aufgefordert und um Klarstellung gebeten, damit die Einheit im Glauben dort, wo es notwendig ist, gefunden wird, damit klarer wird, wo Vielfalt möglich und sogar begrüßenswert ist, und damit vor allem und in allem Achtung und Liebe die Diskussion prägt. [...]

Den Glauben abfragen wie Vokabeln?

Interview mit Erzbischof Degenhardt

SPIEGEL: Herr Erzbischof, gibt es in Ihrer Auseinandersetzung mit Eugen Drewermann eine Wende? Am 9. Januar haben Sie ihm das Predigen verboten und ein kirchliches Strafverfahren gegen ihn eingeleitet. Am 22. Februar haben Sie ihm »Zeit zu Klarstellungen, Korrekturen und Ergänzungen« gewährt, ohne daß Drewermann Sie darum gebeten hatte.

DEGENHARDT: Ich würde es nicht eine Wende nennen. Allerdings ist mein Entschluß, Dr. Drewermann Zeit zu gewähren, Ausdruck der Hoffnung, daß er zu einer Einkehr und Besinnung findet. Aber meine Hoffnung ist nicht gerade überschwenglich.

SPIEGEL: Sie haben von der »Abwägung aller Umstände« gesprochen, die Sie veranlaßt hat, Ihre Entscheidung in dem Strafverfahren aufzuschieben. Welche Umstände sprachen dafür, welche dagegen?

DEGENHARDT: Dafür sprach vor allem, daß ich deutlich machen will: Ich bin daran interessiert, Dr. Drewermann als Priester des Erzbistums Paderborn nicht zu verlieren. Jedem Bischof ist es ein wichtiges Anliegen, die Priester, die zu seiner Diözese gehören, zu behalten.

Ein anderer Umstand besteht darin, daß nunmehr Kollegen Drewermanns – Theologen, aber auch Psychologen – sich mit seiner Theologie auseinandersetzen. Die Diskussion der Theologen, die jetzt begonnen hat, möchte ich abwarten.

SPIEGEL: Wie lange?

DEGENHARDT: Ich habe keine Frist gesetzt und will es auch jetzt nicht tun.

SPIEGEL: Zwei Wochen, zwei Monate, zwei Jahre?

DEGENHARDT: Man sollte weder von Wochen noch von Jahren ausgehen. Aber es kann auch eine völlig neue Situation eintreten, die mich zum Handeln zwingt, das kann ich nicht ausschließen. Dieser Tage ist ein neues Buch Drewermanns erschienen, ein Kommentar zum Matthäus-Evangelium.

SPIEGEL: Es enthält Aussagen, die Sie wohl beschäftigen werden.

DEGENHARDT: Zu diesem Buch kann ich nichts sagen, bevor ich es nicht gelesen habe.

SPIEGEL: Lesen Sie oder lassen Sie lesen?

DEGENHARDT: Ich kenne nicht alle 38 oder 39 Bücher Drewermanns, aber einige tausend Seiten seiner wichtigsten Bücher habe ich gelesen.

SPIEGEL: Gehört zu den Umständen, die Sie abgewogen haben, auch die Tatsache, daß – wie die *FAZ* schrieb – »die öffentliche Wirkung dieses Streits für die Kirche verheerend ist«?

DEGENHARDT: Das hat mich nicht dazu bewogen, die Entscheidung aufzuschieben. Ich kann mich nicht von dem abhängig machen, was in der Öffentlichkeit als Schaden für die Kirche betrachtet wird. Ich muß von meinen Pflichten als Bischof ausgehen.

SPIEGEL: Sehen nur andere oder sehen auch Sie einen Schaden für die Kirche?

DEGENHARDT: Ich würde den Schaden ganz sicher nicht verheerend nennen. Ich bezweifle auch, ob man so pauschal von Schaden sprechen kann. Die Sache hat ja auch einen positiven Aspekt. Es ist in den letzten Jahren nie in einem solchen Maße wie jetzt darüber gesprochen worden, was christlicher Glaube ist. Nun erfahren viele, was zum Glauben gehört und was nicht.

SPIEGEL: Wie hat die katholische »Basis« auf die Auseinandersetzung reagiert? Unter den Religionslehrern der Erzdiözese Paderborn soll es Unruhe geben.

DEGENHARDT: Die Äußerungen sind sehr unterschiedlich. Wir haben im Erzbistum Paderborn über 6000 Religionslehrer. Ich habe Protestbriefe von circa 200 Religionslehrern bekommen.

SPIEGEL: Hat es eine Austrittswelle gegeben?

DEGENHARDT: Nein. Wie in anderen Diözesen ist auch in Paderborn die Zahl der Kirchenaustritte im vergangenen Jahr gestiegen. Aber auch in den letzten Wochen haben nur einzelne ihren Austritt mit der Auseinandersetzung um Drewermann begründet.

SPIEGEL: Wie soll es nun weitergehen? Sie haben vor einiger Zeit, am 6. Juli 1990, mit Drewermann ein sechsstündiges Gespräch über die strittigen Glaubensfragen geführt. Seither haben sich beide Seiten zu weiteren Gesprächen bereit erklärt, es ist aber keines mehr zustande gekommen. Vielleicht jetzt?

DEGENHARDT: Ich bin als Bischof jederzeit bereit, mit Dr. Drewermann ein persönliches Gespräch zu führen. Wie jeder andere Priester hat er die Möglichkeit, mit seinem Bischof zu reden, zumal es um sein weiteres priesterliches Wirken geht. Aber der theologische Dialog sollte besser mit Professoren geführt werden.

SPIEGEL: Das wird Drewermann überraschen. Sie sind also zu keinem weiteren Gespräch über Glaubensfragen mit ihm bereit?

DEGENHARDT: Nein, zur Zeit nicht, und dafür sollte man auch Verständnis haben. Es ist uns ja nach dem sechsstündigen Gespräch trotz langer Korrespondenz nicht gelungen, uns auf eine Erklärung zu einigen, um das Ergebnis für die

Öffentlichkeit verständlich zusammenzufassen. Was nützt ein Gespräch, wenn es zu keinem Ergebnis führt?

SPIEGEL: Ihren letzten Brief haben viele so verstanden, daß Sie Drewermann entgegenkommen wollen, um ihn in der Kirche zu halten. Vieles, was Drewermann in letzter Zeit äußert, klingt so, als sei ihm daran kaum noch gelegen. In seiner Antwort auf Ihren Brief vom 22. Februar lästert er über den im Klerus gebräuchlichen Terminus vom »Beistand des Heiligen Geistes«, der »in aller Regel Denkfaulheit, Machterhalt und obrigkeitliches Gehabe kaschiert«, und schließt: Sie, der Erzbischof, »sollten jetzt weiter tun, was Sie wollen oder müssen, in diesem Geiste, ohne diesen Geist, gegen diesen Geist«.

DEGENHARDT: Ich sehe es nicht so wie Sie. Dr. Drewermann hat bislang immer wieder erklärt, er wolle Priester bleiben. Wäre es anders, hätte er längst schon darauf verzichten können.

SPIEGEL: Ist Drewermann der erste Priester in Ihrem Bistum, dem Sie verboten haben, zu lehren und zu predigen?

DEGENHARDT: Ja. Ich bin jetzt 18 Jahre Erzbischof, und Drewermann ist der erste Fall.

SPIEGEL: Werden Sie ihn vom Priesteramt suspendieren, wenn er nichts klarstellt, korrigiert, ergänzt?

DEGENHARDT: Ob es dazu kommen muß, weiß ich nicht. Es hängt von ihm ab. Jedenfalls ist das keineswegs so sicher, wie es in der Öffentlichkeit vermutet und von Dr. Drewermann selbst behauptet wird.

SPIEGEL: Drewermann hat Ihnen geschrieben, die Klarstellungen, die Sie wünschen, könnten Sie in seinen Büchern finden, und er hat Ihnen auch gleich die entsprechenden Passagen genannt. Zum Thema Auferstehung sind es 130 Seiten. Werden Sie nun nachsehen, ob da alles klargestellt wird?

DEGENHARDT: Dr. Drewermann läßt außer acht, daß ich meine Entscheidungen vom 9. Januar aufgrund öffentlicher Äußerungen getroffen habe, die er nicht in seinen Büchern, sondern in Interviews gemacht hat.

SPIEGEL: Sie nennen neben zwei Interviews vom vorigen Herbst das am 23. Dezember vorigen Jahres veröffentlichte SPIEGEL-Gespräch. Hätte es ohne dieses Gespräch kein Predigtverbot, kein Strafverfahren gegeben?

DEGENHARDT: Drewermanns Gespräch mit Ihnen hat das Faß überlaufen lassen.

SPIEGEL: Grundverschieden denken Drewermann und Sie darüber, was Ihres Amtes ist. Nach katholischer Lehre sind Sie als Bischof ein Nachfolger der Apostel, und Sie handeln demnach »mit der Autorität Christi«, wenn Sie über Lehre und Glauben entscheiden.

Drewermann nennt diese Berufung auf einen göttlichen Auftrag eine »widergöttliche Anmaßung«. Wie wollen Sie sich da noch verständigen?

DEGENHARDT: Das ist sicher schwierig, und es ist nur dann möglich, wenn Drewermann solche Äußerungen wie die, die Sie zitiert haben, nicht mehr im Raum stehenläßt.

SPIEGEL: Er müßte diese Äußerung widerrufen und manche andere auch?

DEGENHARDT: Das Wort »widerrufen« ist mit solchen Emotionen belastet, daß ich es lieber nicht gebrauche. Aber ich denke, er müßte klarstellen, daß er etwas anderes gemeint hat, als man normalerweise bei einer solchen Formulierung annimmt.

SPIEGEL: Nun trifft Drewermann eine weitverbreitete Stimmung, wenn er sich dagegen wehrt, Glaubenssätze »abzufragen wie ein Päckchen lateinischer Vokabeln und grammatikalischer Regeln«.

DEGENHARDT: Drewermann äußert sich völlig einseitig. Es hat in der Kirche Christi von Anfang an Bekenntnisse des Glaubens gegeben; wir finden sie schon im Neuen Testament. Insofern kann man nicht sagen, der Glaube der Christen könne nicht in Sätzen formuliert und »abgefragt« werden.

Unbestritten ist, daß es damit nicht sein Bewenden haben kann. Es gibt auch das, was wir den »Akt des Glaubens« nennen, also das Vertrauen, die persönliche, existentielle Hinwendung zu Gott. Das eine kann man nicht vom anderen trennen, wie es Dr. Drewermann versucht.

SPIEGEL: Hätten Sie sich nicht damit begnügen können, als Erzbischof in einem Wort, einem Hirtenwort, zu verkünden, daß Drewermann in diesem oder jenem Punkt nicht mit der kirchlichen Lehre übereinstimmt? Sie würden sich dann nicht mit dem Lehr-, dem Predigt- und womöglich auch noch einem Berufsverbot massiver Kritik aussetzen.

DEGENHARDT: Das Problem besteht darin, daß Drewermann als Priester des Erzbistums Paderborn etwas verkündet, von dem ich als zuständiger Bischof sagen muß: Das stimmt nicht mit der katholischen Lehre überein. Was ein Priester predigt, ist nicht seine Privatsache, sondern ist kirchliche Verkündigung. Das kann er nur im Auftrag seines Bischofs und in Übereinstimmung mit ihm tun.

SPIEGEL: Ist es ein Widerspruch, daß Sie Drewermann das Predigen verbieten wegen Äußerungen, die er nicht auf der Kanzel, sondern in Interviews gemacht hat?

DEGENHARDT: Ich muß davon ausgehen, daß er da keinen Trennungsstrich zieht. Für ihn sind Lehre und Verkündigung eine unlösbare Einheit, wie er selbst gesagt hat. Kritisiert man Äußerungen in Interviews, verweist er auf seine Bücher, und viele Predigten stehen in seinen Büchern.

SPIEGEL: Sie sind als der für Drewermann zuständige Bischof in dieser Auseinandersetzung in mehreren Funktionen tätig. Wir sind auf fünf gekommen: Sie sind der Ermittler, der »Irrlehren« feststellt; der Ankläger, der die Vorwürfe erhebt; der Richter in erster Instanz, der Verbote ausspricht; der Richter in zweiter Instanz, der über Beschwerden befindet; der Vollstrecker, der darüber wacht, daß die Entscheidungen verwirklicht werden. Ist das nicht zuviel Macht für einen einzelnen?

DEGENHARDT: Man müßte über einige Details sprechen, beispielsweise gibt es eine zweite Instanz ...

SPIEGEL: Am 18. Oktober vorigen Jahres haben Sie Drewermanns Beschwerde gegen Ihr am 7. Oktober erlassenes Lehrverbot als unbegründet verworfen. Da waren Sie erste und zweite Instanz.

DEGENHARDT: Das ist so nicht richtig. Ich entscheide bei einer Beschwerde nicht in zweiter Instanz. Sowohl wegen des Predigtverbots als auch wegen des Strafverfahrens könnte sich Drewermann an eine zweite Instanz wenden, an die entsprechende römische Kongregation.

SPIEGEL: Darauf hat Drewermann verzichtet. Er glaubt, doch wohl nicht zu Unrecht, daß Rom auf Ihrer Seite steht.

DEGENHARDT: Daß Rom in Glaubensfragen mit mir übereinstimmt, nehme ich auch an. Aber das schließt ja nicht aus, daß man dort über eine Beschwerde objektiv, anhand der Akten urteilt.

Doch zu Ihrer Frage, die ich grundsätzlich beantworten möchte.

Um diese »Macht«, wie Sie es nennen, zu begreifen, muß man vom katholischen Verständnis des Bischofsamts ausgehen, das wir vorhin schon mal erwähnt haben. In seiner Diözese hat der Bischof als Nachfolger der Apostel dafür zu sorgen, daß die Verkündigung mit dem Auftrag Christi übereinstimmt. Diese personale Verantwortung kann der Bischof nicht auf Gremien übertragen, die mit Mehrheit entscheiden.

SPIEGEL: Mal angenommen, es gäbe Demokratie in der katholischen Kirche, dann endete sie jedenfalls dort, wo der Glaube beginnt.

DEGENHARDT: Sie spitzen es polemisch zu. Es kann in der Tat über Glaubensfragen nicht im Sinne einer Volksabstimmung entschieden werden; andererseits kennt die katholische Kirche in ihren Konzilien Abstimmungen auch über Glaubensfragen.

SPIEGEL: Drewermann hat ein ganz anderes Jesus-Bild, als es die Katholiken vom Religionsunterricht her kennen. Es gibt für ihn keine Jungfrauengeburt und keine Jungfrau Maria, keine Wundertaten Jesu, keine leibliche Auferstehung und kein leeres Grab. Jesus hat keines der sieben Sakramente eingesetzt und hat nie gesagt, man solle Brot als seinen Leib essen, Wein als sein Blut trinken. All das haben Sie moniert. Worin sehen Sie den gravierendsten Verstoß gegen die katholische Lehre?

DEGENHARDT: Der wichtigste Punkt in der Auseinandersetzung mit Dr. Drewermann ist die Auferstehung Jesu, von der Paulus sagt, daß das ganze christliche Leben daran hänge: Wenn Christus nicht auferstanden sei, dann seien wir die Ärmsten von allen Menschen.

SPIEGEL: Die Auseinandersetzung um die Auferstehung scheint uns ein Streit um das Grab zu sein: ob im katholischen Sinn nur derjenige an die Auferstehung glaubt, der davon überzeugt ist, daß Jesus sein Grab verlassen hat. Ob also das geschehen ist, was der evangelische Theologe Rudolf Bultmann für unmöglich erklärt hat: »Ein Leichnam kann nicht wieder lebendig werden und aus dem Grabe steigen.«

DEGENHARDT: Das zentrale Glaubensbekenntnis der katholischen, auch der evangelischen und der orthodoxen Christen ist dies: Gott hat an dem Gekreuzigten, dem im Grabe Liegenden, gehandelt und ihn am dritten Tage von den Toten auferweckt. Es ist eine leibliche Auferstehung.

SPIEGEL: Leibliche Auferstehung und leeres Grab hängen zusammen, das eine kann es nicht geben ohne das andere?

DEGENHARDT: Davon bin ich überzeugt. Ich sehe einen Widerspruch darin, wenn einerseits gesagt wird, der Gekreuzigte ist mit einer neuen verklärten Leiblichkeit auferstanden, und andererseits der Leichnam im Grabe geblieben wäre.

SPIEGEL: Also muß das Grab für katholische Christen leer gewesen sein?

DEGENHARDT: Vom leeren Grab wird in allen vier Evangelien berichtet. Dieser Befund ist völlig eindeutig. Und als weitere Hinweise werte ich die neutestamentlichen Berichte über die Erscheinungen des Auferstandenen.

SPIEGEL: Für Drewermann und Bultmann ist es kein Widerspruch, an die Auferstehung zu glauben und zu sagen, das Grab Jesu sei sowenig leer gewesen wie das Grab irgendeines anderen Menschen.

DEGENHARDT: Für Bultmann ist Christus auferstanden in das Kerygma, in den Glauben der Urgemeinde. Das ist zuwenig. Die katholische Kirche lehrt, daß Gott in der Auferstehung in einmaliger Weise an Jesus gehandelt hat.

SPIEGEL: Und was ist geschehen: Ist Jesus, wie viele Künstler es dargestellt haben, aus dem Grabe gestiegen?

DEGENHARDT: Den Vorgang der Auferstehung hat niemand gesehen. Er bleibt ein Geheimnis. Ich will jetzt auch nicht versuchen, ihn mir vorzustellen.

SPIEGEL: Ist der Auferstandene den Jüngern erschienen als ein Mensch wie andere?

DEGENHARDT: Das weiß ich nicht.

SPIEGEL: In der Bibel steht, sie hätten ihn angefaßt und mit ihm gegessen und getrunken.

DEGENHARDT: Wie Christus den Seinen erschienen ist, können wir im einzelnen nicht sagen. Die Jünger haben ihn offenbar zunächst als jemand ganz anderen erlebt, denn sie haben ihn ja nicht gleich erkannt. Das bleibt geheimnisvoll, und da kann ich nicht etwas für den Glauben vorschreiben, was offenbleiben muß.

SPIEGEL: Wie die Auferstehung ist auch die Himmelfahrt zwischen Drewermann und Ihnen strittig. Drewermann behauptet, Sie hielten an der Himmelfahrt als einem räumlichen Ereignis fest, das man datieren könne: Sie habe 40 Tage nach Ostern stattgefunden, wie es in der Bibel steht.

DEGENHARDT: Ich habe mich so nicht geäußert. Ich habe gesagt, es sei durchaus denkbar, daß sich am 40. Tage das ereignet hat, was wir als Himmelfahrt feiern. Es ist aber auch denkbar, daß dies eine theologische Deutung des Evangelisten Lukas ist. Wir finden die Himmelfahrt ja so in den anderen Evangelien nicht.

SPIEGEL: Sie machen einen Unterschied zwischen der Auferstehung am dritten und der Himmelfahrt am 40. Tag. Das eine Datum halten Sie für historisch, das andere für unsicher?

DEGENHARDT: Den 40. Tag halte ich für unsicher, ja. Aber auch von der Himmelfahrt würde ich sagen, daß hier ein Faktum beschrieben wird, nämlich, daß der Auferstandene zu Gott erhöht wird.

SPIEGEL: Symbolisch erhöht oder räumlich?

DEGENHARDT: Wirklich erhöht in der neuen Seinsweise des Auferstandenen.

SPIEGEL: Die Bibel sagt aber: räumlich.

DEGENHARDT: Wenn man es wörtlich nimmt, ja. Aber ich möchte niemandem vorschreiben, wie das im einzelnen zu verstehen ist.

SPIEGEL: Was halten Sie von der Meinung des evangelischen Fundamentalisten Gerhard Bergmann, den wir auch in dem Gespräch mit Drewermann zitiert haben: »Ein Akt der Wahrnehmung ist die Himmelfahrt gewesen. Aber ob Jesus nun drei Meter brauchte, um zu verschwinden, oder ob er gleich im Augenblick entschwand, das ist nicht entscheidend.«

DEGENHARDT: Ich würde nicht von drei oder 30 oder 300 Metern sprechen, würde aber schon mit Bergmann darin übereinstimmen, daß es sich um ein Ereignis gehandelt hat, das den Jüngern bewußt geworden ist.

Aber in welcher Form dies geschehen ist, kann ich leider nicht sagen.

SPIEGEL: An der Himmelfahrt wird eine Verständigung mit Drewermann nicht scheitern?

DEGENHARDT: Wohl nicht.

SPIEGEL: Anders steht es allem Anschein nach beim Streit um die Jungfrauengeburt. Von seiner Meinung, Jesus sei gezeugt und geboren wie alle Menschen, Maria habe mit Josef gelebt wie andere Ehefrauen mit ihren Männern, scheint Drewermann keinen Deut abweichen zu wollen. Er hat in seinem letzten Brief an Sie erklärt: »Endgültig kein Kommentar mehr.«

DEGENHARDT: Ich hoffe doch, daß das nicht sein letztes Wort ist. Sein Standpunkt, wie er ihn in dem SPIEGEL-Gespräch dargelegt hat, ist mit der katholischen Lehre nicht vereinbar.

SPIEGEL: Von der Jungfrauengeburt wußten Paulus und zwei der vier Evangelisten nichts, oder sie war ihnen so unwichtig, daß sie kein Wort darüber verloren haben. Darf dann ein Katholik im 20. Jahrhundert nicht auch so frei sein, von der Jungfrauengeburt nichts wissen zu wollen und sie nicht glauben zu müssen.

DEGENHARDT: Nein. Aus der Tatsache, daß Paulus, Markus und Johannes über die Jungfrauengeburt schweigen, kann man nur schließen, daß sie zur Zeit der Apostel und der Evangelisten nicht so im Zentrum der Verkündigung gestanden hat wie Tod und Auferstehung Jesu ...

SPIEGEL: ... und auch heute nicht im Mittelpunkt stehen müßte.

DEGENHARDT: Sie steht ja auch nicht im Mittelpunkt. Aber die jungfräuliche Empfängnis und Geburt Jesu gehört zum Glaubensbestand der katholischen Kirche, und sie ist auch durch die Texte des Neuen Testaments begründet.

SPIEGEL: Über die Geburt Jesu denken fast alle evangelischen und etliche katholische Neutestamentler ähnlich wie Drewermann.

DEGENHARDT: Ganz allgemein würde ich sagen, daß es einen großen Unterschied macht, ob jemand in einem Fachbuch die Möglichkeit erörtert, es habe keine Jungfrauengeburt gegeben, oder dies provokativ vor einem Millionenpublikum als felsenfeste Erkenntnis verkündet.

SPIEGEL: Nach katholischer Lehre hat es eine immerwährende Jungfräulichkeit Marias gegeben, also nicht nur vor, sondern auch bei und nach der Geburt; »ante partum, in partu et post partum«, heißt es lateinisch in den Theologiebüchern. Und in einigen steht, »in partu« bedeute, es habe sich um eine Geburt ohne Wehen und ohne Verletzung des Hymens gehandelt. Das wirft ja auch gynäkologische Fragen auf.

DEGENHARDT: Dazu möchte ich mich gar nicht äußern. Glaubensüberzeugung der katholischen Kirche ist, daß Maria die allzeit Jungfräuliche ist. Die Art und Weise, wie der Gottessohn, der präexistiert hat, Fleisch angenommen hat in der Jungfrau Maria, das ist ein Glaubensgeheimnis. Theologen mögen solche Erklärungen heranziehen, wie Sie

sie eben angeführt haben; dogmatisch verbindlich sind sie nicht.

SPIEGEL: Was besagt die katholische Lehre über die Beziehungen zwischen Maria und Josef?

DEGENHARDT: Eine sexuelle Gemeinschaft zwischen Maria und Josef wäre ein Widerspruch zu dem, was im Glaubensbekenntnis steht.

SPIEGEL: Wie ist es dann zu erklären, daß in der Bibel Brüder und Schwestern Jesu erwähnt werden, einige sogar mit Namen?

DEGENHARDT: Schon im Alten Testament wird das Wort »Bruder« in sehr viel weiterem Sinne gebraucht, als es heute geschieht. Abraham zum Beispiel spricht von seinem Neffen Lot als seinem Bruder. Und so wird man auch die »Brüder und Schwestern« Jesu in einem weiteren verwandtschaftlichen Verhältnis sehen dürfen. Ob sie Halbgeschwister waren, also aus einer früheren Ehe Josefs stammen, oder Vettern und Kusinen, das weiß ich nicht.

Ich möchte noch auf eine Stelle im Johannes-Evangelium hinweisen, im 19. Kapitel. Als Jesus am Kreuz hing, vertraute er seine Mutter seinem Lieblingsjünger Johannes an, einem mit Maria und ihm selbst nicht verwandten Menschen. Das wäre nach damaligem Brauch kaum denkbar gewesen, wenn Jesus leibliche Geschwister gehabt und sie übergangen hätte.

SPIEGEL: Am 9. Januar haben Sie der Behauptung Drewermanns scharf widersprochen, Jesus habe keines der sieben Sakramente eingesetzt, weder Eucharistie noch Taufe, Priesterweihe, Firmung, Krankensalbung, Beichte oder Ehe. Ist Ihr Brief vom 22. Februar so zu verstehen, daß Sie nunmehr bereit sind, diese Meinung zu tolerieren?

DEGENHARDT: Nein. Ich bin lediglich mehr ins Detail gegangen: Um zu sagen, Jesus habe die sieben Sakramente eingesetzt, sei es nicht notwendig, daß wir im Neuen Testament für alle sieben Sakramente Einsetzungsworte Jesu vorfinden.

SPIEGEL: Es gibt ja auch allenfalls eines. Am Tag vor der Kreuzigung soll Jesus beim letzten Abendmahl die Jünger aufgefordert haben, fortan zu seinem Gedächtnis Wein als sein Blut zu trinken, Brot als seinen Leib zu essen. Laut Drewermann ist nicht mal dieses Einsetzungswort historisch, weil es zu unjüdisch sei.

DEGENHARDT: Da geht Drewermann entschieden zu weit. Diese Meinung widerspricht dem Zeugnis aller vier Evangelien, die in dem Abschiedsmahl die Stiftung des Neuen Bundes sehen. Und das widerspricht auch der Praxis der Kirche von Anfang an.

SPIEGEL: Am 9. Januar hatten Sie sich noch auf das Konzil von Trient berufen, das vor beinahe einem halben Jahrtausend, am 3. März 1547, verkündete: »Die Sakramente des Neuen Bundes sind alle von unserem Herrn Jesus Christus eingesetzt.« Am 22. Februar haben Sie diesen Konzilsbeschluß nicht mehr erwähnt, zu Recht, wie uns scheint, denn das Konzil hat sich doch offenbar geirrt.

DEGENHARDT: Ich kann mich auch heute noch auf das Konzil von Trient berufen. Es hat sich damals in anderer Weise geäußert, als wir es heute tun würden. Aber im Grunde bleibt gültig, was das Konzil damals entschieden hat.

Wir betrachten Jesus als das Ursakrament, die Kirche als das Grundsakrament, und die Einsetzung der sieben Sakramente durch Jesus Christus ist als Entfaltung dieses Ur- und dieses Grundsakraments zu verstehen.

SPIEGEL: Wenn wir dies in eine untheologische Sprache übersetzen, heißt es doch nichts anderes als das, was Drewermann behauptet und was auch die Bibel besagt: Jesus hat vor seinem Tod zumindest sechs Sakramente nicht eingesetzt, sie haben sich erst später in der Kirche entwickelt. Strittig wäre nur das siebte Sakrament, die Eucharistie.

DEGENHARDT: Nein. Die beiden Aussagen, die Sie jetzt für inhaltlich gleich erklären, besagen Verschiedenes. Drewermann geht aber noch weiter. Er behauptet, die Sakramente entsprächen nicht der Intention Jesu. Zudem versucht er, zwischen dem irdischen Jesus und dem auferstandenen Christus zu trennen, das widerspricht katholischer Glaubensauffassung und schon dem biblischen Zeugnis.

Was die Sakramente betrifft, so ist Drewermann so weit von der Lehre der katholischen Kirche entfernt, daß man ihn sehr ernst fragen muß, wie er als Priester die Sakramente spenden will.

SPIEGEL: Die Evangelisten berichten viele Wundertaten Jesu. Er habe Dämonen ausgetrieben, Aussätzige, Blinde und Lahme geheilt, zweimal Brot vermehrt und beim erstenmal 5000 Menschen mit fünf Broten und zwei Fischen gesättigt, Wasser in Wein verwandelt. Er sei auf dem Wasser gegangen und habe Tote auferweckt. Was davon ist wirklich geschehen? Das haben wir Drewermann gefragt, das möchten wir nun auch Sie fragen.

DEGENHARDT: Die Kirche hat sich zu den einzelnen Berichten lehramtlich nicht festgelegt. Das Zweite Vatikanische Konzil hat lediglich allgemein verkündet, daß die Evangelien wirklich und wahr berichten, was Jesus getan, gelehrt und gelitten hat. Deshalb meine ich, daß man zwar das eine oder andere Wunder, aber nicht die Wunder insgesamt für unhistorisch erklären kann.

SPIEGEL: Drewermann nennt die Wunderberichte »Bilder«, die dazu dienen sollen, die Bedeutung Jesu zu symbolisieren. Das genügt Ihnen nicht?

DEGENHARDT: Nein, das reicht nicht. Damit bestreitet er generell die Wunder als Akte des einmaligen Handelns Gottes durch seinen Sohn.

SPIEGEL: Würden Sie die unter evangelischen Theologen

vorherrschende Meinung tolerieren, die auch Drewermann vertritt: Heilungen ja, andere Wunder nein?

DEGENHARDT: Ich halte es für eine Anmaßung, entscheiden zu wollen, Heilungen könne Jesus vollbracht haben, zu anderen Wundern sei er nicht fähig gewesen. Auch die Menschwerdung Jesu und seine Auferstehung lassen sich im Rahmen der Naturgesetze, wie wir sie kennen, nicht erklären. Von daher darf man auch nicht alle Wunder Jesu von vornherein für unmöglich halten, auch die Totenerweckungen nicht. Die entscheidende Frage ist: Kann und darf der Mensch Gott in seinem Wirken Grenzen setzen?

SPIEGEL: Herr Erzbischof, wir danken Ihnen für dieses Gespräch.

Das Interview führten Werner Harenberg und Manfred Müller

Freiheit ist nicht ohne Revolte möglich

Interview mit Eugen Drewermann

Le Monde: Indem Sie die historische Bibelkritik hinter sich lassen und sich auf die Psychoanalyse stützen, verwerfen Sie eines der traditionellen Dogmen des Christentums nach dem anderen: die Jungfräulichkeit Marias, die Auferstehung Jesu Christi und seine Himmelfahrt. Und zwar in einer Art und Weise, die in Deutschland einen Skandal auslöst.

Eugen Drewermann: Es muß daran erinnert werden, daß der Bericht von der Himmelfahrt Jesu auf eine bildhafte Vorstellung zurückgeht, die 2350 Jahre vor Beginn unserer Zeitrechnung entstand. Bereits in der Epoche des altägyptischen Reiches ist in den Pyramidentexten von einem Pharao die Rede, der in den Himmel aufsteigt und zur rechten Hand des Sonnengottes sitzt. Eine solche Himmelfahrt war auch in Rom zur Zeit des Kaisers Augustus ein ritueller Brauch, um die Vergöttlichung des Herrschers im Augenblick seines Todes symbolisch darzustellen. Ebenso ist die Himmelfahrt im Neuen Testament nichts anderes als ein Symbol dafür, daß Jesus als König Israels starb.

Gehen wir einen Schritt weiter: Die Himmelfahrt ist nicht nur als eine spontane Erfahrung nach dem Tode Jesu zu verstehen. Während seines ganzen Lebens war sichtbar, wie er sich über die Engherzigkeit der Menschen, über kleinliche Gesetze und über die Korruption durch Geld und Macht erhob. Durch die Himmelfahrt verdeutlicht das Evangelium in der Tat, daß der Mensch auf die Frage nach dem Maßstab seiner Entscheidungen und Handlungen verwiesen wird: Entweder ordnet er sich weiterhin dem Zwang des Alltäglichen und der weltlichen Gesetze unter – dann lebt er in der Logik der Angst. Oder er überwindet in der Nachfolge Jesu diese unmenschliche Ordnung – dann gewinnt er unter den

Augen Gottes ein neues, tieferes Vertrauen zu sich selbst und seinen Mitmenschen. Die Himmelfahrt ist eine Einladung, die Zwänge der Welt hinter sich zu lassen: Der Mensch bleibt mit beiden Beinen auf der Erde, während seine Stirn schon die Sterne berührt ...

Le Monde: Das kirchliche Lehramt wirft Ihnen auch vor, die Jungfräulichkeit Marias zu leugnen.

Drewermann: Die Berichte über die jungfräuliche Geburt sind weit älter als das Christentum. Die Buddhisten wissen, daß ungefähr 500 Jahre vor Christus der Prinz Gautama, der später Buddha genannt wurde, durch die Vereinigung einer Jungfrau und eines weißen Elefanten gezeugt wurde. Im heiligen Hain von Lumbini wurde er aus einer Seite der Jungfrau geboren; sie selbst starb kurze Zeit später. So ist sie Jungfrau vor, während und nach der Geburt des Buddha, aber alle Buddhisten wissen, daß diese Empfängnis und diese Jungfrauengeburt rein poetische Symbole sind. Ebenso bei den Ägyptern. Am Tage der Thronbesteigung erklärte der König, daß seine Mutter diesen Pharaonensohn jungfräulich empfangen hätte, ungeachtet aller übrigen Niederkünfte.

Trotz alledem besteht die katholische Kirche noch heute fälschlicherweise auf einer Historizität dieser Symbole. Es leuchtet nicht ein, daß jemand 2000 Jahre nach Christi Geburt mythologischer als 2000 Jahre vorher glauben soll. Was bedeutet denn im Grunde genommen dieses so weit verbreitete Symbol der jungfräulichen Mutterschaft? In der Psychotherapie lassen sich Momente einer inneren Erneuerung beobachten, die sich in Bildern einer Neugeburt ohne leibliche Eltern ausdrücken. Eine solche Neugeburt mitten im Leben können wir eine jungfräuliche Geburt nennen. Das ist der Sinn der biblischen Erzählung über die wundersame Geburt Jesu, und zugleich ist es eine poetische Zusammenfassung der Erfahrungen, die das ganze Leben Jesu mit wunderbarer Kraft begleiten: In seiner Nähe können die Menschen lernen, von neuem geboren zu werden und neu zu leben.

Man weiß nahezu nichts über die Geburt des Menschen Jesus, außer daß er – historisch gesehen – einen Vater und eine Mutter hatte. Aber gerade das Symbol der Jungfrauengeburt in der Weihnachtserzählung hat weitreichende Bedeutung! Hier will das Neue Testament uns zeigen, daß es die besondere Kunst Jesu ist, Menschen zu einem neuen Leben zu führen und König zu werden – wie der junge Buddha und wie der Pharao –, indem er allen Menschen ihre königliche Würde bewußtmacht.

Le Monde: Aber ist es denn für einen Christen möglich, die Auferstehung auf eine rein bildhafte und symbolische Erzählung zu reduzieren?

Drewermann: Eine der Quellen des Auferstehungsberichts ist die altägyptische Religion. Der Begriff des »Grabes« bedeutet hier wörtlich »Ort der Auferstehung«, denn man bestattete die Toten aufrecht stehend und öffnete ihnen rituell den Mund. Der Glaube an die Auferstehung des Menschen ist nicht erst mit Jesus in die Welt gekommen. Er ist mit diesem Glauben, den er in den apokalyptischen Schriften oder bei den Pharisäern vorfand, aufgewachsen.

Das wirklich Neue an Jesus ist nicht seine Auferstehung, sondern die Art, in der er die Existenz eines Lebens über den Tod hinaus verteidigt und verkündet. Er lehrt die Menschen, ihren letzten Lebensabschnitt nicht zu fürchten und es als Ziel ihrer Existenz anzusehen, Gott zu suchen und zu finden. Anders gesagt, die Berichte vom Ostermorgen, die man im Neuen Testament findet, dürfen nicht – historisch gesprochen – die Grundlage des Glaubens an Ostern und an die Auferstehung sein. Die Besonderheit der Legende liegt in dem Erscheinen eines Engels, der neben einem leeren Grab sitzt. Ein Engel an eben der Stelle, an der man den Tod erwartet! Es ist klar: Chemische Prozesse in der Netzhaut erklären nicht die Gegenwart dieses Engels, aber wichtig daran ist, daß dieser Engel seinen Blick nach Galiläa wendet, dorthin, wo die Worte des ewigen Lebens zum erstenmal ausgesprochen wurden. Je mehr wir ihnen folgen, desto mehr nähert sich uns Jesus als der Auferstandene.

Le Monde: Wenn man Ihre Bücher liest und Ihnen zuhört, hat man den Eindruck, daß die Religion zu einer Art Therapie der Seele des einzelnen führt …

Drewermann: Ich glaube nicht, daß das Christentum in seiner gegenwärtigen Form die Lösung für die Probleme der Gesellschaft bietet. Wir werden übrigens kein einziges Problem lösen können, ohne neue Schritte zur Befreiung und Integration des Bewußtseins getan zu haben. Jede Aktion gegen die Strukturen setzt eine Analyse des Individuums voraus. In »La Critique de la raison dialectique« geht Sartre vom Leben des einzelnen aus, um politische und soziale Unterdrükkungsmechanismen zu verstehen und um Mittel zu finden, sie zu zerbrechen.

Dieselbe Dialektik zwischen individueller und kollektiver Existenz findet in den Riten und Symbolen Ausdruck, in deren Umkreis sich die Religionen gebildet haben. Aber heute erleben wir eine grundlegende Umformung dieses religiösen Bewußtseins. Im Bereich der Riten und traditionellen Institutionen wirkt Religion nicht mehr als bloße Über-Ich-Funktion, sondern wie ein Ausdruck und eine Funktion des Ich. Erich Fromm äußerte schon vor ungefähr 50 Jahren, daß alle gestifteten Religionen eines Tages in Frage gestellt würden angesichts der Wahl, »autoritär« zu bleiben oder »humanitär« zu werden.

Die Aufgabe der Psychoanalyse besteht insbesondere auf dem Gebiet der Religion darin, diesen Wandel zum Subjekt, zum Ich zu erleichtern. Man kann der Menschheit und der Gesellschaft nur dienlich sein, wenn man beginnt, eigenständig zu leben. Ein Christentum, das das Ich des einzelnen ans Kreuz schlägt, verliert seine Humanität. Aber lädt nicht gerade die Auferstehung Jesu zu einer Umkehr ein? Die Frage nach dem Ich, nach dem inneren Menschen, trieb schon Augustin um, später die Jansenisten. Ein Jansenismus, der

durch die Psychoanalyse ging, würde einen freien Menschen ermöglichen ...
Die Hinwendung zum inneren Ich ist ein Aufstand gegen den Masochismus, der von Kirche und Gesellschaft gewollt wird, und ein Bekenntnis zum Recht auf Glück und Vergnügen.

Le Monde: Wenn das Christentum nur Humanismus ist, der durch die Psychoanalyse wiederbelebt wird oder durch die Anerkennung des »Rechts auf Glück«, von dem Sie sprechen – was bleibt dann von der Eigenart des Christentums?

Drewermann: Das Christentum ist dann wahr, wenn es sich durch seinen Humanismus legitimiert. Anders kann es kein wahres Christentum sein ... Ein Mensch kann die Angst nur überwinden, wenn er für die Transzendenz offen ist. Die Revolte gegen die Absurdität des Todes setzt das Bewußtsein voraus, daß der Mensch mehr ist als seine biologische Natur. Humanität und Gesellschaft sind nicht in der Lage, dem Subjekt zu sagen, warum es existiert; und wenn Feuerbach schreibt, daß die Liebe zum Menschen und zur Humanität der einzige Gegenstand der Religion sei, so antwortet er doch nicht auf die Frage der menschlichen Existenz in der Angst um sich selbst. Auch das Postulat der Schönheit in den durch die Eindrücke des Mittelmeerraumes geprägten Gedanken Camus' setzt ein Wissen um etwas voraus, das über Geschichte und Gesellschaft hinausgeht.

Angesichts der als unzureichend empfundenen Antworten auf die Frage nach dem Sinn des Lebens verkündet das Christentum seine Vision von Gott, eine Vision, die durch das Wirken, die Poesie und die prophetische Kraft Jesu mit Leben erfüllt wird. Das Christentum vermittelt die Grundsituation eines ganzheitlichen Ich und eines jenseitig anderen, das diese Ganzheit akzeptiert und einen Zugang zu ihr ermöglicht. Diese Projektion schafft keine negative Dialektik. Sie ist im Gegenteil ein hervorragender Spiegel für alle in der Geschichte und in der Welt enthaltenen Symbole, durch welche der Mensch seine Bestimmung erreicht.

Nehmen Sie zum Beispiel das Geschehen auf Golgatha. Das Leiden Jesu auf Golgatha könnte das Symbol eines vollständigen Vertrauensbruchs zwischen Gott und dem Menschen sein, aber Jesus machte daraus das Symbol eines Gottes, der sein Vertrauen in den Menschen bewahrt. Dasselbe in Auschwitz, wo Gott ebenso geleugnet und gedemütigt wurde, wie er notwendig erschien und angerufen wurde. Wie anders als durch den Glauben an Gott ließe sich deutlich machen, daß der Zynismus und das Prinzip des Faschismus nicht alles rechtfertigen können? Das Aufbegehren gegen die Unmenschlichkeit von Auschwitz ist nur möglich, wenn man an die Unverletzlichkeit des Menschen glaubt. Die Geschichte und die Natur nageln den Menschen ans Kreuz, sie fesseln ihn an sein Leiden und an die Sinnlosigkeit seiner Existenz. Gott allein begründet den Glauben, daß das Nichts des Menschen – seine Zufälligkeit und seine Immanenz – viel mehr als dieses Nichts ist. Das Christentum ist in der Tat die Revolte, die das Leben erst möglich macht.

Ich fasse zusammen: Gott ist kein unbeteiligter Zuschauer. Wäre er ein Zuschauer, dann würde er nicht existieren. Hat er dagegen Vertrauen zum Menschen und befreit ihn, dann stellt sich nicht länger die Frage nach seiner Existenz. Er ist das Subjekt, das jede Subjektivität, jede Würde und jede Freiheit begründet. Dies gilt durchaus im Sinne Fichtes, für den die Freiheit sich erst dann begreift, wenn sie sich nicht als notwendig erachtet.

Le Monde: Sie sagen, daß die Berichte der Evangelien keine historischen Wahrheiten und noch weniger dogmatische Wahrheiten seien. Aber es gibt trotzdem einen zentralen Punkt des christlichen Glaubens: Jesus, geboren von einem Menschen und gestorben wie ein Mensch, ist der Sohn Gottes. War nicht der erste Einwand Ihres Bischofs: Sie leugnen, daß Jesus der Sohn Gottes ist?

Drewermann: Ich habe ihm geantwortet: Ich glaube mit ganzem Herzen, daß Jesus der Sohn des lebendigen Gottes ist.

Aber ich füge hinzu, daß diese grundlegende, radikale Wahrheit in der modernen Sprache des 20. Jahrhunderts gesagt werden muß. Die Religionsgeschichte lehrt uns, daß die Metapher des Sohnes Gottes ein ganz und gar gängiges Attribut der Könige des alten Orients ist. Unter dem Einfluß der Priester von Theben, seit der fünften ägyptischen Dynastie, ist der Pharao nicht mehr einfach Gott, sondern der Sohn Gottes. Der Name Hem-Junu, des Erbauers der Pyramide des Cheops, bedeutet wörtlich übersetzt »leiblicher Sohn des Pharao Cheops«. Der Ausdruck »Sohn Gottes« bezeichnet also die Repräsentation Gottes in der Gestalt seines Dieners. Gibt nicht das Evangelium selbst die beste Definition dieser außergewöhnlichen Symbolik in Johannes 14: »Wer mich sieht, sieht den Vater«?

Es ist also schon einzigartig, daß man noch immer das Vokabular der Mythologie benutzt, um vom Sohn Gottes zu sprechen. Wenn wir heute von Jesus sprechen wollen, müssen wir eine andere Sprache finden als die der Metaphern wie »Messias«, »König«, »Menschensohn« oder »Sohn Davids«. Der Titel »Sohn Gottes« lenkt den Blick auf die Funktion oder die Rolle einer Person. Er beschreibt nicht den Sohn als göttliches Wesen an sich, sondern als denjenigen, der von Gott spricht, weil er in ihm ist und er ihn ausdrückt. Schon Paul Tillich sagte, daß Gott das ist, was uns unbedingt angeht. Wer dies empfindet, wer seine Existenz in der Nähe zu Jesus findet, wer von dieser Entdeckung erschüttert wird, der kann sagen, daß er glaubt, daß Jesus der Sohn Gottes ist und teilhat an seiner Existenz.

Le Monde: Wie kamen Sie von dieser symbolischen und psychoanalytischen Interpretation der biblischen Texte zu der globalen und radikalen Kritik, die Sie an dem Status der Kleriker und an der kirchlichen Hierarchie üben?

Drewermann: In meinen psychotherapeutischen Gesprächen sehe ich, wie die Leute ein von der Kirche vermitteltes Gottesbild haben, das voller Repression, Angst, Schuld, Abhängigkeit und Selbstentfremdung ist. Die Erfahrung von Freud bestätigt sich jeden Tag: Wenn die Menschen anfangen, von Gott zu sprechen, treten überraschend kindliche Ängste zutage, die mit dem Vater oder mit der Mutter verbunden sind, Symbole, die die Kirche in psychologisch negativer Weise instrumentalisiert hat. Mein Engagement für die Freiheit des Ich und des Individuums hat mich notwendigerweise in Opposition zur Kirche geführt. Freiheit ist nicht ohne Revolte möglich.

Die Kirche ist verantwortlich für den schnellen Übergang des modernen Menschen vom Aberglauben zum Atheismus. Es ist dieselbe Kirche, die trotz allem vorgibt, noch heute die Wahrheit für die Menschen und für ihr Seelenheil in Verwaltungsformen und vorgefertigten und erstarrten Sprachspielen festschreiben zu können. Nach 2000 Jahren Christentum stellen sich viele Fragen, aber man verbietet es uns, sie aufzugreifen. Die Synthese, die ich zwischen der modernen Vernunft und dem Glauben zu finden versuche, wird als äußerst gefährliche Bedrohung betrachtet. Es ist ein großes Unglück: Einem Gott, der in dem kalten, unterdrückenden Monolog kirchlicher Verkündigung zum bloßen Gegenstand wird, entspricht ein Menschen-Subjekt des bürokratischen und moralisierenden Systems Kirche.

Le Monde: Träumen Sie im Grunde nicht von einer liberalen Kirche, ohne Vorschriften, Dogmen und Sakramente? Einer neuen Kirche von Quäkern?

Drewermann: Ich will keineswegs eine neue Religion gründen, noch weniger eine neue Kirche. Ich will lediglich meiner Kirche helfen, sich durch meine Kritik weiterzuentwickeln, sich zu reformieren, zu ihrem Ursprung zurückzukehren. Der grundlegende Irrtum ist an jenem Anfang begangen worden, als man die Lehre Jesu, der zur ländlichen Bevölkerung Galiläas – die kritisch gegenüber der großen Stadt Jerusalem war – gesprochen hat, in die griechische Form einer Metaphysik der Macht übersetzt hat und in die Sprache des den Intellektuellen der Stadt vorbehaltenen Wissens. Diese Spaltung hat die Kirche entzweigerissen: in die klerikale Elite und in das Volk. Im Inneren jedes Gläubigen geschah dieselbe Spaltung zwischen Herz und Verstand. Eine königliche Proklamation der Befreiung ist zu einer Theorie der Unterwerfung und Verwaltung geworden.

Le Monde: Ist dieser Konflikt nicht nur typisch für die interne Geschichte einer deutschen Kirche mit weit autoritärerer Tradition als beispielsweise in Frankreich?

Drewermann: Ich glaube, daß die Kirche in Deutschland das katholische Dogma und die Direktiven aus Rom seit 200 Jahren sehr viel ernster genommen hat als die Kirche Frankreichs. Deren Versuch, verlorenes Terrain durch die einseitige Betonung der Spiritualität zurückzugewinnen, hat aber auch zu einer fälschlichen Mystifizierung des Unbewußten geführt. Nehmen Sie die alte, jedoch nie zu Ende gebrachte Diskussion zwischen André Gide und Paul Claudel. Oder denken Sie an die neurotische Figur des Landpfarrers von Bernanos. Die Person des Heiligen wurde immer mit dem Übernatürlichen verbunden und konnte nie aus dem alltäglichen Leben der Menschen hervorgehen. Das ist Mystizismus, nicht das Leben.

In Deutschland findet man eher eine Art preußischer Frömmigkeit, die ihre äußere Ordnung dank eines Kirchensteuersystems aufrechterhalten kann, das einen finanziellen Machtfaktor darstellt. Zwar ist diese Macht im karitativen Bereich tätig, und sie ist auch intellektuell sehr gebildet, aber sie bleibt ohne Spiritualität und ist so unfähig, die Seele der Menschen zu erreichen. Sie will eine moralische Instanz sein, indem sie sich streng an die Lehre des Vatikans über die Sexualität, die Ehescheidung und die Wiederverheiratung hält. Es gibt niemanden in der Kirche, der nicht unter dieser katholischen Lehre preußischen Stils leidet.

Le Monde: Aber werden Sie nicht durch derart extreme Ansichten Gefangener Ihrer eigenen Rolle? Und sind Sie nicht vom Seelenarzt, Priester und Therapeuten, der Sie waren, zum Wortführer einer Gruppe Unzufriedener geworden, die gegen die Hierarchie rebellieren, und ebenso zum Wortführer der Verbitterung all derer, die die Kirche bereits verlassen haben?

Drewermann: Ich möchte auf Ihre Frage mit einem einfachen Beispiel antworten. 600 Jahre vor unserer Zeitrechnung klagte der Prophet Jeremia die Priester und Theologen öffentlich an, weil sie im Tempel die Menschen belogen, an gerade dem Ort, wo die Wahrheit zu finden sein sollte. Jeremia flehte zu Gott, daß Nebukadnezar käme, um die bestehende Ordnung zu zerstören, diese institutionalisierte Herrschaft der Lüge. Er flehte darum, daß Gott schließlich wieder sein Wort in das Herz der befreiten Menschen schreiben möge. Seit 450 Jahren, also seit der Zeit der Renaissance, der Reformation, der Aufklärung und der modernen Wissenschaften in Europa, wollen wir nur eines: daß unsere Kirche einen innerkirchlichen Dialog zuließe, um für den Menschen des Jahres 2000 zugänglicher zu sein.

Le Monde: Ich denke, Ihr ureigener Beitrag besteht darin, daß Sie durch ein Spiel mit allgemeingültigen Symbolen und Bildern eine neuartige theologische Sprache entstehen lassen, die die vergleichende Religionswissenschaft wieder mit einbezieht. Wie deuten Sie in dieser Hinsicht die Beziehung zwischen dem Judentum, dem Glauben des alten Ägypten und dem Buddhismus – jenen Religionen, auf die Sie ständig rekurrieren – und dem christlichen Glauben?

Drewermann: Die Symbole und Bilder des christlichen Glaubens sind überhaupt kein ausschließlicher Besitz des Christentums. Es scheint mir unannehmbar, daß wir 1300 Jahre nach der Geburt Mohammeds und dem Entstehen des Islam nicht in der Lage sind, eine Sprache zu finden, in der man einem Muslim erklären könnte, wie wir uns Gott öffnen, wie wir glauben und beten. Noch schlimmer, seit 2000 Jahren werfen wir den Juden vor, den Glauben Jesu für nichtig zu erklären. Wir sollten im Gegenteil voller Dankbarkeit sein für diesen Juden Jesus, der in seiner Weise uns Heiden und Götzendiener eingeladen hat, am Glauben Israels teilzuhaben.

Darüber hinaus besteht jede Bemühung der früheren und gegenwärtigen Christologie darin, Mythen und Symbole aufzunehmen, die das Judentum ablehnt, wie etwa die der jungfräulichen Mutterschaft, die eines sterbenden Gottes und eines Gottes, der seinen Leib und sein Blut hingibt – um eine Metaphysik und eine Dogmatik zu begründen, die gerade für die Juden unverständlich und unannehmbar sind. Hat man nicht aus dem Sohn Gottes die zweite Person der Trinität gemacht? Es müßte möglich sein, Christentum verstehbar zu machen als ein Judentum, das der Sprache der anderen Religionen der Menschheit gegenüber offen ist.

Ist es nicht überraschend, festzustellen, auf welche Weise durch Kirchenväter wie Clemens von Alexandrien oder Origenes die Symbolik Ägyptens in das griechisch geprägte Christentum zurückkehrte? Erinnern wir uns daran, daß für die alten Ägypter der König der sichtbare Teil Gottes war. Der Name Tut-ench-amun bedeutet »(auf Erden) lebendes Abbild des (Wind-)Gottes Amun (im Himmel)«. Und sehr früh taucht in der Theologie Antiochiens das Problem der Identität Gottes und des Verhältnisses zwischen Gott, dem Sohn, und Gott, dem Vater, auf.

Von daher stammt der christliche Antijudaismus. Denn die ägyptische Königsmythologie konnte für die Juden nur mit dichterischen Mitteln gedeutet werden. Spuren dieser Deutung finden sich in den Psalmen 2 und 110 des Alten Testaments. Das Christentum hingegen hat diese Mythen wörtlich genommen und daraus Aussagen mit historischem Wahrheitsanspruch gebildet. Ebenso ist es verfahren, um zu den Grundaussagen der Christologie zu gelangen. Meine These ist im Grunde genommen die, daß das Christentum eine Art moderner Pharaonenkult ist, ausgestattet mit einem immensen Reichtum an symbolischer Weisheit, die das moderne Christentum aber weder auszulegen weiß noch als das nimmt, was sie ist. Das Christentum hätte die Möglichkeit, diesen Reichtum an heidnischer Symbolik in sich zu integrieren und mit der Kritik des Judentums an den Grundlagen und Wurzeln dieser Symbolik zu verbinden. Dies wird das Christentum aber nicht leisten können, solange es nicht den Ursprung seiner eigenen Geschichte anerkennt, das heißt das universale Erbe seiner Symbole.

Betrachten wir den Buddhismus näher, so hat er die beispiellose Weisheit gehabt, zuzugestehen, daß alle Bilder von Gottheiten und wirkenden Mächten ein universeller und ewiger Teil der menschlichen Seele sind. Der Buddhismus ist in gewisser Weise eine 2500 Jahre alte Psychoanalyse. Die verschiedenen Arten der Triebhaftigkeit sind dort schon erkannt und einbezogen, im Christentum hingegen werden sie weiterhin verdrängt. Der Gedanke des grenzenlosen Mitleidens mit allen Lebewesen findet sich im Buddhismus viel stärker verwirklicht als in der christlichen Ethik. Und durch seine Art, ein Leben im Einklang mit der Natur zu suchen, hätte der Buddhismus den Christen noch viel zu sagen, damit sie zum Beispiel die Frage endlich aufnehmen, wie die Umwelt geachtet und der Frieden bewahrt werden kann.

Das Interview führte Henri Tincq

ROMAN ARENS

Von einem, der nur noch Dichter und vielleicht ein Narr sein will

Scheidung auf katholisch oder doch nur neuer Höhepunkt einer fatalen Affäre, die Fortsetzung einer unendlichen Geschichte? Manchmal hinterlassen präziseste Formulierungen keine Klarheit, sondern befördern diffuse Ahnungen, was denn noch alles kommen könnte. »Ich bejahe diese Kirche, indem ich sie, wie ich sie vorfinde, verneine«, sagte Eugen Drewermann, als er am Montag in Bonn vor einem teils sachkundigen, teils nur von Berufs wegen neugierigen Publikum zwei neue Bücher vorstellte.

Die »bischöfliche Funktionärswissenschaft«, so eine Formulierung von Drewermanns kirchenrechtlichem Wegbegleiter Peter Eicher, wird über den 847 Seiten einer neuen Deutung des Matthäus-Evangeliums noch ganz schön ins Schwitzen kommen, falls sich nicht der eine oder andere Vertreter dieser Disziplin, wie gehabt, auch ohne eingehende Lektüre dem Verdikt seiner Kollegen anschließt. Es muß nicht nur beunruhigen, daß der Wälzer nur den ersten Teil einer tiefenpsychologischen Erklärung dieses Evangeliums darstellt, sondern auch, daß nicht einmal der Preis von 88 Mark – wie bei dem gleich teuren und kompakten Werk über die »Kleriker« – die Entwicklung zum Bestseller verhindern wird.

Auch das »Protokoll einer Verurteilung« – 512 Seiten darüber »Worum es eigentlich geht« – werden die Vertreter der »Maulkorbkirche« (Drewermann) sehr genau studieren, wenn sie sich von der Hauptprovokation etwas erholt haben. Am gleichen Tag, als der amtskirchliche Kontrahent des widerborstigen westfälischen Theologen, Erzbischof Johannes Joachim Degenhardt, in einem SPIEGEL-Interview den für seine Kirche entstandenen Schaden kleinzureden versuchte und sogar einen positiven Aspekt in all den Turbulenzen fand (»Es ist in den letzten Jahren nie in einem solchen Maße wie jetzt darüber gesprochen worden, was christlicher Glaube ist«), kam Drewermann nicht nur mit dem publizistischen Doppelschlag auf den Markt. Er setzte den Oberhirten auch noch mit religiösen Entscheidungen unter Druck, die nicht ohne nachhaltige Wirkung – etwa auf die wachsende Gemeinde des Priesters und Therapeuten – bleiben können.

Drewermann lasse sich nicht laisieren, konkretisierte Eicher zur Vermeidung von Mißverständnissen diese Entscheidungen, »er habe null Motivation in dieser Hinsicht«. Wohl aber will er ab sofort die ihm verbliebenen priesterlichen Funktionen ruhen lassen und fortan »ein Dichter sein, ein freier Schriftsteller, ein Narr meinetwegen, ein Träumer und oftmals Nicht-Wissender, aber ein Begleitender, aber ein selbständiger Mensch, aber eine eigene Persönlichkeit«.

So glaubt er sich Jesus von Nazareth viel näher, wie er an Degenhardt schrieb, als mit einem »rein sakramentalistisch reduzierten Priesteramt«, in dem er zwar ziemlich still die Messe lesen, aber eben nicht zu den Menschen predigen darf. Das hatte ihm Degenhardt im Januar untersagt, nachdem dieser ihm zuvor schon die Lehrbefugnis für die Theologische Fakultät der Uni Paderborn entzogen hatte.

Als Magnus Cancellarius dieser Fakultät kann der Bischof – das Konkordat zwischen Kirche und Staat macht's möglich – einem aufmüpfigen Theologen das Amt entziehen lassen. Schon manchem Fachkollegen mußte der Staat in einer anderen Fakultät einen Arbeitsplatz schaffen, vorzugsweise bei den Soziologen, wo auch Drewermann großzügig Unterschlupf gewährt wurde.

Nur wenn der Erzbischof die Dekrete über Lehrbefugnis und Predigtverbot zurücknimmt, will er wieder als Priester tätig sein. Der begabte Dramaturg und Experte für mediale Wirkungen hat so seinem Widersacher den Schwarzen Peter zurückgespielt, den Degenhardt mit einem Aufschub des kirchenrechtlich umstrittenen »außergerichtlichen Strafverfahrens« loszuwerden trachtete. Der Erzbischof steht unter doppeltem Druck. Auf der einen Seite hat nicht nur die Öffentlichkeit kein Verständnis dafür, daß ein erfolgreicher und für viele Gläubige hilfreicher Priester, einer, der »Aufklärung und Frömmigkeit« wie vor ihm niemand unter einen Hut zu bringen versteht, unter traditionalistischer Argumentation gestoppt werden soll. Auf der anderen Seite ist die Amtskirche daran interessiert, zu verhindern, aus Drewermanns emanzipatorischen Ansätzen einen Flächenbrand entstehen zu lassen, und erwartet von Degenhardt, daß er das Problem mit dem drohenden Machtverlust rasch in seinem Bistum löst.

Das ist das eigentliche Problem, das hinter den weithin fremd empfundenen Diskussionen über Jungfrauengeburt, das »leere« Grab oder die leibliche Himmelfahrt steckt. Drewermann findet diese Diskussionen »inzwischen albern« und rät den Menschen, »die Kirche nicht so ernst zu nehmen, wie sie das selber tut«. Schließlich habe die »kein Heilsmonopol« und sei »unglaubwürdig« geworden.

Drewermann wendet sich gegen Fachchinesisch, gegen eine Sprache der Herrschaft und möchte die Theologie »an die Frau, an den Mann auf der Straße« zurückgeben. »Was ich möchte, sind mündige Bürger, die sich nicht mehr bevormunden lassen«, sagte er, »von der einzigen Partei in Europa, die immer recht hat.«

Der Erzbischof hatte offensichtlich damit Zeit gewinnen wollen, daß er eine neue Runde theologischer Fachdiskussion über die Auffassungen Drewermanns einleiten wollte. Der aber spürte die ungleiche Ausgangssituation für ein solches Unterfangen, für das nach seiner Ansicht vor den »Ausgrenzungsmaßnahmen« genügend Zeit und Gelegenheit gewesen wäre: »Man steckt nicht jemanden ins Gefängnis mit der Auflage, von dort aus gefälligst den Beweis seiner Unschuld anzutreten.« Ob man das nun nicht tut oder doch mal – es wäre jedenfalls nicht rechtens. Peter Eicher versuchte es mit einem Vermittlungsversuch und schlug vor, Drewermann wenigstens begrenzt für die Theologen-Diskussion wieder eine Lehrbefugnis zu geben: »Damit ohne inneren Widerspruch die vorgesehenen Gespräche theologisch verbindlich sein können, wäre es gut, wenn Dr. Drewermann dafür von seiner Fakultät einen Lehrauftrag erhalten könnte.« Aber dieser Vorschlag für befristete Waffengleichheit fand kein amtskirchliches Wohlgefallen.

Gegen den von Degenhardt vermittelten Eindruck einer leichten Entspannung des Streits setzte Drewermann noch eine Provokation am Rande. Er verlangte, daß seine Kirchensteuer fortan für ökologische und soziale Zwecke eingesetzt wird: »Jede anderweitige Verfügung meines Kirchensteuerbeitrages müßte ich hinfort als schwere Veruntreuung betrachten.«

Der Theologe schafft es immer wieder, von einer laizistischen Öffentlichkeit Unterstützung in einem eigentlich innerkirchlichen Konflikt zu erhalten. Es erscheint im Grunde widersprüchlich, daß in einer Zeit, in der der Kirche die Menschen davonlaufen – 1990 sind allein in Deutschland 143530 Katholiken ausgetreten –, der zähe Kampf eines Priesters und Therapeuten für die lange Jahrhunderte verweigerte Reformation seiner Kirche so viel Interesse findet. Als asketisch lebender Mensch eignet er sich kaum als Identifikationsfigur; aber vielleicht verschafft ihm sein Durchhaltewille Bewunderung bei denen, für die er eine große Hoffnung ist, und Sympathie bei denen außerhalb der Kirchen.

Antonio Vivaldi, Priester und Komponist, ließ sich von seinem Bischof die Aufführung von Opern verbieten. »Herr Drewermann wird«, so versicherte Beistand Eicher, »weiter seine Musik aufführen.« Dabei wird es ihm wohl nicht so gehen wie Giordano Bruno, über den er sein nächstes, das 40. oder 41. Buch schreiben will. Bruno nämlich ist, daran erinnerte Drewermann, auch der Ketzerei wegen verbrannt worden. So etwas tut man heute wohl nicht mehr.

II.

Die Meinungen

GERHARD MARCEL MARTIN

Neurosen vor Gott

Die Debatte um Eugen Drewermann ist heißgelaufen, steckt voller Aktualitäten, kirchenrechtlicher Schachzüge und dogmatischer Mattsetzung. Selbst die Spieler wissen ab und zu offensichtlich nicht mehr, wer König und wer Bauer, wer Turm und wer Schlachtroß ist. In dieser Situation ist es sinnvoll, an das Gesamtwerk Drewermanns zu erinnern und wesentliche Diskussionspunkte neu zu nennen. Jedenfalls eins ist verboten: Beteiligung am Rufmord und an haltloser Polemik. Es ist leicht und schwer zugleich, Person und Werk vorzustellen, hat Eugen Drewermann sich doch immer schon vorgestellt – mit über 30 Büchern für einen breiten theologischen, psychoanalytischen und philosophisch interessierten Leserkreis; hinzu kommen zahllose Rundfunk- und Fernsehinterviews und Vorträge.

Nach der Lektüre einiger tausend Seiten von Drewermanns Werk habe ich den Eindruck gewonnen, daß er immer neu und immer weiter an so etwas wie einem »Lebenstext« schreibt, den er mit der dreibändigen Exposition »Strukturen des Bösen« (1977/78) begonnen hat. Zu diesem Lebenstext – einem Text, der sich dauernd fortschreibt, anknüpft an Geschriebenes und neues Material und neue Themen integriert, aber auch immer weiter geschrieben und gelesen werden *muß* – gehören programmatisch:

– die Übersetzung einer ans Über-Ich ausgelieferten Religion hin zu einer Ich-nahen Religiosität;

– das Plädoyer für Ausdrucks- und Erfahrungsformen von Bild und Traum, von Mythos und Poesie;

– die bisweilen neo- und postromantische Wiederentdekkung innerer und äußerer Natur für Theologie und Therapie, einschließlich der Wiederentdeckung des Schamanismus für gegenwärtige Religion und Kultur.

»Strukturen des Bösen« – Dissertation und als Gesamtwerk auch Habilitation – ist ein wesentlicher problembewußter Beitrag im Dialog zwischen Theologie und Psychologie. Ohne ihn kann man Eugen Drewermanns späteres Werk gar nicht verstehen. Permanente Selbstverweise auf dieses erste Opus magnum bestätigen diesen Eindruck, machen aber auch die Lektüre aller anderen Werke und die öffentlichen und privateren Diskussionen ausgesprochen kompliziert. Immer wieder, auch in den jüngsten Debatten, bezichtigt Drewermann zu Recht seine Gesprächspartner, sie hätten wesentliche Teile seines Werkes nie oder nicht gründlich genug gelesen. Was ist das aber für eine Schreibe, die tatsächlich so in Bewegung und in Vor- und Rückverweisen ist, daß sie auch an sich und in sich selbst immer wieder zu überdurchschnittlich böswilligen Mißverständnissen führt?

Manches bleibt mißverständlich oder undeutlich

Kurz zu den »Strukturen des Bösen« selbst: Drewermann interpretiert die jahwistische Schicht der »Urgeschichte« (1. Mose 1–11) auf sehr verschiedenen, nebeneinander laufenden und dann doch auch ineinander verschränkten Ebenen: kulturhistorisch, historisch-exegetisch und naturmythologisch, psychoanalytisch mit der Schule Sigmund Freuds und tiefenpsychologisch mit der Schule C. G. Jungs, sodann philosophisch und schließlich theologisch. Er entdeckt in dem Material dieser ersten Kapitel der Bibel die Schilderung einer katastrophischen Entwicklung, die sowohl für die Gattung wie für das Individuum gilt – einer Entwicklung, die in und nach dem Verlust des Paradieses in allem Tun und Erleiden wesentlich von der Dynamik der Angst bestimmt ist.

In einem Gesamtrückblick des ersten Bandes formuliert Drewermann diese Abfolge so dicht und so anschaulich zugleich, daß hier ein längeres Zitat folgt: »... aus dem Zerwürfnis mit Gott (Genesis 3) folgt das Zerwürfnis untereinander; die Angst vor Gott wird zugleich zu einer Angst der

Menschen voreinander; diese steigert sich bei dem gemeinsamen Versuch, den Segen Gottes zu erlangen, zum Mord (Genesis 4); die Angst vor dem Mord führt zur Instrumentalisierung des Todes zum Zwecke der Abschreckung (Genesis 4,23 f.); die dadurch bedingte Gefährdung des Lebens wird beantwortet mit dem Versuch der Vergöttlichung der natürlichen Lebenskräfte (Genesis 6,1–4); aus dem Scheitern dieses Versuches folgt eine Trennung der Wirklichkeit der in sich geordneten Natur und der chaotischen Wirklichkeit des Menschen (Genesis 6–8); die generative Aufspaltung des Menschen in unterschiedliche Völker geht aufgrund des Bösen im Menschen einher mit gegenseitiger Unterwerfung und Unterdrückung (Genesis 10,8–12); diese findet ihren Ausdruck in politischen Organisationsformen, führt aber dadurch zu einer Verschärfung der Dissoziationsgefahr; mit dem Ziel, dieser Herr zu werden, bildet sich der Versuch einer einheitlichen Menschheit heraus, die ihre Einheit in Gott verloren hat und deshalb versuchen muß, diese Einheit durch die Vergöttlichung des Menschen zu organisieren; das Ergebnis aber ist die Absolutsetzung jedes einzelnen und die Atomisierung der Menschheit in Monaden wechselseitiger Unverständigkeit (Genesis 11).«

Drewermann will diese verheerende Entwicklung theologisch als Neurose vor Gott und damit als »Sünde«, als Schuld vor Gott verstehen. Die theologisch-philosophische Arbeit an der Klärung des Wechselspiels von Schuld und Angst und an der Verhältnisbestimmung zwischen Freiheit und Notwendigkeit ist durch die exegetischen und psychoanalytischen Bemühungen nicht gegenstandslos geworden, sondern durch diese allererst sachgemäß vorbereitet. Bei allem beeindruckt sehr, wie weit Drewermann den verschiedenen Zugängen methodisch und inhaltlich folgt, ihnen dann doch immer auch noch theologisch neue Dimensionen hinzufügt. So betont er, daß der jahwistische Erzähler die mythologischen Motive im Hintergrund seines Materials zwar aufnimmt, aber auch durchbricht; anders als im Mythos wird in der Urgeschichte zwischen Gott und Schöpfer unterschieden, was auch heißt, daß die »Sünde« zwar eine immer wirksame reale Macht ist, aber nicht immer sein muß. Und ein weiteres Beispiel: Sooft Drewermann an paläoanthropologische und verhaltensbiologische Fakten anknüpft, nimmt er die natürliche Grundausstattung des Menschen gerade nicht als das Selbstverständliche und Unabänderliche, sondern als das höchst Fragwürdige. Drewermann vorzuwerfen, auf anthropologischem Weg theologische Fragen auszusparen oder überflüssig zu machen, ist eine unhaltbare Behauptung gegenüber allen Teilen seines Gesamtwerks!

Den »Strukturen des Bösen« folgen zunächst zwei tiefenpsychologisch *und* gesellschaftspolitisch hoch brisante Bücher der Kritik an der Zivilisation und der Tradition jüdisch-christlicher Grundhaltungen: »Der tödliche Fortschritt. Von der Zerstörung der Erde und des Menschen im Erbe des Christentums« (1981) und: »Der Krieg und das Christentum. Von der Ohnmacht und Notwendigkeit des Religiösen« (1982). In diesen Büchern wird deutlich, daß Drewermann – auch wenn er meint, ideologische Elemente in verschiedenen Varianten von Befreiungstheologien zu entdecken und kritisieren zu müssen – nie nur der bürgerliche, auf den einzelnen und die Seele zentrierte Privatgelehrte und Privatseelsorger und Therapeut ist, sondern sich an der seit der Aufklärung möglichen und nötigen kritischen Bearbeitung (christlich wesentlich mitgeprägter) öffentlicher Symbolsysteme und Machtverhältnisse beteiligt.

1982 bis 1984 folgen drei Sammelbände und Beiträge mit dem Obertitel: »Tiefenpsychologie und Moraltheologie«. Die Untertitel geben erste Eindrücke von den verhandelten Sachen: »Angst und Schuld«/»Wege und Umwege der Liebe«/»An den Grenzen des Lebens«. In all diesen Beiträgen wagt sich Drewermann an keineswegs gängige Themen und Thesen, etwa über bleibend tragische Züge im menschlichen Leben, wie sie sich in einer »bizarren Unverhältnismäßigkeit von Lebensauftrag und -vermögen« zeigen – bis hin zu einer »Tragik Gottes«. Für alle qualifizierte Beratungsarbeit hält er die »Suspension des Ethischen im Religiösen« für absolut notwendig. Nur so werden Menschen nicht moralisch verurteilt und mit Programmen und Gegenprogrammen entmündigt; nur so wird aus der Frage: Was muß ich tun? die Frage: Wer bin ich? Nur so gibt es Einsicht in unvermeidliche und völlig zu Recht zu verurteilende Lüge. Nur so lassen sich tiefste Ehekrisen, oft bedingt durch die Übertragung der Elternimagines auf den Partner, wirklich seelsorgerisch erhellen und begleiten. Nur so gibt es Einsicht in Grunddynamik und Abgrund des Selbstmords. Neben der materiellen »Moraltheologie« diskutiert Drewermann auch methodische Fragen, etwa die Unvermeidlichkeit von Konfrontationstechniken in der Gesprächspsychotherapie.

In den achtziger Jahren folgen zwei voluminöse Bände zu »Tiefenpsychologie und Exegese« und Auslegungen zum Markus-Evangelium (ebenfalls zweibändig), denen in Kürze ein umfangreicher Matthäus-Kommentar folgen wird. In dem zuerst genannten, hermeneutisch grundlegenden Werk geht es Drewermann um ein archetypisches, jeweiligen Ort und jeweilige Zeit transzendierendes Verstehen weiter Passagen der biblischen Tradition.

Gerade dieser tiefenpsychologische Zugang soll die Aktualität und Aktualisierbarkeit jüdischer und christlicher Überlieferung deutlich machen können. In Aufnahme der literaturwissenschaftlichen und formgeschichtlich-exegetischen Forschung der Jahrhundertwende und später unterscheidet Drewermann verschiedene methodische Zugänge zu verschiedenen Literaturgattungen, wie sie in der Bibel vorkommen: Traum und Mythos, Novellen und Wundergeschichten, Erscheinungs- und Berufungsgeschichten (in ihrer engen Beziehung zu Visionen und Prophetien), Eschatologien und Apokalypsen, historische Erzählungen und schließlich Wortüberlieferungen im engeren Sinne, zu denen auch Gleichnisse und Parabeln gehören.

In der kurzen Sach- und Werkerinnerung möchte ich zuletzt an die »Kleriker. Psychogramm eines Ideals« (1989) erinnern, wiederum ein Werk mit zahllosen Selbstverweisen; wiederum eine Fortschreibung des Lebenstextes. Das Buch hat einen deutlichen Brennpunkt: die Existenz katholischer Kleriker und Ordensleute. Der Grundbefund: »ontologische Verunsicherung«. Aus dieser fundamentalen Krise resultieren Schuldgefühle, Wiedergutmachungstendenzen und wenig realistische Verantwortungsgefühle. Selbst überfordert, wagen Kleriker oft kaum frei zu leben, zumal andere, zumeist die Mütter, ihr Leben aufopfern. Opferdasein wird Erfahrungs- und Lebensmuster. Selbstentfaltung auf allen Ebenen ist stark gehemmt. Mißverstandene kirchliche Bildwelten und Weltbilder unterstützen diese Existenz. Im kirchlichen Milieu kompensatorisch aufgefangen werden kann die alles prägende Erfahrung existentiellen Vakuums durch das Bewußtsein besonderer Erwählung, durch geliehene steife Würde und spirituelle genauso wie materielle Verbeamtung. Das ist die Diagnose, die über Hunderte von Seiten zunächst in strukturellen Formationen, dann auch familienätiologisch, schließlich phasenspezifisch in oft beeindruckenden, überführenden und erschreckenden Details ausgebreitet wird. Basis dieser Darlegungen sind Erfahrungen aus der eigenen psychotherapeutischen Praxis, kirchenkritische Untersuchungen zum Thema und ausgiebig dargestellte analytisch und theologisch kommentierte Roman- und Erzählliteratur. Auf den letzten 100 Seiten des Haupttextes folgen »Therapievorschläge«: »Möglichkeiten eines erlösten Daseins« durch richtig verstandene »Armut«, »Demut« und »Keuschheit«. Es ist unübersehbar und unüberhörbar: Drewermann will mit diesem Werk eine »kollektive Psychotherapie des Gesamtsystems Kirche«. In diesem Sinne ist auch sein theologisch-therapeutischer Blick öffentlich und politisch. Einige fundamentale Punkte zum Gesamteindruck und zur Gesamteinschätzung des Werkes:

– Drewermanns Grundweichenstellungen, wie sie in den »Strukturen des Bösen« vorgenommen worden sind, bleiben weiterhin entscheidend. Ausgangspunkt sind und bleiben die Radikalität und der Pessimismus des jahwistischen Erzählers der Urgeschichte: Weltgeschichte als Neurose vor Gott. Genauso fundamental bleibt aber in Drewermanns Werk die Rede vom Paradies als »einer Welt, die jederzeit möglich war und ist und von der wir nur durch den Graben der Angst getrennt sind«, sowie sein Verständnis von »Gott« als »absoluter Person« im Gegenüber.

– Beunruhigend und aufregend zugleich ist die Tatsache, daß eine Gotteslehre im engeren Sinne von Drewermann noch aussteht. Wo er von »Gott« redet – und er tut dies an unübersehbar vielen und komplexen Stellen, oft entscheidend in Fußnoten und Anmerkungen –, geschieht dies auf sehr verschiedenen und insgesamt noch kaum gedanklich zusammengebrachten Wegen. Manchmal spüre ich deutlich apologetische Interessen, anderes klingt wie phänomenologische und moraltheologische Ableitungen, bis hin zu so etwas wie »existentiellen Gottesbeweisen«. Manche Aussagen sind ontologische und theologische Schlußfolgerungen im engeren Sinne des Wortes – ganz zu schweigen von im besten Sinn des Wortes »erbaulichen« Predigtabsichten, zu denen sich Drewermann auch in den wissenschaftlichsten Werken ausdrücklich bekennt. Diese gattungsmäßigen Unklarheiten und bleibenden Offenheiten machen Drewermanns Werk für verschiedenste Leserkreise genauso faszinierend wie für theologische Leser im engsten Sinn – zumal für Zensurbehörden, sofern sie überhaupt lesen – bisweilen mißverständlich.

– Drewermanns große »spätere« Werke ruhen oft so wenig in sich selbst, daß sie tatsächlich fast notwendigerweise in manchen Passagen mißverständlich oder unvollständig bleiben, wenn man den regelmäßigen und zahllosen Rückverweisen auf die »Strukturen des Bösen« nicht folgt. Dieses erste Werk ist wissenschaftliche Prosa im besten Sinne des Wortes, komplex, aber leicht lesbar (auch weil alle Literaturverweise im laufenden Text stehen und das ganze Werk als Dissertations- und Habilitationsleistung ohne Fußnoten auskommt). Demgegenüber erdrücken in anderen Büchern die Fußnoten und deren Reflexionskultur manchmal den Haupttext. Oft werden zentrale Themen vergangener Kapitel nachträglich wieder aufgenommen und verspätet allererst einem weiteren vorübergehenden Schluß entgegengebracht. Was mutet man aber einem Leser zu, wenn er – etwa in den »Klerikern« – immerhin bis zur Seite 342 vorgedrungen ist und ihm dann beschieden wird, »der Kern der Psychogenese des Klerikerseins (sei) noch nicht wirklich analytisch durchdrungen«?

Die wichtigste Tendenzverschiebung in Drewermanns Werk scheint mir in der Behauptung der absoluten Dominanz der tiefenpsychologischen Interpretation zu bestehen. Fand man in den »Strukturen des Bösen« noch deutliche Vorbehalte gegen deren Vorherrschaft und Hinweise auf die Gefahr einer »gewissen Monotonie« dieser Deutungsebene, so enden zunehmend viele Textbearbeitungen gerade und erklärtermaßen hier. Damit verbunden ist eine Zentrierung auf Individuation und Individuum und eine Herabminderung geschichtlicher und psychosozialer Perspektiven. Studien und Werke von Erich Fromm, Alexander Mitscherlich, Horst Eberhard Richter sind von Eugen Drewermann nie hinreichend berücksichtigt worden. Schon in den »Strukturen des Bösen« gibt es keine sozialpsychologische Analyse, sondern sofort existentiell-psychoanalytische und sozialphilosophische Interpretationen der Urgeschichte von erheblicher Abstraktheit. Ganz konsequent endet Drewermanns erstes großes Werk – von den philosophiegeschichtlichen Positionen aus gesehen – rückschrittlich, nämlich in der Individual- und Existentialontologie Søren Kierkegaards. Nach Interviewaussagen gilt der lebenslange protestantische Privatdozent Søren Kierkegaard für den Privatdozenten Drewermann als theologisches und persönliches Leitbild. Hier ist auch die Brücke zwischen Drewermanns Werk und den entscheidenden Themenstellungen der Reformation. In einem Interview erklärt er, »daß (ihm) die zentralen Fragen der Reformation den Schlüssel bilden, um christliche Erlösungslehre zu formulieren«, und daß es für ihn zentrales Anliegen sei, »daß der Ansatz der Reformation in der katholischen Kirche endlich Grund und Wurzeln fassen könnte«. Für ihn ist dieser Ansatz vermittelt und vergegenwärtigt durch den Existentialtheologen Kierkegaard.

Der Fluchtpunkt eines absoluten Gegenübers

– Bei der genauso großartig wie monoman vorgetragenen Interpretation biblischer Texte auf tiefenpsychologischer Ebene bleibt Drewermanns Textverständnis nicht unproblematisch. Manchmal werde ich den Eindruck nicht los, daß in der Folge der »archetypischen Hermeneutik der menschlichen Psyche« das jeweils Besondere eines biblischen Textabschnittes ins Archetypisch-Allgemeine verschießt und daß so – ganz gewiß völlig gegen Drewermanns Willen – auch in Religion und Kirche einer kulturindustriellen Endverbrauchermentalität Vorschub geleistet werden könnte. Ich frage: Wo ist angesichts solcher umfassenden und auf Vollständigkeit drängenden Interpretation noch der Wert und das Widerständige dieses speziellen Textes – wie Drewermann ja nicht müde wird, den Wert jedes menschlichen Individuums zu verteidigen. Wenn er immer wieder und beeindruckend genug über alles, was tiefenpsychologisch zu interpretieren ist, hinaus die Wirklichkeit Gottes als absolutes personales Gegenüber zu behaupten versucht – könnte, ja müßte nicht auch das Medium der Offenbarung dieses Gottes – Die Heilige Schrift – qualitativ teilhaben an dessen Unverrechenbarkeit?

– Ein letzter grundsätzlicher Punkt: Trotz aller Ich-Aussagen Drewermanns – direkt in den zahllosen Interviews, indirekt jedenfalls in seinen »erbaulichen« Textpassagen, aber wohl auch weit darüber hinaus – reflektiert Drewermann methodisch kaum auf sich als Subjekt, das tiefenpsychologisch interpretiert. Müßte er nicht, etwa bei der Methode des Einfühlens und auch in allen Nach- und Neuerzählungen, sich und seinen Hörern und Lesern mehr Rechenschaft darüber abgeben, ob und wie er seinerseits in die Texte hineinprojiziert, die Texte nach seinen »Grundformen der Angst« (F. Riemann) erhellt? Für mich überwiegen deutlich schizoide und depressive Aspekte im Interpretationsprozeß; zwanghafte und hysterische Perspektiven sind weitgehend ausgeklammert. Es wird doch durchaus eine bestimmte »Grundform der Angst« sein, die bei Drewermann so dominant ist, daß er immer wieder den Fluchtpunkt eines absoluten, unfraglichen Gegenübers braucht, beschwört, postuliert, folgert. Übrigens haben ganz parallel Psychoanalytiker am Kleriker-Buch kritisiert, daß Drewermann auch da, wo er Material aus der eigenen psychoanalytischen Praxis präsentiert, nichts von dem Interaktionsprozeß und den Interventionen seinerseits mitteilt. Auch hier entzieht sich das Subjekt in methodisch fragwürdiger Weise.

So viel. Das Werk Eugen Drewermanns, der immer noch und trotz allem seine Kirche liebt und den man nicht so, wie es der Rottenburger Bischof kürzlich in einem Fernsehstreit lösen wollte, loswerden kann, daß man behauptet, im Grunde exkommuniziere sich Drewermann selbst – dieses Werk hat es verdient, nicht unter dem soweit erinnerten Kenntnisstand und unterhalb des hier angedeuteten Problemniveaus diskutiert zu werden.

OTTO B. ROEGELE

Neue Theologie mit alter Psychologie?

Er hätte ruhig nach München kommen können, der Medienstar und Sälefüller Eugen Drewermann aus Paderborn, es wäre ihm keine Unbill widerfahren. Nicht nur seine Fans, die zahlreich erschienen und als Applausriegen leicht auszumachen waren, hätten ihn davor bewahrt. Auch die Kollegen der theologischen Zunft waren durchaus nicht auf Konfrontation eingestellt, sondern auf einen klärenden Diskurs über Sachfragen, auf Behebung von Sprachschwierigkeiten, auf den Nachweis der Kompatibilität von neuer Auslegung und überlieferter Lehre.

Aber ein Drewermann läßt sich nicht einfach so einladen. Das war ja schon bei seinem Fernsehdisput mit Bischof Walter Kaspar für jeden Zuschauer wahrnehmbar. Die Einladung des Bischofs, nach Rottenburg zu kommen, in seinem Haus zu wohnen, ihn auf seinen Dienstgängen zu begleiten und sich so ein wirklichkeitsgerechtes Bild von seiner Amtstätigkeit zu machen, wurde nicht einmal durch ein formales Dankeswort erwidert. Dieses Angebot, obwohl spürbar aus freundlichem Herzen kommend, wurde schlicht übergangen.

Auch nach München ist Eugen Drewermann nach langem Hin und Her schließlich nicht gereist. Zugegeben, es war nur 14 Tage vor der Tagung »Glaube und Kirche – Zu einigen Sachaussagen bei Eugen Drewermann«, als er die Einladung erhielt, »als Gesprächspartner mit bevorzugtem Rederecht« mitzuwirken. Aber dazu war Eugen Drewermann nicht bereit. Er stellte ganz andere Bedingungen: Zunächst verlangte er mindestens drei Stunden für seinen eigenen Vortrag mit Diskussion; drei Tage später brachte er Terminschwierigkeiten ins Spiel, beharrte jedoch auf der ausführlichen Eigendarstellung: »Bei einem durch und durch synthetischen Werk wie dem meinigen scheint mir eine solche Übersicht die unbedingte Voraussetzung dafür zu sein, um den Stellenwert bestimmter Einzelaussagen und einzelner methodischer Aussagen zu würdigen.«

In einem Telefongespräch am selben Tag war von einem »Privatflugzeug« die Rede, das ihn nach Paderborn zurückbringen müßte. Aber selbst dann wäre es ihm nicht möglich gewesen, die fünf Kollegen anzuhören. Am 18. Februar revanchierte er sich für die von ihm ausgeschlagene Einladung mit einem Brief an Akademiedirektor Franz Henrich, in dem er den Kollegen, die sich zum Dialog mit ihm bereit erklärt und sich auf diesen gründlich vorbereitet hatten, als gewiß unterstellte, daß sie »verzerrt, ja geradezu falsch« über ihn aussagen würden. Seine Ablehnung verband er schließlich mit dem Begehren, daß »nach all dem Halbwahren, das jetzt in meiner Abwesenheit zur Sprache kommen wird«, eine eigene Tagung ganz für ihn ausgerichtet werde. Es blieb Dr. Franz Henrich kaum etwas anderes übrig, als den Teilnehmern wie den Referenten eine Dokumentation dieses Briefwechsels in die Hand zu drücken, damit jeder selbst beurteilen könne, an wem und an was die Mitwirkung Eugen Drewermanns gescheitert ist.

Drewermanns Angst war ganz unbegründet. Das angestrengte Bemühen, seine Botschaft als ganze zu begreifen und manche Einzelaussagen, gerade in ihrer Widersprüchlichkeit und Mehrdeutigkeit, daraus zu verstehen, beherrschte die Tagung. Die Referenten fanden Worte hoher Anerkennung für die Bedeutung des neuen Ansatzes, den »heilenden Charakter« des Evangeliums herauszuarbeiten. Von großem Wohlwollen getragen waren die Voten des Münchener Religionsphilosophen Eugen Biser, der Drewermanns Blickwendung auf das Neue Testament als ein Buch, das sich nicht an die Sünder, sondern an die Bedrückten und Beladenen richtet, »allerhöchste Aktualität« zubilligte. Er fand auch die Wendung von einer genuin asketischen zu einer therapeutischen und mystischen Auslegungstendenz ganz zeitgemäß und entdeckte darin Übereinstimmungen mit seinen eigenen Erwartungen an eine »glaubensgeschichtliche Wende«.

Professor Eugen Biser sprach von »seismographischer Sensibilität für das, was an der Zeit ist«, und bestätigte den Versuch einer Neuauslegung der Bibel mit dem Ziel, deren Gegenwärtigkeit erfahrbar zu machen – auch wenn er sein früheres Urteil, es handle sich bei Eugen Drewermann um ein »theologisches Leichtgewicht«, nicht zurücknehmen wollte, sondern positiv überholte, indem er ihn einen »theologischen Dichter« nannte und die Faszination seiner Bildersprache rühmte.

Auch Professor Heribert Mühlen, Drewermanns Doktorvater, sein Fürsprecher bei der kumulativen Habilitation und bei seiner – schließlich gescheiterten – Bewerbung um einen Lehrstuhl in Paderborn, sah in Drewermanns Gesamtwerk, dessen Entstehung und Wandlungen er wohl besser als jeder andere kennt, ein Signal, das eine neue Epoche der Glaubensgeschichte anzeigt. Freilich ist es der Pfingst-Geist, von dem er das neue Verständnis und Wirken der Schrift erhofft, nicht so sehr der Abstieg in die Höhlen des Mythos und in die Abgründe individueller Ängste. Gott habe schon viele Herzen berührt, es gebe heute nicht nur den Massenabfall von der Tradition, sondern auch einen neuen Aufbruch, wir stünden in einer Wendezeit, wie sie in der Geschichte des Christentums bisher nur ein Mal, nämlich im dritten und vierten Jahrhundert, sich ereignet habe. Mit großem Nachdruck bestand der Lehrmeister und Anwalt der charismatischen Bewegungen auf der grundlegenden Bedeutung des Glaubens an Jesus Christus, den Sohn Gottes, »geboren vor aller Zeit«, den Menschen geschenkt und für ihre Sünden geopfert, wirklich und wahrhaftig.

Wenn Sprache nicht der Verständigung dient

Nicht nur, um eine Rücknahme des Lehr- und Predigtverbotes zu erreichen, sondern auch um der großen Bedeutung willen, die Drewermanns Botschaft für viele Menschen besitze, müsse man Klarheit über den Sinn mehrdeutiger Aussagen schaffen, müsse Drewermann sich den Anfragen stellen, die an ihn ergangen sind, müsse er sich korrigieren, wo er danebengegriffen habe, und sich mäßigen, wo er über das Ziel hinausschieße. Das sei er den Menschen, die ihm ihr Vertrauen schenken, schuldig. Der Dialog mit ihm leide allerdings unter der Schwierigkeit, daß er auf einer doppelten Sprachebene geführt werden müsse.

Immer wieder kamen die Anfragen an Eugen Drewermann zurück auf die Sprache, die er spricht und schreibt, ohne Zweifel mit starken Wirkungen in die Breite und in die Tiefe. Sein persönlicher »sound« ist zu einem Markenzeichen geworden, er zieht an, er bindet und bannt, er begleitet die Attitüde des Verfolgten und den hohen Anspruch des Verkünders einer neuen, befreienden Wahrheit mit dem Ton des »Ich aber sage euch ...«

Das Sprechen in Bildern dient nicht nur zur Annäherung an Geheimnisse, die sich der Sprachkonvention entziehen, es evoziert auch Erinnerung an halb und ganz Vergessenes, an Erlebnisse, Geschichten und Gestalten des inneren Seelenraumes, kurz: Es ist der Dialekt des Unbewußten. Es kann schließlich dazu benutzt werden, Eindeutigkeit zu vermeiden, der Semantik »satzhafter Begriffe« zu entrinnen.

Da Eugen Drewermann vor diesen »satzhaften Aussagen« eine geradezu panische Angst empfindet, hat er einen Redestil entwickelt, der ihn auf jede begrifflich-abstrakte Anfrage mit einer lebensgeschichtlich-bildlichen Antwort entgegnen läßt. Zwischen den Partner kann sich kein Dialog entwikkeln, solange der eine auf der Sprachebene »konventioneller Wissenschaft«, der andere auf der Sprachebene der psychotherapeutischen Beratungspraxis agiert.

Professor Hermann Josef Pottmeyer (Bochum) sagte dazu: »Nichts anderes soll gelten als sein (Drewermanns) Ansatz: Emotionalität gegen Rationalität, innere Erfahrung gegen Begriff, Symbol gegen Dogma – all diese ausschließenden Entgegensetzungen sind überzogen und unwirklich und verraten einen dogmatischen Anspruch für eine einzelne Methode – einen dogmatischen Anspruch, den er bei anderen, zumal beim Lehramt, bekämpft.«

Was bleibt da von der Sozialbindung des Menschen, die ja doch auch für seinen Glauben, seine Moral nicht unwichtig ist?

Was bleibt von der Geschichte und Wirklichkeit des Gottesvolkes auf Erden, von der »pilgernden Kirche«, von der sich versammelnden, betenden und handelnden Gemeinde?

Für die Aneignung der biblischen Geschichte bedeutet dieser Regreß auf das Innen: »Die Geschichte Israels und Jesu, in der Gott sich und seine Liebe offenbart, verkommt bei Drewermann zur ›symbolischen Kulisse‹, zu ›Tagesresten‹, in denen die Traumarbeit der Seele die Botschaft des Traums festmacht, zum ›Stichwort‹, das nur die Erinnerung an das ewig Gültige der Archetypen zur Darstellung bringt« (Pottmeyer).

Die Verortung des Heilsgeschehens in der Seele des einzelnen, die sich aus dieser in den letzten Werken Drewermanns zunehmenden Konzentration auf Jungs Archetypenlehre ergibt, verdrängt die Vorstellung von einem Heil, das von Gott durch Jesus (in Jesus) und damit von außen auf die Welt zukommt.

Die Theologen stimmten überein in dem Verlangen, daß Eugen Drewermann, wenn er am Glauben der Christenheit, nicht nur der römisch-katholischen Kirche, festhalten wolle, hier für die nötige Klarheit sorgen müsse. Gewiß hängt das Heil mit dem Heilen zusammen und »konkretisiert sich das Wort des Heils in der Heilung von Krankheit und der Vertreibung der Dämonen« (Schnackenburg). Aber diese Heilungen Jesu waren historisch faßbare Ereignisse, von vielen beobachtet und bezeugt, nicht innerseelische Vorgänge, kein »schwebender Traum«, keine Projektion archetypisch angelegter Bilder.

Die Psychologen gehen mit ihm ins Gericht

Mit deutlich geringerem Wohlwollensvorschuß gingen die Fachvertreter der Psychologie und Psychiatrie mit Eugen Drewermann um. Sie litten nicht unter dem Handicap der Theologen, die keinesfalls Material für eine Verschärfung des Konflikts mit dem Lehramt liefern, sondern eher die Verträglichkeit von Drewermanns Ansichten mit der tradierten Lehre aufzeigen wollten; Drewermanns psychologische Position steht im Lehrbeanstandungsverfahren ja nicht zur Debatte. Aber unter den Fachleuten ist sie womöglich noch umstrittener als seine theologische Position. Sie besitzt für sie auch nicht den geringsten Neuigkeitswert.

Was Anton Bucher aus Freiburg in der Schweiz an Drewermanns »Kleriker«-Buch demonstrierte, ist vor allem eine schwer begreifliche Mißachtung wissenschaftlicher Grundregeln. Der Verfasser weiß es und bekennt sich offen dazu: »Obwohl ich diesbezüglich über statistische Erhebungen nicht verfüge, darf ich doch sagen ...« An die Stelle empirischer Nachprüfung setzt er »plausible« Erklärungen spekulativer Art – ganz nach dem Muster Freuds, der seine Theorie vom Ödipus-Komplex anhand einer einzigen Fallgeschichte entwickelt hat (die sich bei näherem Hinsehen überdies als die Geschichte einer Suggestion erweist).

Aber nicht nur mit der Realitätskontrolle, ohne die der Psychologe nur findet, »was er schon gewußt hat«, hapert es bei Drewermann; auch mit der theoretischen Verarbeitung der Grundlagen, auf die er sich mit uneingeschränkter Autorität beruft, steht es nicht zum besten.

Einige Einwände der Psychologen lauten: Drewermann geht von einem unerschütterten Geltungsanspruch der Psychoanalyse (Freud und Jung) aus, der dem gegenwärtigen Stand der wissenschaftstheoretischen Debatte keineswegs entspricht. Er hat von der in den letzten beiden Jahrzehnten erschienenen kritischen Literatur kaum Notiz genommen. Wie die Moraltheologen, so beklagen auch die Psychologen, daß Drewermann die wichtigen Bücher ihres Faches aus den letzten 20 Jahren nicht zur Kenntnis genommen, sondern nur längst überholte Werke zitiert habe.

Warum, so fragen sie, erfahren die Leser auf 900 Seiten »Kleriker« nichts über die von ihm in seiner Psychotherapie angewandten Methoden, nichts über eine (abgeschlossene) Lehranalyse, über Supervision, Behandlungsprotokolle, kritische Reflexion der Ergebnisse? Wo bleibt die Berücksichtigung des Suggestiveffekts, der bei so weiter Verbreitung der Ansichten des Therapeuten nicht ausbleiben kann (wer ihn aufsucht, bringt die Symptome mit, die zu den Theorien passen)? Wo bleibt die Selbstkorrektur einer Psychoanalyse, die fast ausschließlich von kranken Menschen ausgeht? Wo bleibt die diagnostische Abgrenzung zur Psychose, die notwendig ist, um Katastrophen durch Fehlbehandlung zu vermeiden?

Der Psychiater Manfred Lütz (Bonn) warf Eugen Drewermann vor, daß er mit dem Begriff Angst viel zu undifferenziert verfahre. Er begünstige damit die Vorstellung einer »Totalneurotisierung der Gesellschaft«, alle Ärzte litten dann am »Helfersyndrom«, alle Richter an »Rechtsfanatismus«, die Lehrer an Zwangsneurosen. Durch die radikale Subjektivierung werde jede Institution in Staat und Kirche zwangsläufig zum Gegner, der Angst einflößt und Ängste ausbeutet. Zwischen Priester und Therapeut müßten die Rollen grundsätzlich unterschieden werden, sonst entstehe ein »guruhafter Anspruch auf Totalerlösung« eines Menschen.

Aus dieser Sicht erscheint es notwendig, daß Eugen Drewermann sich zunächst den von ihm vernachlässigten Entwicklungen in der Psychologie stellen müßte, um Widersprüche und Vorwürfe zu klären. Wer vor die Öffentlichkeit hintritt mit dem Anspruch, er bringe die Kenntnis der Seele in die Theologie ein, darf die Frage nach der Gültigkeit seiner Ansichten von der Seele nicht unbeantwortet lassen.

Ist der epochemachende Versuch, eine »Psycho-Theologie« zu begründen (und damit die Phase der historisch-kritischen Exegese sowohl zu steigern wie abzulösen), insofern ein Danaergeschenk, als es sich um längst veraltete Ware handelt, auf die sich einzulassen eher ein Zurück als ein Vorwärts bedeuten würde? Findet diese »Psycho-Theologie« deshalb so starken Zulauf, weil das »abgesunkene Kulturgut« der Psychoanalyse zwar die Position der Avantgarde und der wissenschaftlichen Methode hat räumen müssen, aber gerade beim Populärwissen breiter Schichten angekommen ist?

Die Tagung, von Franz Henrich souverän geleitet, war eine bewundernswerte organisatorische Leistung, mit rund 1000 Teilnehmern, mit 500 Essensgästen und in drangvoller Enge. Sie war ernst und geduldig bei der Arbeit, wie das Thema es erheischte, zugleich gelöst und gelassen, wie es der gute Wille aller, das rechte Verständnis zu finden, ermöglichte.

Aus dem Publikum kamen Stimmen, warum man Eugen Drewermann nie lächeln sehe, er müsse wohl sehr einsam sein, trotz seines großen Erfolgs beim Publikum. Die Bischöfe wurden gefragt, ob sie auch genug täten, um das niedere Kirchenvolk vor den schönen Irrtümern zu bewahren. Jemand sagte: »Hat er wirklich gesagt, daß man jetzt nur noch für den Untergang der Institution Kirche beten kann? Warum will er dann unbedingt noch in ihrem Namen lehren?« [...]

EDMUND HERMSEN

Ein Paradigmenwechsel in der katholischen Kirche oder: Hat Drewermann zuviel Hermann Hesse gelesen?

»Die katholische Kirche liebe ich, sonst wäre ich nicht ihr Priester.«

E. DREWERMANN

In seinem bahnbrechenden Buch »Die Struktur wissenschaftlicher Revolutionen« beschrieb Thomas Kuhn, daß sogar die Entwicklung strenger Wissenschaften nicht geradlinig verläuft, sondern einen eher zyklischen Charakter aufweist. Der Zentralbegriff in Kuhns Theorie, der die entscheidenden Veränderungen beschreibt, ist der des Paradigmas. Weit gefaßt bedeutet ein Paradigma eine Konstellation von Überzeugungen, Wertvorstellungen und Techniken eines spezifischen Wissenschaftsbereiches, dabei ist die Anerkennung eines Paradigmas unerläßlich für alle wissenschaftlichen Projekte. Es ist nicht möglich, wissenschaftlich zu arbeiten, wenn nicht A-priori-Überzeugungen oder grundlegende metaphysische Annahmen oder bestimmte Aussichten über die Beschaffenheit der Realität getroffen werden.

Wird ein bestimmtes Paradigma akzeptiert, wird es zu einem funktionierenden Katalysator für den wissenschaftlichen Fortschritt. Dieses Stadium heißt nach Kuhn die Periode der normalen Wissenschaft. In diesem Stadium werden nur Rätsel mit bekanntem Ergebnis gelöst, ja im Prinzip kreist die wissenschaftliche Arbeit darum, das akzeptierte Paradigma auszubauen und zu stabilisieren. Neue Entwicklungen sind daher nur möglich, wenn sie sich mit dem bestehenden Paradigma vereinbaren lassen. Neue Theorien können nicht ohne den Wechsel des Paradigmas entstehen, was dann weitreichende Folgen auch für andere Bereiche zeitigt; als ein Beispiel dafür kann der Übergang vom geozentrischen System des Ptolemäus zur Astronomie von Kopernikus und Galilei angesehen werden.

Nun verkündet die Transpersonale Psychologie[1] erneut einen Paradigmenwechsel, bei dem das kartesianisch-Newtonsche Modell des Universums, das zwar aus dem 17. Jahrhundert stammt, aber noch immer im Prinzip das wissenschaftliche Denken beherrscht, abgelöst wird. Es wird sich dabei um eine Synthese der neuesten physikalischen Erkenntnisse und der Mystik handeln: »Das Universum wird als ein unendliches Gewebe aus Abenteuern im Bewußtsein erlebt, und Dichotomien wie die zwischen dem Erlebenden und dem Erlebten, zwischen Form und Leere, Zeit und Zeitlosigkeit, Determinismus und freiem Willen oder Existenz und Nicht-Existenz sind transzendiert worden.«[2]

Was hat das mit Drewermann zu tun? Mir scheint, daß der katholischen Kirche in Drewermann ein neuer Prophet erstanden ist, der auch dort einen Paradigmenwechsel erreichen will – zumindest sieht er das so: »Im übrigen wissen die heutigen Naturwissenschaften inzwischen paradoxerweise weit mehr und besser als die Theologen, daß es die Aufspaltung zwischen Subjekt und Objekt im Erkenntnisvorgang nicht gibt. Die Religion besteht mit ihrer symbolischen Redeweise in der Subjekt-Objekt-Verschmelzung. Und daher brauchen wir Auslegungsformen, die gerade das nicht tun, was wir in der Theologie, gewissermaßen in Nachahmung des Newtonschen Weltbildes, als Wissenschaftstheorie ausgebildet haben.«[3] Das ist natürlich hauptsächlich zur Rechtfertigung seines Einsatzes der Tiefenpsychologie gesagt.

Drewermann noch radikaler: »Ich glaube aber, wir leben in gewissem Sinne in den Tagen des Propheten Jeremia. Wie er für den Untergang Jerusalems gebetet hat, so müssen wir für den Untergang der Institution Kirche beten, damit Gott möglichst bald anfangen kann, das, was er wirklich sagen möchte, in die Herzen der Menschen zu schreiben.«[4]

Eugen Drewermann, Jahrgang 1940, Dr. theol., katholischer Priester, Autor zahlreicher voluminöser Bücher – »er schreibt schneller, als die meisten Rezensenten lesen« (G. Mack) –, praktizierender Therapeut (Einzelgespräche), war bis vor kurzem Privatdozent für Systematische Theologie in Paderborn. Wie vorherzusehen war[5], hat man – in der Gestalt seines mythischen Gegenspielers, des Bischofs Degenhardt – ihm die kirchliche Lehrerlaubnis entzogen, und deshalb erhielt er im Wintersemester 1991/92 einen Lehrauftrag für »kulturwissenschaftliche Anthropologie« im Fach Soziologie an der Universität Paderborn. Das dürfte ihm nicht schwergefallen sein, setzt er sich doch in seinen Büchern weit mehr als nur mit engeren theologischen Fragen auseinander; selbst für die Achsenzeit hat er so seine eigenen Theorien.

Schon etwa 100 Jahre vor Drewermann hatte ein Pfarrerssohn eine ähnliche Vision von der Kirche, die – wie es Drewermann immer wieder beschreibt – als Institution das behindert, was sie wirklich möchte, die auf der Angst vor den eigenen Gläubigen basiert, die sich mit den Abwehrformen von Machtveräußerlichung, Autorität, patriarchalischer Hierarchie und Gewinn von Geld überwertig macht.[6]

Die Vision war folgende: »An einem schönen Sommertag desselben Jahres (1887) kam ich mittags aus der Schule und ging auf den Münsterplatz. Der Himmel war herrlich blau, und es war strahlender Sonnenschein. Das Dach des Münsters glitzerte im Licht, und die Sonne spiegelte sich in den neuen, buntglasierten Ziegeln. Ich war überwältigt von der Schönheit dieses Anblicks und dachte: ›Die Welt ist schön, und die Kirche ist schön, und Gott hat das alles geschaffen und sitzt darüber, weit oben im blauen Himmel, auf einem goldenen Thron und –‹ Hier kam ein Loch und ein erstickendes Gefühl. Ich war wie gelähmt und wußte nur: Jetzt nicht weiterdenken!« Der zwölfjährige Junge brauchte drei Nächte und eine lange theologische Argumentationskette, um sich zu erlauben, weiterzudenken.

»Ich faßte allen Mut zusammen, wie wenn ich in das Höllenfeuer zu springen hätte, und ließ den Gedanken kommen: Vor meinen Augen stand das schöne Münster, darüber der blaue Himmel, Gott sitzt auf goldenem Thron, hoch über der Welt, und unter dem Thron fällt ein ungeheures Exkrement auf das neue bunte Kirchendach, zerschmettert es und bricht die Kirchenwände auseinander. Das war es also. Ich spürte eine ungeheure Erleichterung und eine unbeschreibliche Erlösung.«[7]

Der Visionär war C. G. Jung, und er sah, daß sein Vater, der Herr Pfarrer, der sich die Gebote der Bibel zur Richtschnur gemacht und an den Gott geglaubt hat, wie ihn die Tradition überliefert hat, nicht den lebendigen und unmittelbaren Gott kannte, der allmächtig und frei über Bibel und Kirche steht und den Menschen zu seiner Freiheit aufruft. Ein Gott, der die Menschen zwingen kann, auf eigene Ansichten und Überzeugungen zu verzichten, um seine zu erfüllen. Und Gott sitzt natürlich im Unbewußten! Deshalb sagt Jung ganz selbstbewußt zu Anfang seiner Autobiographie: »Mein Leben ist die Geschichte einer Selbstverwirklichung des Unbewußten.«[8]

Materiell geht es den Kirchen gut, durch die Kirchensteuer garantiert, handelt es sich nach wie vor um ein Milliarden-DM-Geschäft. Aber die Christen wußten schon immer ganz gut, wie und woher sie ihr Geld beschaffen konnten. Nachdenklich machte in der Sendereihe »Gott und die Welt« am 13.3.1992 in der Sendung »Das Kreuz mit den Christen« eine Frau aus Lateinamerika, indianischer Abstammung, die im »Kolumbus-Jahr« die Bundesrepublik Deutschland besuchte und von ihren Gastgebern in viele Kirchen und Dommuseen mitgenommen wurde und dort die kostbaren, goldenen Kirchengeräte besichtigen durfte. Sie wußte, es ist »ihr Gold«, gnadenlos erpreßt bei der gewaltsamen Eroberung und Kolonisierung des amerikanischen Kontinents vor 500 Jahren im Namen von Jesus Christus. Viele Menschen, darunter ungezählte Kinder, mußten dafür ihr Leben lassen.

Also, so schlecht geht es den Kirchen äußerlich nicht, nur

in den Kirchen fehlen zum Gottesdienst ganze Jahrgänge (selbstverständlich mit Ausnahmen). Diese Jahrgänge lassen sich mit einer obsolet gewordenen theologischen Sprache nicht mehr erreichen, und da wir u. a. im Jahrhundert der Psychologie leben – nicht umsonst ließ Freud in seine »Traumdeutung« programmatisch als Erscheinungsjahr 1900 eintragen, obwohl das Buch schon vorher fertig war –, bedienen sich die Religionen der Sprache der Psychologie. Das wußte schon C. G. Jung, aber auch die Scientology-Church profitiert davon.

»Gott« soll sich auch uns heute mitteilen, aber nicht mehr in erster Linie über die Kanzel, sondern durch die Ausdrucksformen des Unbewußten. Deshalb rechnet Drewermann in den zwei Bänden von »Tiefenpsychologie und Exegese« mit der historisch-kritischen Methode ab und schreibt über »Traum, Mythos, Märchen, Sage und Legende« sowie »Wunder, Vision, Weissagung, Apokalypse, Geschichte und Gleichnis«. Damit möchte er das Christentum retten, ja noch viel mehr, die Spaltung, die seit der Reformation herrscht, aufheben und das Christentum in neuer Gestalt für alle erfahrbar machen. Wie Drewermann dabei mit Symbolen, Mythen usw. umgeht, erinnert stark an den Religionswissenschaftler Mircea Eliade, der, ausgerüstet mit dem »Heiligen« Rudolf Ottos und einer adaptierten Archetypentheorie C. G. Jungs, unaufhörlich die Religionen aller Zeiten durchforstete, um den Fluch der Geschichte aufzuheben. Für ihn war das Betreiben dieser Art von Religionswissenschaft schon eine Art von Erlösung.

Davon scheint eine starke Faszination auszugehen, Adolf Holl beschrieb sie so: »Auch ich bin ihm auf den Leim gegangen ... Als Stilist war Eliade ganz passabel. Seine Gelehrsamkeit gewann ihre Glanzlichter durch ein Vorgehen, das wie ein Irrwisch durch Zeiten und Räume flutschte, heutige Eskimos mit den alten Ägyptern, alpenländisches Brauchtum mit den Gepflogenheiten der australischen Aborigines vergleichend. Der Reiz solcher Komparatistik lag im touristischen Blick, zu dem Eliade einlud, und im Versprechen, universellen Menschheitsgeheimnissen auf die Spur zu kommen ... Das Heilige Eliades war unpolitisch und ungeschichtlich ... Mit den Tagesnachrichten hatte das scheinbar nichts zu tun.«[9]

Zu fragen ist dabei natürlich nach dem entsprechenden Symbolbegriff. Ist er denn nicht auch kulturspezifisch und historisch, also geworden und damit Menschenwerk? Bei Jung und allen anderen neuplatonisch orientierten Menschen sieht das anders aus, das kollektive Unbewußte verbindet uns alle. Von daher läßt sich dann alles mit allem vergleichen. So kann Drewermann nunmehr zur Erklärung christlicher Gehalte vieles andere mit einfließen lassen. Daß das gefährlich sein kann, zeigt das Beispiel Jung selbst am besten.

Aber man tut Drewermann unrecht, wenn man behauptet, seine Tiefenpsychologie sei mit der Analytischen Psychologie Jungs deckungsgleich. Eigentlich arbeitet er nämlich mit der Psychoanalyse Freuds – so ausdrücklich besonders in den »Klerikern« –, kombiniert fallweise mit Jung. Drewermann selbst formuliert es auf eine Frage bezüglich Jungs Verstrikkungen in den Nationalsozialismus so: »Dies ist furchtbar. Aber Jung hat insofern recht, als er die Archetypen in ihrer ungeheuer verführenden und kollektivierenden Kraft beschrieben hat. C. G. Jung war im Dritten Reich, wie man weiß, nicht gerade auf der Höhe seiner selbst. Ich kann ihm schwer verzeihen, daß er den Mann, den ich in unserem Jahrhundert am höchsten schätze, Sigmund Freud, als den Urheber einer typisch jüdischen Psychoanalyse glaubte diffamieren zu müssen ... C. G. Jung hatte ihm doch schließlich Entscheidendes für sein Leben zu verdanken. Wenn man dann den Briefwechsel liest, wie mindestens erfüllt von Taktgefühl, bei allem verhaltenen Zorn, Sigmund Freud auf seinen Schüler, als den er ihn freilich noch immer sah, reagiert hat, dann spricht in meinen Augen alles für den großen, ungläubigen Juden Sigmund Freud. Ich habe ihn sehr, sehr gerne.«[10] Die Betonung liegt auf »ungläubig«!

Die Relativierung der historisch-kritischen Methode und der Einsatz der Tiefenpsychologie in der Exegese haben viele Theologen aufgebracht, zwei Vertreter verfaßten sogar eine Streitschrift wider Drewermann: R. Pesch und Lohfink, »Tiefenpsychologie und keine Exegese«, allerdings ließ die Antwort nicht lange auf sich warten. Kurze Zeit später veröffentlichte Drewermann (1988) »An ihren Früchten sollt ihr sie erkennen«. Erstaunlich ist aber angesichts der derzeitigen Präsenz und Dominanz von Drewermann in den Medien die kärgliche Resonanz seiner Kollegen. Mangelt es ihnen an seiner Streitlust und Polemik?

Auf der anderen Seite wird natürlich gerade die Verwendung der Tiefenpsychologie in der katholischen Theologie von vielen begrüßt und für überfällig gehalten, nicht umsonst sind die Bücher von Drewermann zu Bestsellern geworden. Wenn man den neuesten Pressemitteilungen vertrauen darf, scheint er geradezu Verehrer der Innengemeinde um sich zu versammeln.

»In dieser Situation müßte die Kirche eigentlich einem Theologen wie Drewermann dankbar sein, der die auf der historischen Ebene in vielen Punkten nicht mehr haltbare ›geschichtliche Wahrheit des Christentums‹ dadurch zu retten versucht, daß er sie auf einer anderen, tieferen Ebene neu etabliert. Gemeint ist die tiefenpsychologische Ebene ...«[11]

Nun will aber Drewermann nicht einfach das kirchliche Lehramt mit den Glaubensaussagen der katholischen Kirche tiefenpsychologisch retten, nein, gerade er tritt als der Kirchenkritiker unserer Tage auf, um »die Menschen wieder zu lehren, zu träumen und an sich selber zu glauben, bis sich Gott auch ihnen mitteilt«. In seiner Kirchenkritik verwendet er scharfe Worte, da wird die Kirche mit Orwells »1984« verglichen, da wird auf die Inquisition, den Hexenwahn, den Antisemitismus, die Verwicklungen mit dem Nationalsozialismus eingegangen. Trotzdem hat man den Eindruck – abgesehen von der stilistischen Glätte der Formulierungen –, daß das »Kreuz« der Geschichte des Christentums nicht wirklich aufgenommen wird. Zudem gibt es ja schon Vorläufer in der Kirchenkritik, die, obgleich schon längst keine Mitglieder der katholischen Kirche mehr, ganz anders daran zu tragen haben; als ein Beispiel ist Karlheinz Deschner zu nennen.

Karlheinz Deschner, Jahrgang 1924, der übrigens auch von Drewermann zitiert wird, hat sein Leben praktisch der Kritik der katholischen Kirche »geweiht«. Sein erstes großes Werk, »Abermals krähte der Hahn. Eine Demaskierung des Christentums von den Evangelisten bis zu den Faschisten«, wird programmatisch mit einem Zitat von E. Belzner eingeleitet: »Was hat Christus die Welt gelehrt?: ›Schießt einander tot; hütet den Reichen die Geldsäcke; unterdrückt die Armen, nehmt ihnen das Leben in meinem Namen, wenn sie zu mächtig werden ... Die Kirche soll Schätze sammeln aus dem Leid ihrer Kinder, sie soll Kanonen und Granaten segnen, Zwingburg um Zwingburg errichten, Ämter erjagen, Politik treiben, im Verderben schwelgen und meine Passion wie eine Geißel schwingen!‹«[12]

Das Material, das Deschner in 30 Jahren über das Christentum gesammelt hat, wird seit 1986 in seiner auf mehrere Bände angelegten »Kriminalgeschichte des Christentums« publiziert, nach dem Seitenumfang seiner Publikationen kann er es durchaus mit einem Drewermann aufnehmen.

Aber diesen Weg des radikalen Humanismus geht Drewermann nicht, sein Jesus sieht anders aus: Jesus war weder Mönch noch Priester, »eher Prophet und Dichter, Vagabund und Visionär, Arzt und Vertrauter, Wanderprediger und Troubadour, Harlekin und Zauberer des ewigen und unerschöpflichen Erbarmens Gottes«.[13] Und wer steht diesem Jesus entgegen? Die Kleriker seiner eigenen Kirche!

In seinem Buch »Kleriker« untersucht Drewermann seinen eigenen Stand, nicht mit der Archetypentheorie C. G. Jungs, die da wohl nicht zu passen scheint, sondern mit der Psychoanalyse Freuds. Fraglich bleibt nach wie vor, ob diese Analyse auf alle Kleriker zutrifft, aber im Prinzip scheint der »Befund« richtig zu sein. Als Therapeut kennt Drewermann nur zu gut die Sorgen und Nöte des Klerikerstandes und weiß auch vom Leiden der einzelnen Menschen genug zu berichten, aber auch hier scheint er immer wieder der Geschichte entkommen zu wollen.

Da wird bei der Psychogenese der Kleriker als *der* Ausgangspunkt eine »ontologische Unsicherheit« konstatiert, entwickelt am Roman »Die Kindheit eines Chefs« von Jean-Paul Sartre. Diese »Seinsunsicherheit« wird darauf in der Familie verortet: »*Das Gefühl ontologischer Unsicherheit,* das wir bisher als eine Grundtatsache in der Motivation des Klerikerdaseins herausgearbeitet haben, läßt sich psychoanalytisch *als eine direkte Folge des Gefühls der Nichtakzeptiertheit* seitens der primären Kontaktperson verstehen.«[14]

Damit berührt Drewermann einen Bereich, der als »Geschichte der Kindheit« in den letzten Jahren einen enormen Aufschwung, was die wissenschaftliche Beschäftigung angeht, erlebt hat. Warum das jetzt erst möglich ist, wäre eine eigene Untersuchung wert. Entscheidende Impulse gingen von der Psychohistorie Lloyd de Mause' aus. Mit einem Team von Wissenschaftlern untersuchte de Mause die Geschichte der Kindheit von der Antike bis heute. Dabei stellte sich die Kindheitsgeschichte geradezu als ein Alptraum heraus.

»Dem Kind wurden in der Vergangenheit so viele Projektionen aufgebürdet, daß es, wenn es zu sehr schrie oder sonstwie zuviel Aufwand verlangte, Gefahr lief, als Wechselbalg betrachtet zu werden. Es gibt eine umfangreiche Literatur über Wechselbälge, aber es ist noch nicht allgemein erkannt worden, daß nicht nur mißgebildete Kinder als Wechselbälge getötet wurden, sondern auch solche, die, wie der hl. Augustinus sagt, ›unter einem Dämon leiden ... sie stehen unter der Macht des Teufels ... einige Kinder sterben in diesem Zustand ...‹. Einige Kirchenväter erklärten, das bloße Schreien eines Babys bedeute schon, daß es eine Sünde begehe.«[15]

Drewermann geht in seiner Untersuchung von einer

durchschnittlichen bundesrepublikanischen Kleinfamilie aus, deren Beziehungsgeflecht merkwürdig zeitlos wirkt. Dabei ist sicherlich der Ort, wo doch die Klerikerpsyche gemacht wird, durch die Zeiten und Regionen hindurch genauer zu untersuchen. Nun ist der Begriff von Kindheit und damit auch die bis heute verbindliche Familienstruktur überhaupt erst ein Produkt der frühen Neuzeit: »Bis ins 16. Jahrhundert hinein und für die arbeitende Bevölkerung weit darüber hinaus wurden Kinder nach dem 7. bis 9. Lebensjahr unmittelbar in die Welt der Erwachsenen eingeführt. Kindheit als einen eindeutig abgehobenen Lebensabschnitt gab es nicht.«[16] Dabei geht die Herausbildung der Kindheit als eigenständige Phase des menschlichen Lebens für N. Elias einher mit dem »Prozeß der Zivilisation«, in dem die Soziogenese des Staates und die Psychogenese des Individuums ineinander verwoben sind.

Verwunderlich ist, daß Drewermann trotz oder vielleicht wegen der Übermenge an Belletristik in den »Klerikern« nicht den Roman »Die Teufel von Loudun«, die Originalausgabe erschien 1952, von Aldous Huxley herangezogen hat. In ihm werden für das 17. Jahrhundert in Frankreich anhand der Hauptfigur des katholischen Priesters Urbain Grandier paradigmatisch die Wechselbeziehungen von Mystizismus und Politik, Heiligkeit und Sexualität, Psychopathologie und Soziologie abgehandelt. Huxley hat dabei auch – soweit es die Quellen erlauben – die Kindheitsgeschichte mit ihrer sexuellen Entwicklung in der typischen Form des 17. Jahrhunderts herangezogen.

Urbain Grandier bricht als Kleriker mit Leichtigkeit das Gelübde des Zölibats und wird im Zuge einer Besessenheit unter den Nonnen des Ursulinenklosters von Loudun, die er verursacht haben soll, wegen Hexerei angeklagt. Dieses Romanbeispiel zeigt eindrucksvoll, wie die verschiedenen Bereiche des Kulturell-Religiösen mit denen des Individuell-Psychischen verzahnt sind und gar nicht voneinander getrennt behandelt werden können.

Dabei scheint die Frage der Sexualität geradezu der Knackpunkt für die katholische Kirche[17] im allgemeinen und für die Kleriker im besonderen zu sein. Mutig hat sich Drewermann schon der Sexualität in dem zweiten Band von »Psychoanalyse und Moraltheologie«, in »Wege und Umwege der Liebe« (1983), angenommen und greift das sexuelle Problem erneut in den »Klerikern« auf. Im Zusammenhang mit den drei »evangelischen Räten« von Armut, Gehorsam und Ehelosigkeit (Keuschheit) beim Klerikerstand greift Drewermann mit der Zölibatsforderung das Sexualitätsproblem der Kleriker auf. Er beschäftigt sich eingehend damit, die Auseinandersetzung umfaßt schließlich über 170 Seiten in seinen »Klerikern«.

Es ist immer wieder erschütternd, zu hören, wie belastend und teilweise lebensvergiftend sich die sexuellen Probleme und Nöte bei den katholischen Klerikern und Laien entwikkeln und sich zu einem lebenslänglichen Fluch auswirken können. Doch obwohl Drewermann gerade in diesem Feld zu Recht mit Freud operiert und analysiert, stellt er gleich zu Anfang seiner Auseinandersetzung mit der Zölibatsforderung der katholischen Kirche eine These in den Raum, die ganz woandershin zu führen scheint. »Ganz entscheidend ist es, unter allen Umständen zu begreifen, daß die ›Ehelosigkeit‹ des ›mönchischen‹ Lebens weit eher dem *Gefühl der Erlösungsbedürftigkeit des irdischen Daseins* entstammt als einer vermeintlichen Sexual- und Frauenfeindlichkeit, die allerdings im Christentum unbestreitbar sich daraus entwickelt hat.«[18] Wenn man solche Sätze liest, hat man das Gefühl, daß die katholische Kirche sich um ihren Sohn Drewermann eigentlich gar keine großen Sorgen zu machen braucht.

Das Fazit der detaillierten Analyse des Sexualkomplexes gipfelt bei Drewermann in der Forderung der Vereinigung der Gegensätze – wie es der Pfarrerssohn Hermann Hesse in seinen Romanen immer wieder beschrieben hat. Wie schon in der Alchimie sollen die Gegensätze von »Seele und Leib, Gefühl und Denken, Frau und Mann, Trieb und Geist, Natur und Kultur« im »Mysterium Coniunctionis« vereint werden. »Gott ist nur, wo der Mensch mit sich eins ist. Oder anders gesagt: Es gibt keine ›Erlösung‹ im religionspsychologischen Status einer ebenso neurotischen wie neurotisierenden Sekte.«[19]

Aber Drewermann gibt in den »Klerikern« nicht nur eine Vivisektion seines Standes, sondern er verordnet auch eine Kur mit Therapievorschlägen. Die »evangelischen Räte« werden so uminterpretiert, daß sie psychologisch stimmen, die Zölibatsforderung wird zwar verworfen, nicht aber das Ideal der Keuschheit: »Von einer Zärtlichkeit, die Träume weckt, und von einer Liebe, die Wege weist.« Die »besondere Keuschheit« des Klerikers wird von ihm am Modell der Psychotherapie in der spezifischen Beziehung von Therapeut(in) und Klient(in) dargestellt. Allerdings schlägt Drewermann dabei äußerst gefährliche Wege ein, begründet aus einer romantischen Haltung, die den Realitäten des Alltagslebens nicht standhalten kann. Er erwägt – wie schon früher Ferenczi, der sich damit in schärfsten Gegensatz zu Freud brachte – die zeitweilige Suspendierung der Abstinenzregel, die im wesentlichen die sexuelle Enthaltsamkeit im besonderen Beziehungsverhältnis von Therapeut(in) und Klient(in) verlangt. Er selbst stellt die Frage: »Sollte ein solches *Bündnis der Gemeinsamkeit* einer Keuschheit, die Sexualität nicht ausschließt, jemals sich wieder ›normalisieren‹ lassen?«[20] Nach den neuesten Diskussionen in der Psychotherapie, die jeder kennt, der therapeutisch arbeitet, wäre die Frage doch etwas anders zu stellen: »Handelt es sich in einem solchen Fall nicht doch um den sexuellen Mißbrauch in der Therapie?«

Nun hat Drewermann seine Analyse der Kleriker in erster Linie geschrieben, um dem Stand des Priesters seine »dichterische Existenzform«[21] zurückzugeben. Überhaupt nehmen die Dichter, die oft und zahlreich in den »Klerikern« zitiert werden, selbstverständlich in Auswahl, ein Bukowski findet sich nicht darunter, eine absolute Sonderstellung ein: »Einzig *den Dichtern* ist es vergönnt, auch ohne Bindung verbindlich zu sein, auch ohne Verträge verträglich, auch ohne Ehe entscheidend für das Wohl und Wehe anderer Menschen.«[22] Sie sind neben dem Therapeuten das Modell für ein Leben in der Nachfolge Jesu Christi. Wenn man dazu noch die Jungsche Tiefenpsychologie als Instrument des theologischen Selbstverständnisses nimmt: »Dann würden wir begreifen, daß wir von Gott am besten nur so sprechen, daß es sich auf der Ebene dichterischer Erfahrung, künstlerischer Verdichtung von Existenz mitteilt.«[23]

In diesem Zusammenhang wird von Drewermann des öfteren ausführlichst Hermann Hesse zitiert, der sich als Dichter der unbedingten Individuation und der religiösen Sinnsuche verschrieben und diese in seinen großen Romanen wie »Demian« (1919), »Siddharta« (1922), »Der Steppenwolf« (1927) und »Narziß und Goldmund« (1930) in verschiedenen Gestaltungen immer wieder thematisiert hat. Auch ihn verbindet – neben dem gleichen, strengreligiösen protestantischen Elternhaus – viel mit C. G. Jung, eine Zeitlang war Hesse sogar in therapeutischer Behandlung bei Jung. Wie Drewermann will Hesse die Gegensätze versöhnen, besonders die Dichotomie des Asketisch-Geistigen und des Weltlich-Sinnlichen hat es ihm angetan, das alles natürlich außerhalb der kirchlichen Grenzen: »Ich habe nie ohne Religion gelebt und könnte keinen Tag ohne sie leben, aber ich bin mein Leben lang ohne Kirche ausgekommen.«[24]

Hesse selbst hat in einer Einheit von Leben und Werk versucht, das Leben seiner Romangestalten zu führen; möglich war es ihm aber anscheinend erst, als er nach dem Zusammenbruch seiner Ehe die Söhne bei Bekannten untergebracht hatte. Als Hausmann hat man ja anderes zu tun!

Nun sind ausgerechnet die Bücher Hesses Schlüsselromane und Wegweiser für eine ganze Generation geworden, die konsequent außerhalb des Establishments versucht hat, das zu leben, was Hesse geschrieben hat. Gemeint ist das große soziale Experiment der Hippies in den sechziger Jahren. Nicht umsonst wurden sie »Blumenkinder« genannt und wollten die Liebe leben und verwirklichen, durchaus auch im religiösen Sinn, wenn sich auch die religiöse Erfahrung aus ganz anderen Quellen speiste. Aber was ist aus dieser Generation geworden, die von der Liebe, der Freiheit, von der Einheit alles Religiösen geträumt, die wie die Dichter ungebunden und antibürgerlich in den Tag hineingelebt hat? Die Ernüchterung kam schnell, die Träume zerplatzten, und die Gesellschaft hatte ihre Kinder wieder. Wird genauso die katholische Kirche ihre träumenden Kinder eines Tages wiederhaben? Übung hat sie durch 2000 Jahre Geschichte genug.

Von den Initiatoren der Hippies, unter ihnen auch Dichter, haben einige trotz des Zusammenbruches der Hippiebewegung Ende der sechziger Jahre weitergemacht, mehr im stillen und längst nicht mehr so medienwirksam wie zuvor. Das sind übrigens die, die jetzt einen Paradigmenwechsel fordern. Damit schließt sich der Kreis.

Wenn man später auf die Phase des derzeitigen Papstes Johannes Paul II. zurückschauen wird, was mag dann wohl als gewichtiger erscheinen, die Zerschlagung der Befreiungstheologie, der Aufstieg von Opus Dei oder der Fall Drewermann?

Anmerkungen

1) Stanislav Grof: Geburt, Tod und Transzendenz: Neue Dimensionen in der Psychologie. Reinbek bei Hamburg 1991
2) A.a.O., S. 61
3) Eugen Drewermann: Sind Propheten dieser Kirche ein Ärgernis? Zürich 1991, S. 20.
4) A.a.O., S. 25 f.
5) Vgl. meine Rezension des Drewermann-Buches »Kleriker« in: spirita, Okt. 1990, S. 38 f.
6) Drewermann, Propheten, S. 26
7) C. G. Jung: Erinnerungen, Träume, Gedanken. Olten 1971, S. 42 und 45.

8) A.a.O., S. 10.
9) Adolf Holl, »Das Heilige. Nachruf auf eine Kopfgeburt.« In: Kursbuch 93 (1988), S. 19 f.
10) Drewermann, Propheten, S. 51.
11) H. Mynarek, »Der Fall Drewermann. Der Versuch, dem Mythos einen neuen Stellenwert im Christentum zu geben.« In: Der Fall Drewermann. Olten 1991, S. 11.
12) Karlheinz Deschner: Abermals krähte der Hahn. Reinbek bei Hamburg 1972, S. 9.
13) Eugen Drewermann: Kleriker. Psychogramm eines Ideals. Olten 1989, S. 18 f.
14) A.a.O., S. 270.
15) Lloyd de Mause (Hrsg.): Hört ihr die Kinder weinen? Eine psychogenetische Geschichte der Kindheit. Frankfurt a. M. 1980, S. 25.
16) R. van Dülmen: Entstehung des frühneuzeitlichen Europa 1550–1648. Frankfurt a. M. 1982, S. 202 f.
17) K. Deschner: Das Kreuz mit der Kirche. Eine Sexualgeschichte des Christentums. München 1988.
18) Drewermann, Kleriker, S. 491.
19) A.a.O., S. 654.
20) A.a.O., S. 728.
21) A.a.O., S. 17.
22) A.a.O., S. 719.
23) Drewermann, Propheten, S. 67
24) Hermann Hesse, Mein Glaube, 1931.

JOSEF SUDBRACK SJ

»Das Gespräch hat kaum begonnen«

Einige Gespräche mit Eugen Drewermann bestätigten mir, was wohl jeden beeindruckt, der ihn – wenn auch nur im Fernsehen – erlebt: Er ist nicht nur ein Theologe mit umfassender Belesenheit und nie versagendem, reichem Gedächtnis, nicht nur ein Redner und Literat von faszinierender Sprach- und Bildkraft. Er ist vor allem ein Mensch, der von den Nöten unserer Zeit betroffen ist, der wie ein Prophet seinen Auftrag darin sieht, sich für eine neue Kirche, ein neues Christentum, eine neue Humanität einzusetzen.

Das ist nicht gespielt, das ist durch und durch ehrlich. Es zeugt von einer Sensibilität, die den Gesprächspartner erschüttern kann. Der Zuhörer ist zwar versucht, Drewermann in ein psychologisches Schema einzuordnen und das, was dessen Zuhörer und Leser begeistert, zu bündeln und zu bewerten. Aber damit geriete er in zwielichtige Zonen, in denen Drewermann selbst sich leider allzuoft bewegt und die seine Kritiker nicht ans Licht zerren.

Franziskus-Haltung

Was soll man zum Beispiel dazu sagen, wenn dieser geniale Mann in seinem Buch »Kleriker – Psychogramm eines Ideals« auf nicht einmal fünf Seiten, wie er selbst schreibt, eine Psychoanalyse der gehorsamen Grundhaltung des Franz von Assisi entwirft: die Franziskus-Haltung. Dabei gibt er kein einziges Mal dem Heiligen selbst das Wort, wohl aber über eine Seite lang der »Gottesvergiftung« Tilmann Mosers. Drewermanns »Psychogramm«: Franz hatte eine Bindung zur unglücklichen, vom Vater unterdrückten Mutter, die sich »zu dem unabdingbaren Bestand eines heiligmäßigen Lebens« verfestigte und in einem absurden Leidens-Gehorsam vor dem Papst endete. Daß es im Leben des Heiligen einen Einbruch Gottes gab, taucht in dieser »Psychoanalyse« nicht auf.

Man könnte viele ähnliche Einseitigkeiten im Werk Drewermanns aufzeigen. Doch damit geriete sein Anliegen aus dem Blick. Es ist der Fehler in der heißgelaufenen Diskussion, daß solche Randfragen in der Mitte stehen. Die kirchenkritischen Schlußfolgerungen Drewermanns werden entweder zur Bestätigung der eigenen Kirchenkritik hochgelobt oder als Angriff auf die Kirchentreue von vornherein verdammt. Doch nur von seinem theologisch-psychologischen Grundansatz aus gelangt man zu einem differenzierten, auch kritischen Urteil über den Paderborner Theologen. Noch eins: Die Diskussion um Drewermann berührt Lebensfragen des Christentums. Und es ist peinlich, zu sehen, daß nicht nur liberale, sondern auch sich christlich nennende Medienprodukte aus dem Konfliktstoff Waffen für ein Konfessionsgefecht schmieden wollen.

In drei Ansätzen läßt sich das Wichtigste aus dem Werk Drewermanns zusammenfassen. Positiv: Erstens der Bild- und Symbolzugang zum christlichen Glauben; zweitens das Angstsyndrom des modernen Menschen. Kritisch drittens: Die Reflexion über die soziale Dimension des Menschen.

Die erste große Aufregung über Drewermann entstand nach der Veröffentlichung seiner Untersuchung »Tiefenpsychologie und Exegese«. Die Einzelkritik an diesem Werk kann mit Recht vieles bemängeln – daß Drewermann sich auf eine überholte Exegese stützt und sich eine noch ältere Dogmatik zur Zielscheibe macht, daß er fachpsychologisch gesehen zu flink und zu absolut argumentiert. Doch die Auseinandersetzung mit Drewermanns Exegese muß tiefer ansetzen – bei der Frage nämlich: Wie kann der Mensch überhaupt über Gott und sein Heilswirken sprechen? Die Mystik als lebendige Gotteserfahrung spricht in Bildern. Bis ins zwölfte Jahrhundert war auch die christliche Theologie bildhaft und nicht begrifflich geprägt. Begriffe reichen nicht an das Geheimnis Gottes heran. Die Theologie spricht hier von »analog«; das meint eine unauflösbare Einheit von Ähnlichkeit und Unähnlichkeit, von Ja und Nein.

Aber gibt es nicht »Bilder« und »Vorstellungen«, die in den Bereich Gottes hineinragen? Träumen nicht die Menschen von einer Wirklichkeit, die das enge Leben in Raum und Zeit übersteigt, von Engeln und einem Weiterleben nach dem Tode, von Göttern und Helden? Träumen nicht die Menschen von Gott? Diese »Traumwelt« hat sich niedergeschlagen in den Mythen und Symbolen der Religionen. Es gehört zu den unbegreiflichen Eskapaden Drewermanns, daß er demjenigen Theologen, der dies in vorbildlicher Sorgfalt darstellte, Unverständnis vorwirft.

Hugo Rahner nämlich entwarf schon vor Jahrzehnten ein entsprechendes Programm:

»Die christliche Offenbarung wendet sich wesentlich an den Menschen, das heißt an ein geistliches Wesen, das gerade im Religiösen sich immer (!) des Symbols bedienen muß. Die Bedeutungskraft der Symbole aber ist dem Menschen vorgegeben, ist folglich in ihren Urformen in jeder Religion vorhanden und gehört zu den Archetypen alles menschlichen Gottsuchens.«

Wird aber nicht so die Wirklichkeit des Religiösen und die Wahrheit von Gott aufgelöst in psychische Bilder? Wird Gott nicht zum mythischen Symbol? Das aber ist nicht die Theologie Drewermanns. Er führt in seinem Werk »Strukturen des Bösen« aus der Psychologisierung des Religiösen hinaus. Es gipfelt in einer grundsätzlichen Kritik des psychologischen Bemühens um den Menschen: Auch die Psychoanalyse kann nur aufdecken, daß die Grundbefindlichkeit des Menschen eine Lebensangst ist, die alles durchzieht und sich in jeder Abwehr nur steigert. Heilung geschieht nur im Vertrauen auf den absoluten, gütigen Gott. »Das Eigentliche (ist) psychoanalytisch nicht faßbar.« Psychoanalyse zeige nur, »wie der Mensch als ganzer sich in seinem Leben ohne und gegen Gott mit Notwendigkeit vernichtet«. Drewermann entwirft also einen regelrechten Gottesbeweis auf psychoanalytischer

Basis. Das Ja zu Gottes Realität wird im Ringen des Menschen um den Sinn seiner Existenz, um sich selbst verankert.

Eindeutigkeit

In ähnlicher Weise führt Drewermann zu Jesus: Es sind ja nicht »die Bilder an und für sich«, die »erlösende Qualität haben, sondern erst der Raum des Vertrauens«, der an eine Person und an konkrete Geschichte gebunden ist. Erst mit Jesus nun bekommt die Bildwelt geschichtliche Eindeutigkeit. Im Menschen aller Zeiten schlummern Bilder der Sehnsucht nach etwas Absolutem, Ewigem, Gütigem, Wahrem. Bilder vom leibhaften Leben nach dem Tod, von der Barmherzigkeit eines Vatergottes, vom göttlichen Kind als Retter der Menschen und von dessen wunderbarer Geburt aus der Reinheit der Jungfrau.

Diese »Bilder« werden in die geschichtliche Wirklichkeit gesetzt durch die Person Jesu Christi. Das in Träumen und Mythen Erahnte wird Wahrheit in Jesus. Umgekehrt wird das Wesen dieses Jesus nur verständlich mit Hilfe dieser Bildwelt, die in jedem Menschen schlummert. Die Wahrheit seiner geschichtlichen Existenz – er ist der Heilbringer Gottes – verlangt das vertrauende Glaubens-Ja.

An einem Kierkegaard-Zitat demonstriert Drewermann: »Der Satz, es könne nicht wahr sein, daß Christus von einer Jungfrau geboren ist, weil man Ähnliches von Herkules usw. und in der indischen Götterlehre erzählt, was auch nicht wahr sei, ist doch verwunderlich; denn der umgekehrte Schluß scheint in gewisser Hinsicht richtiger zu sein: Gerade weil man es von so vielen anderen großen Männern erzählt, wo es nicht wahr gewesen ist, gerade deshalb muß es von Christus wahr sein; denn daß man es so oft gesagt hat, deutet eben auf den Drang des Menschen hin.«

Schade, daß Drewermann später solche theologischen Verständnisansätze zur Jungfrauengeburt und anderen christlichen Dogmen oft vergißt. Jesus ist und bleibt für ihn

»die Stelle, an welcher der Himmel die Erde berührt, ein Stück von der Sonne mich selber durchströmt«. Dabei beschreibt er genau den Unterschied der Jesusgestalt zu anderen verehrungswürdigen religiösen Menschen wie zu Buddha.

Augen des Herzens

Die Gültigkeit der Theologie Drewermanns läßt sich auch an seiner Sicht der Auferstehung erkennen. Er schreibt: »Das Geheimnis der Auferstehung läßt sich nicht äußerlich ›feststellen‹, man kann es nur glauben, und es läßt sich nur mitteilen in Bildern und Symbolen. Die Wirklichkeit des Ostermorgens aber kann man nur mit den Augen des Herzens wahrnehmen, denn alles, was uns leben läßt, entstammt dem unsichtbaren Raum der Ewigkeit.« Das mag manchem zu poetisch nach religiösem Gefühl klingen. Doch Drewermann läßt die Wahrheit dieser »Poesie« in der Person Jesu und in »meinem Glauben« an ihn verwurzelt sein: »Nur wer die Person und das Wort Jesu auf eine Weise an sich selbst erfahren hat, daß es für ihn zur Auferstehung wurde, wird glauben können, was die Frauen sagen.«

Oftmals wünscht man sich, Drewermann wäre sich in seiner »Bild«-Theologie treuer geblieben. Dann hätte er die Theologie vom Kreuz Jesu als Sühnetod nicht so radikal kritisieren können: »Was für ein Moloch von Gott braucht denn solche ›Sühneopfer‹?« Sein Angriff gegen eine Deutung des Sühnetodes Jesu mag zwar einige Theologen der letzten Jahrhunderte und auch die Vorstellung eines grausamen Richter-Gottes mancher Frömmigkeit treffen. Aber die wirklich große Theologie dachte anders. Sie wußte, daß auch dies nur ein Versuch ist, etwas zu verstehen, was im Geheimnis Gottes verborgen bleibt.

Im »Spiegel«-Interview vom 23.12.1991 vergißt Drewermann die Kraft der Bilder und schreibt: »Jesus wäre nie auf die Idee gekommen, das Festessen des jüdischen Passahfestes, das die Juden an den Auszug ihrer Vorfahren aus Ägypten erinnert, umzuwandeln in eine Mahlzeit, bei der die Gläubigen sakramental teilhaben am Leben eines Gottes, der sich im Tod opfert.« Doch warum verschwieg er, daß er damit in negativer Eindeutigkeit beschrieb, was er in einem früheren Interview – im Magazin der Frankfurter Allgemeinen Zeitung – positiv im Sinne eines »Ursakraments« erläuterte: Ein »Symbol der Einheit und Liebe, das Jesus vermutlich nicht erst im Abendmahlsaal stiftete, sondern indem er sich zu den Zöllnern und Sündern an einen Tisch setzte«? War das Versehen, gereizte Replik oder bewußte Provokation?

Gerade die Bildkraft der theologischen Sprache ist es doch, die Menschen betreffen kann und der Drewermann seine großen Erfolge verdankt. Wäre es nicht an der Zeit, sie bewußter in die Mitte der Theologie und deshalb auch der Glaubensverkündigung zu stellen?

Nur mit der Einsicht, daß alle Aussagen über Gott und das Heil der Menschen die Kraft der Sprache übersteigen, wird die zweite Säule in Drewermanns Theologie verständlich. Sie brachte ihm den Vorwurf ein, er reduziere die Sünde des Menschen auf das Gefühl der Angst. Statt Einzelaussagen aufzuspüren, in denen tatsächlich so etwas gesagt zu werden scheint, sollte man versuchen, den mit der Angstanalyse gemeinten Grundansatz freizulegen. Denn Sünde in theologischer Genauigkeit ist wiederum etwas, das die Sprachmöglichkeit der Tatsachenwelt überschreitet. Sie hat mit Gott und dem Heil der Menschen zu tun. Ihr letztes Wesen kann nur mit immer neuen »Bildern« beschrieben werden. So erscheint bei Drewermann Sünde im Gewand der »Angst«. Damit greift er wache christliche Traditionen auf – man muß nur Namen wie Kierkegaard, Guardini oder heute Eugen Biser nennen.

Zum vollen Verständnis des von Drewermann Gemeinten gehört weiter, daß Angst ihre Mitte in der Flucht vor Gott und vor dem liebenden Vertrauen in ihn als den gütigen

Vater hat. Urvertrauen, auf dem eine reife menschliche Persönlichkeit aufruht, wird bei Drewermann zum Grundverhältnis des Menschen zu Gott. Sünde aber ist in der Mitte die Störung dieses Grundverhältnisses. Von dieser Sicht her trifft Drewermann die Lehre vieler Moraltheologen unserer Tage. Man versteht nicht seine heftigen Angriffe gegen sie, die doch in anderer, allerdings weniger poetischer Sprache das gleiche wie er sagen wollen.

Bei aller Sympathie gegenüber Drewermann kommt man nicht daran vorbei, daß er selbst ein überaus schwieriger Gesprächspartner ist. Damit sind vor allem die theologischen Freunde Drewermanns aufgefordert, ihm zu mehr Offenheit im Gespräch zu verhelfen. Dahinter steckt – tiefer gesehen – auch eine Frage an Drewermanns Theologie, vielleicht sogar die entscheidende: Übersieht sie nicht die Tatsache, daß der Mensch bis in die Mitte seiner Person ein soziales Wesen ist? So polemisiert Drewermann in überaus harter und persönlich verletzender Weise gegen die politische Theologie, wie sie Johann Baptist Metz vertritt: Zuerst komme die Gesundung der eigenen Psyche, dann ergebe sich das soziale Engagement wie von selbst.

Opferhaltung?

Bei all den oft treffenden Analysen des »Kleriker«-Buchs stellt Drewermann zum Beispiel nie die Frage, ob es nicht auch sinnvoll und voll menschlich sein kann, das eigene Glücksbedürfnis und auch die eigene psychische Reife einem größeren Ganzen zu »opfern«.

Die sogenannte »Opferhaltung« erscheint immer nur als Karikatur der Menschlichkeit. Ist die Mutter, die das eigene Lebensglück ihrem Kind »opfert«, wirklich verklemmt, wie es bei Drewermann aussieht? Wiederum gilt: In vielem muß man der Kritik Drewermanns recht geben und seine Anstöße ernst nehmen. Aber die grundsätzliche Ablehnung einer »Opferhaltung«, bevor einer zur vollen Reife der Persönlichkeit herangewachsen ist, unterbindet auch jeden wahren Dialog.

Von hierher wären nun viele Fäden zu knüpfen. Das Gespräch mit dem Anliegen Drewermanns müßte von neuem anfangen. Themen kämen zur Sprache wie der Überhang der kirchlichen Gemeinschaft gegenüber dem einzelnen, wie die Notwendigkeit des Gesetzes auch vor dem persönlichen Gewissen, wie die Verpflichtung, ein Stück der Persönlichkeitswerdung zu vernachlässigen zugunsten des Ganzen.

Doch das Gespräch mit Drewermann hat leider noch kaum begonnen.

ANDREAS LAUN

Träumereien ohne Grenzen

»Gott, unzufrieden mit ›seinen‹ Theologen, rottete diese zwar nicht gerade durch die Wasser einer Sintflut aus, ließ aber eine Dürre über die Kirche kommen, so daß ihre Arbeit unfruchtbar blieb. Das lebendige Grün des Lebens verschwand, das Feld der Religion wurde braun und rissig, und der schützende Zaun der Institution war sinnlos geworden. Gott aber hatte Mitleid mit seinen Geschöpfen, und so erwählte er einen Theologen als Retter aus der großen Not. Mit den Werkzeugen der Psychotherapie vertraut, bohrte dieser ein tiefes Loch bis hin zum Ur-See des Unbewußten, in dem die Archetypen zu Hause sind. Von dort, so versprach er, werde er das rettende Wasser samt seiner Fauna holen, die verdurstende Welt laben und sie mit neuem Leben erfülllen. Sein Name aber war Eugen Drewermann.«

So oder ähnlich müßte man den ersten Teil der Geschichte Drewermanns in der von ihm bevorzugten Form des Mythos erzählen. Wer ist dieser Mann? Ein katholischer Theologe und Psychotherapeut dazu, enfant terrible, Bestsellerautor und, wie seine unzähligen Gegner sagen, eine Art Guru: Er fasziniert durch seine Sprache und die Ausstrahlung seiner Person, aber er führt in die Irre, weg vom Jesus der Bibel und erst recht von der Kirche. Eigentlich kann man die Werke Drewermanns nicht rezensieren; man sollte Drewermann erzählen, und zwar am besten in mythischen Bildern.

Den Anklagen und Anklägern hält Drewermann seine Erfahrung, geboren aus der Krise, entgegen. Nach Jahren des Studiums hinter den schützenden Mauern des Priesterseminars fand er sich mit Fragen konfrontiert, denen er ratlos gegenüberstand: »Plötzlich trat ich heraus aus dem Gemäuer und fand Menschen, für die die Antworten, die ich jahrelang gelernt und auch geglaubt hatte, überhaupt nicht paßten …

Das blanke Eingeständnis, das an menschlichem Leid mir Zugetragene nicht verstehen zu können, hat mich zur Psychologie getrieben.« *(Deutsches Allgemeines Sonntagsblatt vom 22.11.1987).*

Drewermann wandte sich also der Psychotherapie zu und begann, die Quellen des Religiösen auf seine Art zu erschließen: Jesus, wie er ihn versteht, wollte die Menschen vor allem von den seelischen Krankheiten heilen. Denn der Mensch ist krank, und zwar vor allem krank vor Angst. Diese ist »die eigentliche Kraft der Entfremdung von Gott«, schrieb der Theologe in einer Antwort auf Kollegenkritik *(Eugen Drewermann, An ihren Früchten sollt ihr sie erkennen. Olten 1988).* Die Heilung besteht daher in einer Form von Vertrauen, die bis in die Wurzeln hinein das Mißtrauen sich selber gegenüber, den Herd der Schuldgefühle, des ständigen Abgrunds, aufarbeitet. Woher könnte aber dieses Vertrauen kommen?

Aus den wunderbaren Bildern der Religion, antwortet Drewermann, aus den Mythen und Träumen, die die wesentliche Sprache Gottes sind und die es seit Urzeiten bei allen Völkern in der Gestalt von Archetypen gibt. Und so deutet er die Offenbarung: Sie beginnt in dem Moment, »da Gott die Bilder des Vertrauens in die menschliche Seele gelegt hat – in den Jahrmillionen der Evolution«. Aufgabe der Kirche wäre es, die Bilder und Träume wieder zu erschließen. Er, Drewermann, geht auf inzwischen rund 20000 Buchseiten als der Prediger der heilenden Bilder wider die Angst mit gutem Beispiel voran. Allerdings glaubt Drewermann nicht recht an die Möglichkeit, daß ihm die Kirche folgen wird. Denn diese habe um der »Vernünftigkeit« der Lehre willen die Welt der Bilder, Träume und Gefühle verdrängt und dämonisiert. Das Resultat sei eine verstümmelte Religion. Die Machtträger in der Kirche hielten zwar die Schlüssel zum Himmelreich in Händen, aber statt zu öffnen, verschließen sie die Pforten. Darum ist Drewermann auch nicht erstaunt, daß er verfolgt wird.

Mit seinen Gegnern geht Drewermann nicht zimperlich um, sondern bedient sich – so formulierte es der Münchener Psychotherapeut Albert Görres einmal – ohne Zögern der »steinzeitlichen Waffen einer ungezügelten Aggression«. Gemessen an der Härte seiner rücksichtslos-pauschalen Rundumschläge benehmen sich seine Kritiker im großen und ganzen zivilisiert und halten sich an die Ethik des kritischen Dialogs. Allerdings fühlen sie sich genötigt, mit Drewermann trotz mancher positiver Aspekte seines Werkes hart ins Gericht zu gehen. Dabei kritisieren sie nicht so sehr den einen oder anderen Punkt, sondern verneinen generell die Gültigkeit seiner Grundthesen:

Sein sprachgewaltiges Werk lebe mehr von der Suggestion als von guten Argumenten und sei letztlich – so der Dogmatiker und Rottenburger Bischof Walter Kasper – doch nur »ein gedanklich unverdautes Konglomerat heterogener Ideenkomplexe«. Görres, der Drewermann in so mancher Hinsicht Anerkennung zollt, schreibt gar: »Es gibt Texte bei Drewermann, bei denen man es nicht für möglich hält, daß er ein einziges Evangelium aufmerksam gelesen und im Sinn behalten hat.« *(Albert Görres, Erneuerung durch Tiefenpsychologie? In: Tiefenpsychologische Deutung des Glaubens? Anfragen an Eugen Drewermann. Herausgegeben von Albert Görres und Walter Kasper. Quaestiones Disputatae 113. Freiburg 1988)*

Dogmatische Vorwürfe werden gegen den Theologen erhoben. Denn unter seinen Händen verändern sich zentrale Begriffe des Glaubens. Nicht die Sünde, sondern die Angst ist nach Drewermann das Urproblem des Menschen, und dies hat weitreichende Folgen für den Begriff der Erlösung. Die Dogmen werden in seinem System ganz grundsätzlich zu bloßen Symbolen und zum Ausdruck von allgemein menschlichen Archetypen.

Damit aber fällt der Anspruch des Christentums, letztlich die einzig wahre Religion zu sein. Mission wird sinnlos, ja sie verwandelt sich von einer Wohltat in strukturelles Unrecht.

Was wahr ist, ist nicht mehr durch die Offenbarung bestimmt, sondern durch die Psychologie. Andere Religionen müssen das Christentum ergänzen, weil sie – wie zum Beispiel die ägyptische Mythologie – die Tiefen der menschlichen Seele besser widerspiegeln als das Christentum. Offenbarung geschieht nicht mehr geschichtlich und einzigartig in Jesus Christus, sondern durch die Träume, Mythen und Archetypen der menschlichen Seele.

Das aber ist eine Verfälschung des Glaubens, auch wenn Drewermann keine Schwierigkeit hat einzuräumen, daß die Geschichte Jesu manche Probleme (zum Beispiel das Verhältnis von Vertrauen und Angst) einzigartig wiedergibt. Damit aber bedroht eine neue, psychologisch begründete Gnosis den authentischen Glauben der Kirche. Kurz gesagt: Das, was Drewermann vorlegt, ist nicht mehr genuin christlich, sondern eine Art psychologische Einheitreligion indischen Zuschnitts, wobei erschwerend hinzukommt, daß Drewermann auch die Positionen der anderen Religionen immer wieder entstellt erläutert.

So die Kritik. Es bedarf eigentlich keiner theologischen Sonderstudien, um zu begreifen: Wenn Drewermann diese Vorwürfe nicht widerlegen kann oder seine Thesen nicht zurücknimmt, wird seine Stimme in der Wissenschaft nicht mehr ernst genommen werden. Mehr noch: Auch wenn er sich noch so wortgewaltig gegen jede »Ketzermacherei« zur Wehr setzt, trennt er sich objektiv durch seine Umdeutungen von der Kirche. Seine Lehre wäre nicht mehr die ihre, ihre Lehre nicht mehr die seine. Ob die Vereinbarkeit noch gegeben ist oder ob Drewermann nur als Privatperson lehren sollte, wollen der Paderborner Erzbischof Johannes Joachim Degenhardt und seine bischöflichen Mitbrüder herausfinden.

Das Nichtverstehen der kirchlichen Lehre hat weitreichende Konsequenzen: Weil Drewermann »die Gemeinschaftlichkeit des Christseins und das spezifische Ethos des Christseins« übersieht und zugunsten einer Privatisierung der Lehre ausklammert, gerät er unvermeidlich in die Nähe mancher neu-frommen Bewegungen mit folkloristischem Einschlag. Und »wer nur existentielle Betroffenheit oder atemlose Erschütterung will und wer meint, auf argumentative Vernunft verzichten zu können, der liefert sich nicht nur der Irrationalität aus. Er wird zugleich welt-los. So gesehen gerät Drewermanns Attacke in bedenkliche Nähe zur Gnosis.« Was wir brauchen, ist »präzises und verantwortliches Reden und Denken – und keine theologische Agitation«, wie sie Drewermann betreibt. So argumentiert der Eichstätter Pastoraltheologe Anton Zottl, der die »Blickrichtung der Denkbemühung und Kritik« Drewermanns grundsätzlich für zutreffend hält.

Auch bei den Psychotherapeuten stößt Drewermann auf Widerspruch. Er mischt, so Albert Görres, aus den verschiedensten Quellen eine »Mixtur von unbewiesenen und unbeweisbaren Plausibilitäten« und vergißt dabei: Kriterien der Wahrheit gibt es in der Psychologie kaum oder gar nicht, erst recht nicht dort, wo es um Traumdeutung geht. Und was die für ihn so zentrale Lehre von den Archetypen betrifft: Der Jungsche Begriff der Archetypen ist unklar, ja ein Psychoanalytiker hält sie sogar für »absichtlich mysteriös gehaltene Oberflächlichkeiten«.

Wie wenig hilfreich, ja sogar irreführend und gefährlich diese »Archetypen« seien, zeige sich schon bei ihrem Erfinder C. G. Jung, der Hitler als einen vom »Archetyp Wotan Ergriffenen« feierte – ein Fehlgriff, der eben doch mit der Problematik des Begriffs als solchem zu tun habe. Wie, so fragt man, soll es möglich sein, die Theologie auf solch unstabilen Fundamenten neu zu bauen? Görres kommt zu der Folgerung: »Wenn man von der rhetorischen Zaubergabe des Mannes absieht, bleiben, so fürchte ich, oft nur des Kaisers neue Kleider übrig. Sie sind weder warm noch regenfest.«

Und dennoch: Auch die Kritiker von Drewermann betonen oft, was sie ihm an Einsichten verdanken, welche seiner Anliegen berechtigt sind, wie treffsicher Drewermann bezüglich so mancher Fragen den Finger auf die verschiedenen Wunden der Theologie und der Kirche zu legen versteht und wie wichtig es ist beziehungsweise wäre, dem Gefühl, dem Traum und der persönlichen Erfahrung des einzelnen das gebührende Gewicht zu verleihen.

Schade um Drewermann und seine Begabung – so Skeptiker der ungewohnten Theologie-Vorstellungen. »Drewermanns Kritik der Kirche hat bei aller Ungerechtigkeit und Ungenauigkeit in Einzelheiten so viel Gewicht, daß niemand sie leichtnehmen kann, der seiner eindringlichen Sprache aufmerksam und verstehenswillig zuhört. Drewermann zieht den Leser durch Strudel von affektverzerrter Wirrnis. Dennoch läßt sich bei gutem Willen ein tief berührender Grundton des Schmerzes und der Klage eines in seiner Liebe zur Kirche verwundeten Mannes durchhören ... Sie hat nicht nur schrille, sondern auch tiefe und reine Töne. Der Schmerzensschrei des Leidenden kann kein Wohlklang sein.«

Der Streit um Drewermann hat das Interesse der Öffentlichkeit auf den Plan gerufen, und dies, obwohl es sich ausnahmsweise nicht um den üblichen, klischeehaften Konflikt zwischen dem »bösen« Rom und dem »guten« Theologen handelt, sondern um eine Diskussion, die primär wirklich unter Theologen ausgetragen wird und ausgetragen werden muß. Ist es der Mann, der Interesse erregt, oder sind es seine Thesen? Wer sind die Leser seiner umfangreichen Bücher? Welche verborgenen Saiten der menschlichen Seele hat er berührt, daß seine Stimme gehört wird? Ist er ein Prophet, ein Scharlatan, oder lebt in ihm die Kraft der Schamanen, die er so sehr verehrt? Und wie wird es weitergehen? Aus der Sicht der Kirche betrachtet und nochmals in der Sprache des Mythos ausgedrückt, lautet die Antwort:

»Aus dem Bohrloch Eugen Drewermanns kam aber kein wirkliches Wasser. Was er seinen Anhängern bieten konnte, waren nur Bilder und Träume von Wasser, das neu sprießende Grün des Lebens war ein Mythos, eine Fata Morgana, deren Nichtigkeit sich allerdings erst nach langen Märschen in die Irre erwies. Die Träume konnten das quälende Erlebnis des Durstes zwar eine Zeitlang hintanhalten, aber ihn selbst nicht stillen. Und so blieb es bei der Wüste – bis zu dem Tag, an dem Gott einen neuen Moses sandte, der mit seinem Stab an den Felsen der Kirche schlug und ihre vergessene Quelle neu zum Fließen brachte.«

Das Werk Drewermanns wird dann einen bleibenden Platz in der Geschichte der Kirche einnehmen, wenn er die Träume vom Wasser dazu benützt, die Menschen zum wirklichen Wasser zu führen. Wird er seine Träume durch die Wirklichkeit des Glaubens korrigieren lassen? Wird er sich erinnern, daß es letztlich nur eine Quelle gibt, nämlich Jesus Christus, und daß die Wasser der Quelle zwar über die Grenzen der Kirche hinausströmen, die Quelle selbst aber inmitten der Kirche entspringt?

STEPHAN WEHOWSKY

Die brüchige Welt eines neurotischen Klerus

Wahrheit und Irrtum bei den katholischen und evangelischen Glaubensgemeinschaften

Die Zeitgenossen von Friedrich Nietzsche hätten es wohl kaum für möglich gehalten, daß dessen Religionskritik eines Tages noch einmal zugespitzt werden könnte. Immerhin hatte der Philosoph nichts weniger als den »Tod Gottes« festgestellt. Gott sei, so Nietzsche, »die Formel für jede Verleumdung des ›Diesseits‹, für jede Lüge vom ›Jenseits‹«. Eugen Drewermann würde das zwar so nicht sagen, denn er ist trotz aller Rekurse auf Nietzsche gläubiger Christ und Theologe. Dennoch verkündet er in seinem neuesten Buch eine nicht weniger bestürzende Einsicht: Der Kleriker ist tot, genauer: Er hat nie gelebt. Vieles von dem, was ein Priester denkt, glaubt und sagt, ist daher nicht nur leeres Gerede, sondern der Ausdruck verfehlter Existenz. Die katholische Theologie hat sich in Drewermanns Augen zu einem Wahnsystem und die Kirche zu einer Institution von Kranken entwickelt. Nachsicht wäre am Platze, würde sie nicht bis heute ihre Opfer fordern. Daher prangert Drewermann diese weltumspannende Psychiatrie ohne Psychiater an.

Den Werdegang der Opfer, die gleichzeitig die Akteure sind, schildert Drewermann so: Da ist eine überforderte Mutter, die ihr Kind eigentlich lieben möchte, aber es im Alltagsstreß nicht kann. Sie hat ein schlechtes Gewissen und versucht, ihre Überforderung durch betonte Zuwendung zu kaschieren, aber das kleine Kind erinnert sich nur zu gut an die Situationen, in denen der Mutter die Nerven durchgehen oder sie selbst mit Herzanfällen darniederliegt. Die Zuwendung also wird als unecht erlebt, und das Kind glaubt, nicht wirklich gewollt zu sein.

Wer das Gefühl hat, eigentlich nicht leben zu dürfen, wird nicht genießen können und sich noch weniger durchsetzen. Der »Mangel an Daseinsberechtigung« führt zur Desorientierung im Rahmen konkreter Lebensbedingungen, also zunächst im Umgang mit anderen Kindern, in der Erfahrung und Entwicklung der eigenen Sexualität und bei der Ausbildung eines tragfähigen Selbstwertgefühls. Um diesen Mangel zu kompensieren, reicht keine irdische Kraft aus, denn diese Welt ist in den Augen eines solchen Kindes brüchig. Nur eine überirdische Macht kann ihm das Gefühl vermitteln, geliebt und wichtig zu sein, nicht nur eine Rolle zu spielen, sondern eine unverwechselbare Aufgabe zu haben. Der Weg ins Priesteramt oder hinter Klostermauern als Nonne soll schließlich für die – unbewußt gebliebenen – Wunden entschädigen, die in der Kindheit geschlagen worden sind. »Die ehedem Verzweifelten sind jetzt die Lieblinge Gottes. Wer sie nicht respektiert, ist selber nicht mehr als ein Ungläubiger, als ein Gottloser – ein Bedauernswerter, bei Licht besehen.«

Die Mitarbeiter des Walter-Verlags gerieten in Kalkulationsprobleme, als Drewermann sein Opus (»Kleriker. Psychogramm eines Ideals«) mit vielen Fallbeispielen auf annähernd 900 Seiten anschwellen ließ. Doch wer den Verästelungen verunglückter Sozialisationen bis in die Biographien der Kleriker hinein, in die Riten der katholischen Kirche und nicht zuletzt in die Theologie hinein verfolgen will, muß so weit ausholen wie Drewermann.

Wie anders sollte zum Beispiel die Rolle dargestellt werden, die etwa die Beichte für ein ohnehin schon lädiertes Selbstgefühl spielt? Und wenn aus dem »Mangel an Daseinsberechtigung, der als Kompensationsleistung den Wunsch hervortreibt, sich durch eine gewisse Form von Nützlichkeit so etwas wie eine Berechtigung zum Sein doch noch zu verdienen«, aufgrund einer Liebeserfahrung Selbstbewußtsein wird, dann entsteht eine Reihe bemerkenswerter Konflikte, die es in der christlichen Liebesreligion eigentlich gar nicht geben dürfte.

Immer etwas traurig

So ist Drewermanns Angriff zwar frontal, aber differenziert. Im Gespräch über seine Fundamentalkritik wirkt Drewermann auch eher still, in sich gekehrt und immer ein wenig traurig. Vom »klingenden Spiel«, mit dem Nietzsche seine Attacken vorgetragen wissen wollte, ist bei Drewermann nichts zu spüren. Seine Kritik drückt das Leiden eines gläubigen Menschen an seiner Kirche aus.

Doch trifft er nur den katholischen Klerus? Seine vielen Fallbeispiele sind zwar diesem Bereich entnommen, aber bedeutet das schon, daß etwa die evangelische Kirche nicht betroffen ist? Oder entpuppt sich nach Drewermanns Analysen das Christentum überhaupt als eine Arena, die besonders für Neurotiker hohe Attraktivität besitzt?

»Ganz sicher wird man sagen können, daß die Religion wie die Kunst an den Rändern der Normalität angesiedelt ist, also auf bestimmte Grenzerfahrungen von Erleben zurückgeht und in gewissem Sinn geniale Begabungen voraussetzt, die irgendwie am Rande der Gemeinschaft stehen und etwas Neues sagen. Insofern würde ich das Neurotische nicht als das Schädliche betrachten. Hier verdichtet sich exemplarisch etwas, woran wir als Menschen überhaupt leiden. Die Begnadeten, die Neurotischen, sprechen aus, woran sie leiden, und objektivieren den Schmerz, aber auch die Kräfte zur Heilung, indem sie sie verbindlich mitteilen.«

Woran aber liegt es, daß aus diesen genialen Existenzen die neurotisierende, verkrustete Kirche wird?

»Es gibt die Versuchung, Sicherheiten vorzugaukeln, die objektiv nicht existieren. Hier liegt eine Gefahr der katholischen Kirche. Ich würde mir sehr eine Kirche wünschen, die es als ihre Aufgabe betrachtet, die Menschen auch in die Not hineinzuführen, die es kostet, frei und persönlich zu sein und das auszuhalten. Ich vermisse an der katholischen Kirche weit mehr als an der protestantischen den Mut, Individualität zuzulassen und damit auch mit der Angst zu leben. Der Protestantismus ist insofern ehrlicher als der Katholizismus, als er die menschliche Schwäche ernst nimmt. Man entdeckt in Luthers Schriften viel psychologische Klarsicht. Die Fragen, die der Protestantismus an den Katholizismus gerichtet hat, bezeichnen einen humanitären Aufbruch in Richtung Freiheit und Selbstentfaltung. Das Paradoxe, die Dialektik, liegt wiederum darin, daß aus dieser Freiheit ein neuer Anspruch entstanden ist. So wird die Erlaubnis, zu heiraten, eine Familie zu gründen, in protestantischen Gemeinden nicht nur als Erleichterung erlebt. Unter den Augen einer Gemeinde verheiratet zu sein und das Wort Gottes zu verkünden, überzieht eine Pfarrersfamilie augenblicklich mit Ansprüchen, die subjektiv ganz schwer einzulösen sind. Man ist ständig im Status der Vorbildlichkeit, gezwungen, auf eine Weise zu leben, die am Ende menschlich auch wieder nicht stimmt. Es kann am Ende sogar die Rechtfertigung aus Gnade wieder der Rechtfertigung bedürfen und eine Moralisiererei hervortreiben, die als alles andere als befreiend erlebt wird.

Die protestantischen Pfarrer sind ständig gezwungen, den Glauben aus der eigenen Person heraus zu vermitteln. Das ist eine enorme Überanstrengung. Sie können sich nie beruhigt zurücklehnen in Gebärden, die, wie in der katholischen Kirche, einfach vorgegeben sind. Das ist die Folge des Ausfalls vorgegebener objektiver Strukturen.«

Ob es sich bei der katholischen Kirche wirklich um »objektive Strukturen« handelt, sei dahingestellt – schließlich sind sie nur für den objektiv, der an die Heiligkeit der katholischen Kirche glaubt. Daß Drewermann so unbefangen davon sprechen kann, zeigt, wie tief er im Katholizismus verwurzelt ist. Woran aber zeigt sich für ihn die Überforderung des protestantischen Pfarrers? Ist er gar auch ein Psycho- und Sexualkrüppel wie sein katholischer Amtsbruder?

»An der protestantischen Theologie ist beeindruckend, daß sie Gott nicht von der Sexualität abspaltet. Gott soll mitten in der Welt gefunden werden. Daher soll es auch keinen besonderen Klerikerstand geben. Doch gibt es hier das Problem, daß in einer protestantischen Ehe, in einem Pfarrhaushalt eigentlich kein Scheitern erlaubt ist. Der Theorie nach dürfte das der Fall sein, denn immerhin hat Luther Philipp von Hessen aus der Patsche geholfen, indem er ihm die zweite Heirat erlaubt hat. Als Sünder und Geretteter soll der Mensch das Scheitern aneinander aushalten können und nicht um jeden Preis vermeiden müssen. Diese Erlaubnis sehe ich in der protestantischen Kirche nicht wirklich gelebt. Statt dessen wirft man die Leute aus den Ämtern und zwingt ihnen eine Musterehe auf. Es gibt Pfarrerstöchter, deren Leben furchtbar ist, weil sie einen Vater hatten, der in seiner hohen Moralität außerstande war, einfache Dinge zu verstehen. Das ist eine Gefahr der Travestie des Protestantischen.«

Sind protestantische Pfarrer und Priester zuletzt doch ähnlich gewirkt?

»Sie sind wie die rechte und die linke Hand. Sie sehen sich am Ende zum Verwechseln ähnlich, aber der Grund dafür ist der verschiedene Ausgangspunkt. Eine Persönlichkeit, wie sie der Protestantismus fordert, die frei und selbstverantwortlich den Glauben repräsentieren soll, fühlt sich zerbrechlich und neigt dazu, einen eigenen Panzer zu schaffen. Katholischerseits hat man den Panzer zur Voraussetzung und merkt zu spät, daß er zu eng ist, um die eigene Person entwikkeln zu können. Beide haben in ihrer Einseitigkeit nicht die Wahrheit; in beiden Fällen wird auseinandergerissen, was zusammengehört.«

Ironisch ließe sich anmerken, daß schon Pilatus fragte, was Wahrheit ist, eine Frage, deren Unbeantwortbarkeit Jesus schließlich das Leben kostete. Nun scheint es, daß die Frage nach der religiösen Wahrheit leichter mit wissenschaftlichen Methoden zu beantworten ist. Was sagt also der Religionspsychologe Drewermann zur Frage nach der Wahrheit des Katholizismus und des Protestantismus?

»Keine der beiden Konfessionen kann für sich beanspruchen, in der Wahrheit zu sein. Wir reißen in der konfessionellen Spaltung Wahrheiten, die ganzheitlich gelebt werden müßten, durch verschiedene konfrontative Organisationsformen auseinander und spalten damit psychisch die Menschen selber. Beim reformatorischen Ansatz halte ich den Ausgangspunkt zwischen Verlorenheit und Rechtfertigung, zwischen Angst und Vertrauen, Individualität und Annahme für richtig. Ich halte es auch für richtig, daß diese Fragen vor denen nach der Organisation einer Kirche Vorrang haben.

Umgekehrt glaube ich, daß der Protestantismus religionspsychologisch an dem Punkt irrt, daß es Vertrauen geben könnte einfach nur durch die Existenzvermittlung personaler Begegnung. Die Psychoanalyse zeigt sehr gut, daß man, um Vertrauen zu lernen, in der Gegenwart der anderen Person bis in die Tiefenschichten der Träume, der Symbole und Bilder berührt sein muß. Man lernt Vertrauen nicht abstrakt zwischen Ich und Du, vielmehr katalysiert sich diese Beziehung durch eine Menge von Ausdruckssymbolen, die auch kollektiver Natur sind. Darin sehe ich den großen Wert des Katholizismus, diese Elemente gerettet zu haben. Darin ist er in der Religionsgeschichte tief verwurzelt.

Heidnische Elemente

Das sind aber heidnische Elemente – aus reformatorischer Sicht. Der Katholizismus tut aber so, als wäre alles das, woran wir glauben, aus der Bibel zu entwickeln. Das stimmt ersichtlich nicht und führt wiederum dazu, daß das, was in der Seele des Menschen wurzelt, nicht dort begründet, sondern als vermeintliche Offenbarung von außen an ihn herangetragen wird.«

Ist das nicht überhaupt ein tiefgreifender Mangel beider Kirchen, daß alles »Wissen von Gott« dem Menschen von außen aufgepfropft wird?

»Das Wissen von Gott ist an einen Stand von Experten delegiert worden, die nach einem langen Studium den Leuten sagen können, was sie glauben sollen. Das ist ein strukturelles Unding, das nach meinem Eindruck das Gegenstück von dem darstellt, was Jesus gewollt hat. Im Katholizismus wird die Wahrheit an das Amt geknüpft. Im Protestantismus hat man das gelehrte Bildungswissen der Theologiedozenten, der Exegeten, die durch die Fähigkeit, Griechisch und Hebräisch zu können, Quellenforschung zu betreiben, eine Kompetenz der Glaubensverkündigung haben, der gegenüber der gemeine Mann eigentlich als tumber Tor dasteht. In beiden Fällen geht es nicht um lebendige Glaubenserfahrung. Es geht nicht um das, was Jesus wirklich gemeint hat, der die langen Quastenröcke verurteilt hat genauso wie die Rabbiner. Er wollte beides nicht. Er wollte, daß man dem Menschen so begegnet, daß aus lebendiger Erfahrung ein Sprechen über Gott sich selbst beglaubigt. Er hat selten die Schrift zitiert, er hat selten Texte kommentiert. Er hat Geschichten erzählt, die aus dem Leben kamen und jeder verstehen konnte.«

Doch mancher protestantische Theologe befürchtet, daß die Stimme des Volkes in der Kirche allzu leicht eine völkische Färbung annehmen könnte. In Deutschland haben wir schließlich Erfahrungen mit den »Deutschen Christen« machen müssen. Drewermann sieht diese Gefahren, differenziert hier aber stark: »Es ist ein Unding, vor dem Volk Angst zu haben. Wovor man Angst haben muß, ist der Rückfall in die Massenpsyche, die Kollektivierung des Bewußtseins, das ist aber etwas völlig anderes. Angst, die ein Volk ergreift, kann zu wahnhaften politischen Zielsetzungen führen. Im Faschismus hat man auch erlebt, wie gefährlich der Rückfall in kollektive Archetypen werden kann. Daher plädiere ich in meiner Arbeit immer wieder dafür, die religiösen Symbole durch den Filter der Individuation laufen zu lassen, um das zu verhindern. Und wieder denke ich, wir brauchen beides: Wir brauchen archetypische Rituale, Symbolbildungen, wie sie im Katholizismus in breiter Form angeboten werden, aber auch die Intensivierung des Individuellen.

Religiöse Erfahrungen werden nicht in großen Gruppen gemacht. Das ist einer meiner Haupteinwände gegen Massenveranstaltungen wie Kirchentage. Sie sind als Impuls vielleicht ganz gut, aber sie ersetzen nicht religiöse Erfahrungen, die fast intim sind und nicht im großen Haufen vorkommen.«

Braucht man dann aber noch die Kirchen?

»Nein. Das ist, glaube ich, ein ganz entscheidender Punkt, daß die wirklich religiösen Fragen sich nicht mehr in Großgruppen austragen lassen, sie müssen buchstäblich im Nahbereich entdeckt werden.

Die Kirchen sollen sich keinesfalls auflösen, weil ich den Wert des Institutionellen, des Objektiven aus Überzeugung verteidigen möchte. Ich halte es für utopisch, Gesellschaften aufzubauen, die ohne bestimmte verfaßte Formen auskommen könnten. Aber sie dürfen nicht zum Selbstzweck werden. Nicht die Auflösung der Kirchen, wohl aber ihre Zurückhaltung würde ich erwarten; sie müssen sich immer wieder von unten regenerieren. Sie müssen Räume schaffen, in denen Erfahrungen zustande kommen, anstatt Menschen vorzuschreiben, welche Erfahrungen zu machen sind.«

Wer Eugen Drewermann zuhört, kann sich nicht dem Eindruck verschließen, daß seine Kritik am Klerus von einem religiösen Impuls bestimmt ist. Hier spricht kein Zyniker, der die Religion lediglich als Illusion oder nützliches Mittel zur Disziplinierung betrachtet. Sichtlich ist ihm selbst der Weg in eine unbeteiligte Distanz versperrt. Doch werden die katholischen Kleriker, die sich seit geraumer Zeit mit dem »Fall Drewermann« beschäftigen, erkennen, daß hier jemand spricht, der als Glaubensbruder akzeptiert werden möchte? Drewermann selbst macht aus seiner Befürchtung keinen Hehl, daß er mißverstanden und ausgestoßen werden könnte, was in den vergleichbaren Fällen im Verlauf der Kirchengeschichte bekanntlich öfter vorgekommen ist. Er selbst definiert seinen Standort so: »Das, was ich möchte, stellt ein altes reformatorisches Anliegen mitten im Katholizismus dar. Es ist eigentlich eine Vertiefung des ökumenischen Dialogs, allerdings kirchenkritisch in den eigenen Reihen formuliert.«

HEINZ BROCKERT

Drewermann spaltet auch die Protestanten

Er hat Katholiken und Protestanten gleichermaßen etwas zu sagen, der Theologieprofessor (inzwischen mit Lehrverbot belegt), Priester (inzwischen mit Predigtverbot belegt), Katholik und Psychotherapeut Eugen Drewermann. Ungeteilte Freude an dem, was er sagt, kommt allerdings – in beiden Kirchen – nur an der Basis auf. Die Kirchenleitungen tun sich schwerer mit dem »Phänomen« Drewermann. Dabei spielt, auf beiden Seiten, auch die Überlegung eine Rolle, den gerade in München sehr lebendigen Kontakt zwischen den großen Konfessionen nicht ohne Not zu strapazieren.

Was wäre, wenn der rebellische Katholik als Referent zum Deutschen Evangelischen Kirchentag im Juni 1993 in München eingeladen würde? Auf diese griffige Frage spitzen sich Gedanken, Hoffnungen und Befürchtungen zu. Dabei hätte es leicht sein können, daß Drewermann seine kirchenkritischen Thesen ohne besonderes Aufsehen bei Kirchentagen hätte vortragen können, wenn sich nämlich sein Vater statt der Mutter bei der Taufe des kleinen Eugen durchgesetzt hätte. Drewermanns Vater, ein westfälischer Bergmann, stammt aus einer protestantischen Familie, in der es auch Pastoren gab. Die Mutter war katholisch, und aus Eugens Kindheit wird berichtet, daß er lateinische Gebete noch vor dem Lesen und Schreiben lernte. Theologe wäre der Gott-Sucher Drewermann, heute 51 Jahre alt, vermutlich auch als Evangelischer geworden.

Überfüllte Säle

In der Münchner Region hat Drewermann in letzter Zeit zweimal in überfüllten Räumen seine Gedanken darüber ausgebreitet, wie die Bibel »mit der Seele« zu lesen sei. Zu vier Abenden im Bürgerhaus Garching kamen jeweils rund 1000 Teilnehmer aller Konfessionen und zu ähnlichen Veranstaltungen in der evangelischen St.-Lukas-Kirche in München sogar noch mehr. Einladender war aber Drewermann selber, die Lukas-Kirche wurde nur als Veranstaltungsort von der Kirchengemeinde vermietet, wie etwa an Franz Alt und diverse Konzertgruppen in jüngster Zeit oder auch schon mal für Szenen des Fernsehkrimis »Tatort«.

Daß Drewermann aber gerade auch in der evangelischen Kirche seine »Gemeinde« hat, sieht man jetzt nach der Maßregelung durch seinen Paderborner Bischof deutlich. So setzte der evangelische Pfarrer Gerhart Herold von der Universität der Bundeswehr in Neubiberg demonstrativ »vier Gesprächsabende über Drewermann-Texte« (noch am 5., 12. und 19. Februar) auf das Programm der dortigen evangelischen Studentengemeinde. »Die Kirche und die Gesellschaft leben von Querdenkern. So soll dem Versuch, diesen bedeutenden katholischen Theologen mundtot zu machen, an der Basis entgegengewirkt werden«, heißt es in der Einladung dazu.

Bei einem Treffen von Kirchentagsbeauftragten aus Münchner Gemeinden mit Vertretern der Kirchentagsleitung aus Fulda am 24. Oktober vergangenen Jahres wurde von einem Teilnehmer, ohne daß es Widerspruch gab, gefordert, »ja nicht aufgrund von irgendwelchen Stillschweigeabkommen mit der katholischen Kirche auf Drewermann zu verzichten«. Und auch aus Pfarrer-Konferenzen im Großraum München kommt der Ruf, Drewermann unbedingt zum Kirchentag einzuladen.

Stillschweigeabkommen zum Thema Drewermann gebe es mitnichten, wird von den örtlichen Kirchenleitungen betont. Aber die Angst, schlafende Konflikte zu wecken, produziert Formulierungen nach ökumenischen Treffen auf höchster Ebene, die der Abschlußklasse einer Diplomatenschule zur Ehre gereichen würden. Als sich Anfang Januar der bayerische evangelische Landeskirchenrat und die Arbeitsgemeinschaft christlicher Kirchen (AcK) in München zu einem Gedankenaustausch trafen und ein evangelischer Oberkirchenrat, der gerne mal offen ausspricht, was andere nur denken, dem Ökumenereferenten des Münchner Erzbischöflichen Ordinariats, Domkapitular Lothar Waldmüller, die Frage stellte, ob im Falle Drewermann nicht der »notwendige Dialog der Kirchenleitung mit dem Theologen« versäumt worden sei, fand sich dann folgender bemerkenswerter Satz im Communiqué: »Einigkeit bestand darin, daß die Kirchen sich gegenseitig Rückfragen an ihre jeweiligen Positionen zumuten müßten, dabei hätten sie freilich Rücksicht zu nehmen auf die Tatsache, daß der konfessionelle Dialog heute in der Öffentlichkeit geführt werde.« Kritisch fragen ja, aber bitte so, daß es möglichst wenige hören ...

Daß das Thema Protestanten und Drewermann überhaupt in die Öffentlichkeit kam, lag an den Münchner evangelischen Unions-Christen. Sie ließen über den Pressedienst des CSU-Bezirksverbandes eine Presseerklärung laufen, die einem möglichen interkonfessionellen Dauerbrenner kräftig Sprit gab. Der Vorsitzende des Evangelischen Arbeitskreises (EAK) der Münchner CSU, der Lochhamer Pfarrer Wolfgang Hofmann, haute kräftig drauf: »Die katholische Kirche will ihren theologischen Nachwuchs nicht von Herrn Drewermann ausbilden lassen, aus Gründen, die auch viele Evangelische teilen. Wer Grundaussagen der Christenheit – zum Beispiel Auferstehung und Himmelfahrt des Gottessohnes – in Frage stellt, sollte sich dafür nicht auch noch im kirchlichen Auftrag bezahlen lassen. Drewermann hatte im letzten Jahr zweimal in München – gegen eine nicht geringe Eintrittsgebühr – in einer großen evangelischen Kirche seine spektakulären Auftritte. Damit dürfte der ökumenischen und innerevangelischen Zumutbarkeit deutlich Genüge geleistet worden sein.«

Hofmann räumt im Gespräch zwar ein, daß er diese Erklärung hauptsächlich auf Drängen evangelischer Protestanten im EAK abgegeben habe, aber die Weichen sind gestellt, daß aus dem religiösen Fall Drewermann auch noch ein politischer werden kann mit CSU, katholischer Amtskirche und konservativen evangelischen Christen in einer Anti-Drewermann-Allianz.

Unabhängiger Kirchentag

Derzeit aber sieht es »noch nicht« so aus, daß der Fall Drewermann die Kontakte der Kirchen ernsthaft belasten könnte. Im evangelischen Kirchentagsbüro (ironischerweise in der erzkatholischen Bischofsstadt Fulda) verweist man darauf, daß die Referenten für den Kirchentag »frühestens« im November dieses Jahres eingeladen würden, und bis dahin könne noch viel passieren. Im übrigen, so Pressesprecherin Carola Wolf, sei der Kirchentag nicht »die evangelische Kirche«, sondern eine institutionell unabhängige Laienbewegung, die einlade, wen sie jeweils interessant und wichtig finde. Im katholischen Ordinariat in München wurde auf Anfrage nur knapp erklärt: »Wen die evangelische Kirche einlädt, ist ihre Sache und geschieht in ihrer Verantwortung. Die katholische Kirche denkt nicht daran, Vorschriften zu machen oder Erwartungen auszusprechen.« Und Pressesprecher Winfried Röhmel ergänzt: »Toleranz heißt auch, daß etwas weh tun kann. Und im übrigen gilt ein Predigtverbot der katholischen Kirche natürlich nicht für alle Konfessionen.«

So sieht es auch der evangelische »Regionalbischof« von Oberbayern, Kreisdekan Martin Bogdahn: »Wir wissen nicht im voraus, wann die andere Kirche verletzt ist. Das gilt herüber und hinüber. Drewermann ist nicht nur eine Herausforderung für die katholische Kirche, sondern auch für die evangelische.« Es sei wichtig, sich Rechenschaft darüber zu geben, »warum die Leute ihn so interessant finden«. Viele Menschen seien so beeindruckt von Drewermann, daß sie »es auch auf sich selbst beziehen, wenn er zurückgewiesen wird«. Als Bibelausleger sei Drewermann »das Originellste, was es auf dem Gebiet der Exegese derzeit gibt«. Aber seine »Schwäche« sei es, daß er die zentrale Bedeutung des Kreuzestodes Christi aus den Augen verloren habe. »Da ist er blaß, dazu fällt ihm wenig ein«, so Bogdahn, der auch offizieller Unterhändler der evangelischen Landeskirche für Kirchentagskontakte zur katholischen Kirche ist.

Fest der Begegnung

Ein Spitzengespräch zwischen dem Münchner Ordinariat, der Kirchentagsleitung und der Landeskirche am Dienstag, 28. Januar, soll, wie es im Communiqué heißt, »in offener und freundlicher Atmosphäre« verlaufen sein. Der Beginn des Kirchentags am 10. Juni 1993 fällt auf den katholischen Fronleichnamstag, und Bogdahn hatte vor einigen Monaten die Idee eines »ökumenischen Empfangs am Abend in Schloß Nymphenburg« in die Welt gesetzt. Dazu wird es wohl nicht kommen. Statt dessen ist jetzt ein Wortgottesdienst in der katholischen St.-Michaels-Kirche in der Fußgängerzone zum Abschluß der Prozession geplant, an dem »Repräsentanten der evangelischen Kirche« teilnehmen sollen. Anschließend soll es ein gemeinsames »Fest der Begegnung« geben.

Einer der »Vordenker« der evangelischen Landeskirche, der Münchner Theologieprofessor Trutz Rendtorff, warnt davor, den Fall Drewermann zu einer evangelischen Angelegenheit zu machen. Unter den evangelischen Theologen werde auch kräftig gestritten, aber aufgrund des anderen Kirchen- und Amtsverständnisses und der pluralistischen Strukturen der evangelischen Kirchen gebe es seltener einen Konflikt zwischen Kirchenleitung und Theologen. Im übrigen sei Drewermann »weit davon entfernt, evangelisch werden zu wollen«.

Der neue Ökumenereferent im Landeskirchenamt, Oberkirchenrat Claus-Jürgen Roepke, warnt vor einem vordergründigen Übertrittsdenken. »Übertritte stellen im allgemeinen heute keine Belastungen des ökumenischen Klimas dar. Echte, in die Tiefe der religiösen Dimension des Lebens reichende Konversionen sind selten. Diese sind zu respektieren. Aber Übertritte aus eher äußeren Gründen oder bloß aus Verärgerung sind kein geistlicher Gewinn – weder für den Konvertiten selber noch für seine neue Kirche.« Das ökumenische Miteinander sei »ausgezeichnet, wo sich evangelische und katholische Christen in den Gemeinden treffen oder im Bereich der Jugend- und Frauenarbeit zusammenarbeiten«. Auch im Bereich der wissenschaftlichen Theologie herrsche ein gutes ökumenisches Klima. »In der Nähe der Altäre liegen jedoch Stolpersteine«, sagte Roepke, der bis vor kurzem die Evangelische Akademie Tutzing leitete, und fügt hinzu: »Ich liebe meine Kirche, aber ich würde mir verbitten, ihr gehorchen zu müssen.«

In einem jüngsten Interview mit der *Passauer Neuen Presse* nimmt Drewermann noch einmal zur Ämterfrage in den Kirchen Stellung: »In einer Welt wie der katholischen Kirche von heute, in der alle Fragen vorweg beantwortet sind durch ein 2000 Jahre altes Auskunftssystem fertiger göttlicher Beamter, lernt die Kirche nicht mehr von den Menschen.« Im Protestantismus gelte dagegen, daß »man die Wahrheit suchen, niemals haben kann«. Kein Mensch glaube »noch irgend jemand etwas, bloß weil dieser ein Amt hat«. Für den »gegenwärtig real existierenden Katholizismus« sei das »eine Existenzfrage«.

HORST GEORG PÖHLMANN

Der Gekreuzigte kommt nicht vor

Seit Wochen bewegt die öffentliche Diskussion der Streit um den Paderborner Priester und Psychotherapeuten Eugen Drewermann, dem wegen seiner abweichenden Lehrmeinungen die kirchliche Lehrerlaubnis entzogen und ein Predigtverbot erteilt wurde. Im Protestantismus werden dieser Schritt und die Theologie Drewermanns unterschiedlich beurteilt. Während der Pressesprecher der Vereinigten Evangelisch-Lutherischen Kirche Deutschlands (VELKD), Oberkirchenrat Jürgen Jeziorowski (Hannover), das Vorgehen der katholischen Kirche heftig kritisierte und Drewermanns Theologie positiv würdigte – ähnlich äußerte sich der Direktor des Konfessionskundlichen Institutes (ein Arbeitswerk der EKD), Prof. Reinhard Frieling (Bensheim) –, hat der Münchener Theologe und Vorsitzende der Kammer für Öffentliche Verantwortung der EKD, Prof. Trutz Rendtorff, erklärt, Drewermann sei »weit davon entfernt, evangelisch zu werden«. Er riet Protestanten davon ab, sich für Drewermann zu sehr zu engagieren. Von evangelischer Seite wird die Theologie Drewermanns einhellig abgelehnt und das Vorgehen der katholischen Kirche meist verständnisvoll beurteilt. Der Direktor des Institutes für Missionswissenschaft und Ökumenische Theologie an der Universität Tübingen, Prof. Peter Beyerhaus, bezeichnete den Entzug der Lehrerlaubnis als »überfällige Entscheidung«. Beyerhaus ist Präsident des Theologischen Konventes der Konferenz Bekennender Gemeinschaften. Im folgenden ein Kommentar des evangelischen Theologieprofessors an der Universität Osnabrück, Horst Georg Pöhlmann.

Es ist zweifellos ein Verdienst Drewermanns, uns wieder neu daran erinnert zu haben: Glaube ist kein Sack von Dogmen, unter dem ich zusammenbreche, sondern ein Fallenlassen in

Gottes Arme, nichts Aufgesetztes und Adressiertes, sondern etwas, was mich zuinnerst betrifft und trifft. Glaube ist keine Angstneurose, sondern Geborgenheit in der Angst. Glaube ist nicht etwas, was ich nur durch die schmale Verstandesritze aufnehme, sondern etwas, was mich auch in meinem Gefühl und in der Tiefenschicht des Unterbewußten erfaßt, also ganzheitlich erfaßt. Drewermann kämpft zu Recht gegen die »Aufspaltung zwischen Denken und Fühlen«. Was hilft's, wenn ich oben im Kopf bete »Führe mich, o Herr, und leite«, sich aber mein Herz vor Angst verkrampft.

Die Bibel ganz neu erschlossen

Drewermann hat vielen Menschen durch seine tiefenpsychologische Bibelauslegung die Bibel ganz neu erschlossen, so daß sie spürten: Ich bin hier gemeint, nicht irgend etwas. Er hat das getan, indem er die Archetypen oder Urbilder des Unbewußten und Traums, die in einem Text angesprochen werden, bewußt gemacht hat. Er hat sich mit Recht gegen die verkopfte historisch-kritische Exegese gewandt mit ihrer »professoralen Distanz« zum Text und mit ihrem »erfahrungslosen Sprechen von fremden Erfahrungen«. Warum sollte man nicht – um ein Beispiel tiefenpsychologischer Exegese zu nennen – bei der Geschichte vom Meerwandel Jesu (Matthäus 14,24–33) darauf hinweisen dürfen: Hier geht es um das Traum- und Hoffnungsbild, das in allen Menschen ist: Der Retter kommt vom anderen Ufer, wenn ich sinke. Entscheidend ist dann freilich, wer dieser Retter ist: »Seid getrost, ich bin es« (Matthäus 14,27).

Bibel als Korrektiv für Traumbilder

Hier setzt meine Kritik ein: Traumbilder sind diffus und unbestimmt, hier brauche ich das klare, eindeutige Wort der Bibel als Korrektiv. Maßstab, ob Träume Wahrheitszeugnisse sind oder nicht, ist das Urzeugnis christlichen Glaubens, die Bibel. Denn Träume sind nach der Bibel nicht immer eine Offenbarung Gottes, sie können auch Trug sein (Jeremia 23,27 ff.). Drewermann irrt, wenn er das »Zeugnis der Seele« als gleichwertige Glaubensquelle neben das »Zeugnis der Bibel« stellt, statt es an diesem auf seine Echtheit zu überprüfen. Dadurch droht bei Drewermann aus dem Glauben ein unverbindliches Supermarktangebot zu werden, das ihn der Beliebigkeit ausliefert. So konnte Drewermann auf die Frage, warum er Sakramente spende, wenn sie Jesus nicht gewollt habe, antworten, »daß die Sakramente aufgrund der Bedürfnisse entstanden sind, die im Menschen angelegt sind«. Ähnlich haben auch die (nationalsozialistischen) Deutschen Christen begründet, daß Volkstum, Blut und Boden Heilsmedien sind. Wie sehr der Glaube der Beliebigkeit preisgegeben wird, zeigt Drewermanns Bekenntnis zur »großen Göttin« und »Erdmutter«, seine Ablehnung des »Gottes«, der sich für uns am Kreuz »opfert«, seine Abqualifizierung der Religionen, die »so etwas wie Medikamente sind für spezielle Krankheiten«. »Nicht für jede Krankheit ist jedes Medikament geeignet.« Und wenn einer »als Buddhist besser zu sich selber findet, als wenn er sich dem Christentum zuwendet«, mag er's tun. Wenn Spalt nicht hilft, dann versuch's mit Aspirin!

Kein beliebiges Supermarktangebot

Das Spezifikum christlichen Glaubens wird hier preisgegeben: der Gekreuzigte, der freilich in der Traumwelt des Unterbewußten nicht vorkommt. Er ist im hellen Licht der Geschichte erschienen, nicht in dunklen Traumbildern des Unbewußten, so viel Wahrheit sich auch immer in ihnen aussprechen mag. Doch der Mensch braucht etwas Eindeutiges, kein beliebiges Supermarktangebot. Denn er muß wissen, woran er sich halten kann im Leben und im Sterben. Letztlich geht es um die Frage: Auswechselbare Traumbilder oder der einmalige Christus? Besonders traurig ist: Hier wird der ökumenische Konsens der Kirchen in Frage gestellt: daß Jesus Christus »unser einziger Erlöser« ist, wie es im Vaticanum II (Lumen gentium Nr. 50) heißt; und daß er nur unser Erlöser sein kann, weil er nicht bloß ein Mensch, sondern Gott selber ist. Denn der Mensch kann sich nicht selbst erlösen. Das Verfahren gegen Drewermann kann evangelischerseits nicht bejaht werden. Was die Sache betrifft, so ist ökumenische Solidarität geboten. Hier steht die eiserne Ration christlichen Glaubens auf dem Spiel.

JÜRGEN JEZIOROWSKI

Maulkorb für einen Querdenker

Mit Trauer und Betroffenheit muß man hilflos und enttäuscht den langwierigen Streit von Paderborn zur Kenntnis nehmen. Seit einigen Jahren stehen der Erzbischof von Paderborn, Johannes Joachim Degenhardt, und der Theologe Eugen Drewermann einander gegenüber, ohne – von einer Unterbrechung abgesehen – miteinander in ein theologisches Gespräch zu kommen. Ob es wirklich keine andere Lösung in Richtung Dialog und Fachdiskurs gegeben hätte und gibt? Nur Feinde der Kirche, echte Zyniker können sich freuen, wenn eine Kirche so hemmungslos öffentlich Selbstzerfleischung treibt. Alle angeblich abgestandenen Vorurteile gegen eine autoritäre, intolerante, dialogunfähige Institution werden frei Haus mitgeliefert.

Der Paderborner Bischof hat immerhin im Juli 1990 einmal ein intensives theologisches Gespräch mit Drewermann von sechs Stunden Dauer zustande gebracht. Statt weiterer Dialoge gab es Dekrete mit den begleitenden kirchenrechtlichen Belehrungen. Der theologische Diskurs auf breiter Linie ist noch nicht eröffnet worden. Einen solchen Theologen von Rang und Anspruch kann man nicht auf dem Verwaltungsweg behandeln und bewerten.

Die Entwicklung im Fall Degenhardt/Drewermann hat einen so traurigen Verlauf genommen, daß man es für notwendig befunden hat, diese fromme Jesus-Mystik, diese glühende Christus-Verehrung kirchenamtlich niederzuwalzen. Es sollten weitere Ansteckung, neue Infektionen vermieden werden. Drewermann hat trotzdem ergeben an seinen Ortsbischof geschrieben von seinem Eindruck, daß nun ein Amtsstil »wie ein Bulldozer im Garten der Alhambra« in Bewegung gesetzt worden sei. Schwierige theologische Probleme würden doch ein wenig mehr Zuwendung und Feineinstellung benötigen, als hier bisher investiert wurde. Geistige Probleme lassen sich generell schlecht mit Gewalt lösen. Dazu Drewermann: »Der Herr Erzbischof hat mit mir keine Disziplinarschwierigkeiten. Ich bin kein Chaot. Was er mit mir hat, sind geistige Probleme, und die muß man geistig lösen.«

Aber genau hier liegt das Problem. So wurde zum Beispiel der Entzug der Predigterlaubnis Anfang dieses Jahres im Kern mit einem »Spiegel«-Interview vom Dezember 1991 begründet. Dabei hat Drewermann längst über seine Konfession hinaus, über die Teilkirche Roms und über den kirchlichen Raum hinaus Wirkungen gezeigt. Speziell Lutheraner interessieren sich ohne Einmischung in fremde Konflikte dafür, wie man in der römisch-katholischen Tradition mit abweichenden Meinungen, mit Kritik heute umgeht. Lutheraner erinnern sich an vergleichbare Vorgänge in der Reformationszeit und die damalige Fehleinschätzung des katholischen Theologen Martin Luther.

Der theologische Streit um Drewermanns Bücher würde sich inhaltlich und methodisch lohnen. Als evangelische Gesprächspartner haben wir Drewermann des öfteren auf die begrenzte Bandbreite des Katholizismus und auch des katholischen Luthertums kritisch angesprochen und nie eine Zurückweisung von Kritik erfahren. Der extrem bescheidene Drewermann blieb dialogbereit. Er weiß selbst, daß er nicht Fans und Nachbeter braucht, er benötigt, fern von Unfehlbarkeit, zuerst einen seriösen Fachdiskurs.

Die Hauptlinien seiner Arbeit sind öffentlich zugänglich. Theologie und Kirche haben dem produktiven Katholiken bereits viel zu verdanken. Der Dialog zwischen Theologie und Tiefenpsychologie, zwischen Seelsorge und Therapie wurde von ihm konsequent aufgenommen und entfaltet. Seine Beiträge zur Auslegung der Bibel in neuer Rezeption vergessener Bilder, heilender Symbole und der unterschätzten Religionsgeschichte wirken sich bereits bis auf die Kanzeln aus. Die beiden umfangreichen Bände zu Markus und der erste Band zu Matthäus (April 1992) gehören hierher.

Der überfällige Dialog zwischen »Tiefenpsychologie und Exegese« war Drewermann ein zweibändiges Werk mit fast 1500 Seiten wert. Zu einer biblisch fundierten Anthropologie gab sein Frühwerk in drei Bänden »Strukturen des Bösen« unverzichtbare Impulse. Um ein konstruktives Verhältnis von Seelsorge und Therapie geht es ihm immer neu. Hier haben die drei Bände »Psychoanalyse und Moraltheologie« und auch das befreiende »Kleriker«-Buch anerkannte Verdienste. Hinzu kommen seine gelungenen tiefenpsychologischen Märchendeutungen in zehn Bänden.

Seine rund 40 Bücher haben trotz großer Vielfalt gemeinsame Grundanliegen und erkennbare Ziele, die Botschaft aus der jüdisch-christlichen Tradition für die Menschen aktuell verstehbar und zugänglich zu machen. Der Prediger, Therapeut, Redner und Schriftsteller Drewermann blieb nicht ohne Echo. Seine Vorverurteilung aus Unkenntnis und kirchlich zelebrierter Lieblosigkeit muß tiefenpsychologisch auch mit Angst, Neid und Mißgunst zu tun haben. So viele Theologen, die wirklich verstanden werden, scheint es in einer so ausgetrockneten, vielfach echolosen Kirche gar nicht zu geben.

Drewermann wollte dazu beitragen, daß Bilder, Symbole, Träume, Mythen, Legenden und Märchen in der Exegese wieder ihren gebührenden Platz bekommen. Eine Bereicherung des Umgangs mit Texten aus der jüdisch-christlichen Tradition deutete sich sofort an. Für bilderfeindliche, natur- und leibfeindliche Engführungen ergaben sich befreiende neue Möglichkeiten. Konsequenzen bis hinein in den barmherzigen Umgang mit Menschen, bis hin zur Seelsorge zeigten sich. Der Umgang mit Ängsten wurde spürbar erleichtert, während sonst die Rede von Sünde und Schuld oft nicht mehr verstanden wird.

Mit seinen theologischen Versuchen trifft Drewermann in religiöse und spirituelle Lücken. Was Menschen in den Kirchen vergeblich gesucht und meist nicht bekommen haben, das kann bei Begegnungen mit Drewermann auf einmal ganz neu aufleuchten. Wer mit Angst offen umzugehen lernt, der bekommt Mut zum Leben, Lebenshilfe, Sinn im Leben geschenkt. Da deutet sich eine Frömmigkeit an, die sich mit Verstand, mit Mündigkeit, mit Eigenverantwortung gut verträgt. Neue Dialogchancen mit den Wissenschaften über die Theologie hinaus und auch für das Gespräch mit den Religionen werden neu entdeckt. Menschen wachen auf zu eigenem Selbstbewußtsein, zu eigener Lebensgestaltung, zu aufrechtem Gang.

Es wird mitunter gefragt, ob ein Drewermann in den Kirchen der Reformation eher akzeptiert worden wäre. Es gibt schon Nuancen des Unterschieds im Umgang mit Freiheit, mit abweichenden Meinungen. Ein Teil des Problems liegt aber genau hier, daß Drewermann teils unbewußt Fragen des katholischen Luther zeitversetzt neu aktualisiert hat. Lutherische Gedanken kann man ihm aber gerade auch zum Vorwurf machen, da diese vielfach noch immer als fremd, gefährlich und als destruktiv eingestuft werden. Jede »Protestantisierung« der römischen Teilkirche gilt noch immer als unerwünscht bis subversiv.

Drewermann muß trotzdem bei seinem risikoreichen Weg seiner Mutterkirche treu bleiben, auch wenn er von ihr verkannt und verstoßen wird. Jede Tradition hat die Kritiker, die sie braucht und die sie verdient. Ein wenig mehr kritische Selbstbesinnung in diesem Streit könnte nicht schaden, denn hier werden Menschen von der Kirche vor den Kopf gestoßen und soweit noch möglich aus der Kirche hinausgetrieben, denn eine Kirche kann die Einladung zum Kirchenaustritt ungewollt selbst betreiben.

PETER AHRENS

Religionslehrer zu Streik aufgerufen

Mindestens zwei Erkenntnisse haben sich durch das Forum, das die Lehrenden des Faches Theologie an der Paderborner Universität–Gesamthochschule zum »Fall Drewermann« am Freitagabend [7.2.92] abhielten, einmal mehr verfestigt: Dabei ist die sich wieder bestätigende Tatsache, daß die Hochschule dringend einen größeren Hörsaal benötigt, der auch den Andrang von mehr als 800 Besuchern verkraftet, eher von sekundärem Interesse. Weitaus bedeutsamer trat hervor: Eugen Drewermann hat mit seiner Lehre eine Lawine losgetreten, die die deutsche Amtskirche so ohne weiteres nicht wird aufhalten können. »Gott und Drewermann sind in aller Munde«, stellte ein Zuhörer – »Ich bin seit über 60 Jahren römisch-katholisch und will es auch bleiben« – fest. Vier Stunden lang wurde intensiv über und mit Drewermann diskutiert; der Theologe bekam dabei neben viel Zustimmung und Solidarität auch Kritik zu Gehör.

»Es brodelt an der Basis«, hatte Diskussionsleiter Prof. Norbert Mette schon zu Beginn der Veranstaltung ausgemacht, und Prof. Peter Eicher, theologischer Anwalt Drewermanns, ergänzte: »Es riecht ein bißchen nach Reformation, und das ist ein guter Geruch, wenn er nach Freiheit schmeckt.« Auch Prof. Hubert Frankemölle und Privatdozent Johannes Niggemeyer verurteilten in ihren Stellungnahmen die Strafmaßnahmen des Erzbischofs als Schritte, »die nie hätten erfolgen dürfen«.

Frankemölle wandte gleichzeitig allerdings ein, er vermisse bei Drewermann »zuweilen Einfühlungsvermögen und das Bauen von Brücken zur anderen Seite«, und bezeichnete das vielzitierte »Spiegel«-Interview als »zur falschen Zeit am falschen Ort«. Niggemeyer, der sich »beeindruckt« vom Wirken Drewermanns zeigte, schrieb der Gemeinde des Theologen zudem ins Stammbuch: »Keiner kann und darf des anderen Guru sein.«

Kritik am kompromißlosen Vorgehen Drewermanns – »Er müßte auch die Problematik der Bischöfe und ihre Ängste ins Kalkül ziehen« – und an seiner Omnipräsenz in den Medien – »Wenn ich höre, Drewermann spricht bei Alice Schwarzer und RTL plus, ärgert mich das doch« – tauchte auch im Plenum auf; die Zustimmung zu seinen Aussagen überwog jedoch bei weitem und brach sich in massivem Protest gegen Strukturen der Amtskirche Raum. »Die entfremdete Theologensprache, die auch ich jahrelang im Hörsaal geredet habe, ist ungenau, täuschend, letztlich verlogen«, vermerkte Eicher, der wie Frankemölle den Vergleich Erzbischof Degenhardts der Kirche mit einem Verein als »ungeheuerlich« quittierte. Den Hinweis des Generalvikariats, eine persönliche Vorladung des Beschuldigten sei nicht erforderlich, kommentierte er: »Bei einem doppelten Berufsverbot ein solches Vorgehen – das hat es, ohne die beiden Systeme damit irgendwie miteinander zu vergleichen, nur bei den Nazis gegeben.«

»Ich kann diese Kirche einfach nicht mehr ertragen« – das Fazit einer Religionslehrerin, die nach 35 Jahren des Unterrichtens ihre »missio canonica«, die Lehrbefugnis, zurückgegeben hat, spiegelte die Meinung vieler im Plenum wider, für die der »Fall Drewermann« die Frage des Kirchenaustrittes hat akut werden lassen. Drewermann selbst, mit Stakkato-Applaus empfangen, Eicher und Niggemeyer rieten dagegen zum Bleiben in der Kirche: »Gib die Missio nicht zurück, es ist früh genug, wenn sie dir genommen wird«, umschrieb Niggemeyer die eigene Position.

Drewermann regte statt dessen die Idee eines Streiks der Religionslehrer und -lehrerinnen an, um die Amtskirche zum Einlenken im Fall um seine Person zu bewegen: »Das wird mir den Vorwurf der Agitation gegen den Bischof einbringen, doch damit kann ich leben.« Auf Fragen und Kritik eingehend, appellierte er an die Pädagogik, »nicht die Sprache des Paulus und des Hebräerbriefes immer wieder zu repetieren – dann sind Sie zum Scheitern verurteilt«. Er griff dabei erneut die Haltung der Amtskirche auf Feldern von Sexualität, Wehrdienst, Ehe – »Die Kleriker verstehen, wenn es mit rechten Dingen zugeht, von dieser Sache nichts« – und Abtreibung an. »Die Kirche hat im 19. Jahrhundert die Arbeiter verloren, im 20. Jahrhundert die Jugend und wird im 21. Jahrhundert die Frauen verlieren, und dann ist sie selber verloren«, faßte er zusammen: »Es stimmt, wir sind die Kirche, doch die Köpfe sind immer noch die Bischöfe, und wir sind höchstens der Wurmfortsatz.«

Mit einem Seufzen im Knopfloch resümierte Prof. Mette: »Eugen Drewermann würde sehr gut in die Reihen unseres Fachbereiches passen, wenn er doch nur lehren dürfte.«

HELMUT BENZ

Drewermann und der Religionsunterricht

Bei all den Auseinandersetzungen um Dr. Eugen Drewermann wird es Zeit, einmal aufzuzeigen, was sich im Religionsunterricht der Schulen getan hat, seit die Schriften, Bücher, Predigten und Vorträge dieses Theologen die Diskussion im Raum der katholischen Kirche und weit darüber hinaus maßgeblich beeinflussen. Natürlich kann das zur Zeit nur für einen kleinen Bereich geschehen, denn um verbindliche Aussagen über Veränderungen im Religionsunterricht der verschiedenen Schulformen machen zu können, sind noch zuwenig Erfahrungen veröffentlicht und gesammelt worden. Dabei bin ich durchaus der Meinung, daß genügend Erfahrungen gemacht worden sind, nur müßten sie irgendwie zusammengeführt werden. Für einen kleinen Bereich möchte dieser Beitrag einen Anfang machen, und weil gerade Aussagen über einen engbegrenzten, überschaubaren Raum wegen ihrer Nachprüfbarkeit von hohem Wert sind, soll hier auch nur über einen solchen gesprochen werden.

Ich bin Jahrgang 40, unterrichte seit über 25 Jahren unter anderem das Fach katholische Religion an der Hauptschule Beverungen in den Klassen 5 bis 10. Das Fach katholische Religion gilt unter den Lehrpersonen aus mannigfachen Gründen als besonders schwierig, bei den Schülerinnen und Schülern steht es in der »Rangfolge der beliebten Fächer« nach meinen regelmäßigen Befragungen an vorletzter oder letzter Stelle. Manchmal wird es von Physik/Chemie »überholt«. Das Fach Religion darf übrigens als einziges Fach ohne Angabe von Gründen von den Schülerinnen und Schülern abgewählt werden, sobald sie 14 Jahre alt sind. An unserer Schule wird davon erstaunlich wenig Gebrauch gemacht. Dennoch wird sehr oft deutliche Kritik an dem Fach geübt, die so zusammengefaßt werden kann: In dem Fach Religion werden ebenso wie in der Kirche die persönlichen Anliegen zuwenig besprochen. Dies soll den erwähnten überschaubaren Rahmen beschreiben, von dem oben die Rede war.

Gemäß unserem Auftrag unterrichteten wir vor ungefähr 25 Jahren, mit Missio und Optimismus, aber erschreckend schlechten Unterrichtsmaterialien ausgestattet – wir schauten immer etwas neidisch zu unseren fortschrittlicheren evangelischen Kollegen hinüber –, das schwierige Fach Religion. Unterrichtswerke, Richtlinien und Medien insgesamt verbesserten sich dank fleißiger und sehr systematischer Arbeit schnell, so daß der hilfesuchende Blick unterbleiben konnte. Dennoch wurde die Situation bald wieder schwieriger, was aber diesmal mehr an inneren Zuständen und Entwicklungen sowohl des einzelnen Lehrers wie der Kirche lag. Man wurde sich immer mehr bewußt, daß die Schwierigkeiten, die man schon während des Studiums hier und da beklagt hatte, nicht in den Griff zu kriegen waren, zum Beispiel die schwierige Sprache in der Verkündigung, die formelhaften Anweisungen, Bekenntnisse, die wenig Freiraum ließen und so, wie sie waren, nicht mehr übernommen werden konnten. Der Unterricht drohte zu Pflichtveranstaltungen ohne Verbindlichkeit zu degenerieren.

Unzufriedenheit machte sich breit. Die Kollegen und Kolleginnen auf Fortbildungsveranstaltungen signalisierten ähnliche Resignation. Dieses Bild könnte man weiter ausmalen. Schlagartig wurde das anders, als Drewermann einem größeren Kreis von Lehrerinnen und Lehrern bekannt wurde. Als er Teile seines großen und großartigen Werkes »Strukturen des Bösen« vorstellte, wurde deutlich, daß hier ein Theologe eine Sprache sprach, die aus der Verkrustung und Hilflosigkeit veralteter Strukturen herausführte. Die Fachwelt sparte nicht mit Lob, überall war Begeisterung zu spüren. Und schon zu diesem Zeitpunkt – vor ungefähr 15 Jahren – setzte bei denen, die es wagten, sich auf das Neue einzulassen, eine deutliche Wandlung ein. Denn mit der Veränderung der Lehrerinnen und Lehrer kamen neue Inhalte und Formen in den Unterricht. Man löste sich zum Beispiel bei der Behandlung der »Schöpfungsberichte« aus der unfruchtbaren Konfrontation von Theologie und Naturwissenschaft und konnte dank der Exegese Drewermanns deutlich machen, wie sehr diese »Geschichten vom Anfang« uns alle betrafen. Damals unterrichtete ich unter anderem auch eine 10. Klasse, die gern und aufmerksam die »alten« Texte für sich entdeckte und nutzbar machte. Die Lektüre dieses gewaltigen dreibändigen Werkes von Drewermann war ein geistiges Abenteuer für viele Lehrpersonen. Unter dem Begriff »Geschichten vom Anfang« erschlossen sich viele schwierige Textstellen und wurden aktuell. Mit dem folgenden Werk, »Tiefenpsychologie und Exegese«, wurde dann ja die Tür aufgestoßen zu einer der aufregendsten Auseinandersetzungen dieser Jahre im Raum der Kirche. Ich lasse absichtlich das Wort »katholisch« weg, weil sich inzwischen auch viele interessierte Mitmenschen, die sich nicht mehr der katholischen Kirche oder einer anderen institutionalisierten Glaubensgemeinschaft zurechnen, mit den Gedanken, die Drewermann vorträgt, aus persönlicher Betroffenheit beschäftigen. Wann hatte die Kirche schon einmal die Möglichkeit, durch einen, der aus ihren Reihen kommt, so viele Menschen zu erreichen? Es scheint fast, als würde sie, da sie vor lauter Angst in die falsche Richtung blickt, eine große Chance vertun, indem sie die Auseinandersetzung auf Nebenkriegsschauplätzen führt.

Zurück aber zu dem eigentlichen Anliegen. Drewermanns tiefenpsychologischer Ansatz ist nicht unbedingt leicht zu verstehen, aber faszinierend, in weiten Teilen auch konsequent und nachvollziehbar und in der Praxis des Religionsunterrichtes in sehr vielen Bereichen außerordentlich fruchtbar. Und gleich hier muß einmal gesagt werden, was viele seiner Kritiker entweder übersehen haben oder aus taktischen Gründen nicht wahrhaben wollen: Drewermann sagt eindeutig, daß er selbst diese Methode durchaus für vorläufig hält, daß sie in wenigen Jahren vielleicht durch bisher unbekannte

Erkenntnisse und Ansätze überholt und ergänzt werden kann. Nach allen bisher angewandten Methoden und deren bekannten Stärken und Schwächen ist sie geisteswissenschaftlich gesehen zweifellos legitim, zumal wenn sie durch Drewermann mit einer so unendlichen Fülle nicht unbedingt immer neuer, aber nützlicher Details begründet und anschaulich angewendet wird. Es wurde gerade für den Religionsunterricht einmal Zeit, daß die einzelnen literarischen Formen in der Bibel in ihrem Wert erkannt und in ihren Funktionen deutlich gemacht werden, damit der Geist nicht nur der Lehrer, sondern auch der Schülerinnen und Schüler auf Entdeckungsreise gehen kann. An dieser Stelle wird klar, daß der Religionsunterricht und der Deutschunterricht sich eigentlich notwendigerweise gegenseitig helfen müssen. Hilfe bedeutet aber vor allem Bereicherung. Die Texte fangen wieder an zu leben, zum Beispiel die Kindheitsgeschichten des Matthäus- oder des Lukasevangeliums oder die Legende von den »Jüngern auf dem Weg nach Emmaus« oder »Jesu Gang auf dem Wasser«. All das gewann im Unterricht plötzlich die Dimension, welche die Kinder in ihrer Kritik am Religionsunterricht zu Recht vermißt hatten: Ihre Person und ihre Probleme standen nun im Mittelpunkt. Und seit Drewermann braucht auch keine Lehrperson mehr Angst zu haben, daß theologisch etwas Falsches gesagt würde. Oder doch? Nun – die wenigen »korrigierenden« oder auf Unterschiede zur offiziellen Lehrmeinung hinweisenden Sätze, die wir Religionslehrer in unregelmäßigen Zeitabständen zugestellt bekommen, sind von der Zahl her beinahe zu vernachlässigen. Aber dahinter steht die totale Ablehnung Drewermanns durch seine Vorgesetzten im Amt. Denn man sollte es einmal deutlich aussprechen: Lange bevor Drewermann in die öffentliche kirchliche Kritik geriet, wurde schon auf stillem Wege sein Einfluß beschnitten, indem er nicht mehr zu Lehrerfortbildungen seitens der Kirche zugelassen wurde, obgleich gerade er derjenige war, der die Sache der Kirche in gutem Sinne hätte vorantreiben können. So muß die Kirche mit dem Dilemma leben, daß sehr viele katholische Lehrerinnen und Lehrer so unterrichten, wie Drewermanns Methode es nahelegt, die Kirche selbst aber ihn – und zwar über die unwichtigen Details hinaus, welche sie ständig in der Diskussion anführt – ablehnt.

Wer seine Werke liest, zum Beispiel den inzwischen erschienenen ersten Band des Kommentars zum Matthäusevangelium, kommt notwendigerweise zu dem Schluß: Die Kluft zwischen Drewermann und der offiziellen Kirche ist zu groß, als daß beide sich wechselseitig noch dulden könnten. Oder es müßte ein radikales Umdenken in der Kirche beginnen, wobei radikal diesmal aber verstanden werden müßte als »von oben«. Denn viele »unten« haben bereits die Entscheidung getroffen. Zu ihnen gehören, wie angedeutet, sehr viele Lehrerinnen und Lehrer. Drewermann hat mit einer sehr einfachen Botschaft frei gemacht von vielen Ängsten und Vorbehalten in den Seelen der Menschen, und zwar dadurch, daß er ihnen den Weg gezeigt hat. Gegangen sind diese Menschen den Weg selbst. Sofern die Lehrerinnen und Lehrer zu diesen frei gewordenen Menschen zählen, werden sie sich die Freiräume nicht mehr nehmen lassen, auch von ihren Vorgesetzten nicht. Von dieser Freiheit, die selbstverständlich auch im außerkirchlichen Raum von überragender Bedeutung ist, wird nun auch im Religionsunterricht etwas zu spüren sein. Leider hat es den Anschein, als sei diese Freiheit grundsätzlich gegen die Kirche gerichtet, aber das muß nicht so sein. Vorausgesetzt, sie ändert sich. Ändert sich die Kirche nicht, verliert sie den allergrößten Teil der Jugend, auf die sie doch hoffen muß.

Wer Religion unterrichtet, sieht sich noch aus einem ganz anderen Grund in der Notwendigkeit, die Ansätze der Drewermannschen Methode zu beachten: Es gibt gerade zu den Hochfesten der Kirche, aber auch über das Jahr verteilt, im Fernsehen und manchmal auch in den Kinos sehr viele Filme, die sich aus unterschiedlichen Motiven der biblischen oder religiösen Themen annehmen. Unsere Schülerinnen und

Schüler sind bei ihrem Fernsehkonsum all diesen Filmen mehr oder weniger hilflos ausgeliefert. Eine Nachbereitung in der Familie erfolgt selten. Und Filme, selbst wenn es ein anerkannt guter Film wie zum Beispiel »Das Matthäusevangelium« ist, sind verhängnisvoll für das Verständnis der eigentlichen Textstellen, wenn etwa der Gang Jesu auf dem Wasser oder die Auferstehung oder natürlich die »Weihnachtsgeschichte« mit Tricks dargestellt werden. Irgendwann muß einmal über Darstellungsweisen eines Wunders im Film, im Text und natürlich auch im Religionsunterricht gesprochen werden, damit nicht alles in einem heillosen Durcheinander von rationalen und irrationalen Aufnahmeweisen vermischt wird. Oft muß man tage- und wochenlang einen Film aufarbeiten, der über die Feiertage lief, etwa die Darstellung »Jesus als Kind«.

Religiöse Themen lassen sich nach einer bestimmten Aufarbeitung sehr gut im Fach Kunst umsetzen, was eine weitere Möglichkeit des fächerübergreifenden Unterrichts darstellt. Natürlich konnte man das auch machen, als es die Werke Drewermanns noch nicht gab, aber wenn man mit den Kindern auf dem Hintergrund des Ansatzes von Drewermann arbeitet, gewinnt der Unterricht eine andere Tiefe. Ich habe zum Beispiel mit Schülern der oberen Klassen im Laufe der Jahre einen anspruchsvollen Zyklus von Bildern aus dem Alten Testament in der Technik des Stegemails erarbeitet, der den Kindern und den Zuschauern sehr viel Freude macht. Im übrigen habe ich die Bilder (Schöpfung, Dornbusch, Befreiung, Begegnung, Babylon) in der Galerie einer Psychiatrie ausgestellt, und das Interesse der psychisch Kranken ist außerordentlich groß. Ich füge das deswegen an, weil Drewermann mit seinem tiefenpsychologischen Ansatz immer in der Nähe der Psychotherapie ist. Begriffe wie »Heilung«, »Erfüllung«, »Befreiung«, »Angst« durchziehen sein Werk, sein Leben, seine Arbeit genauso wie auch unser Leben und das Leben unserer Schülerinnen und Schüler. Durch meine Betreuung psychisch kranker Mitbürger wird mir deutlich, wie viele Familien dazu gezwungen sind, einen psychisch Kranken zu betreuen. Viele Kinder kommen mit den Problemen ihrer Familien in den Unterricht. Dann ist es eine sehr gute Methode, in der Art und Weise, wie es Drewermann tut, anhand von Beispielen aus dem Neuen Testament oder aus dem Werk »Kleriker« mit den Kindern ein Gespräch zu führen.

Wohlgemerkt, ich will nicht der Tiefenpsychologie im Unterricht das Wort reden, aber ich möchte auf jeden Fall im Unterricht die Sorgen und Nöte der Kinder auf eine Weise behandeln, die aus der Unverbindlichkeit der intellektuellen Behandlung weitentfernter Beispiele herausführt in die Betroffenheit und in die Mitmenschlichkeit unmittelbarer Nähe im räumlichen wie übertragenen Sinne. Erst dann, wenn ich die Sorgen der Kinder ernst nehme, kann ich ihnen vielleicht eine Sprache vermitteln, die es nötig hat, sich selbst zu erklären. Selbstverständlich war das alles früher auch möglich. Drewermann aber spricht aus einer personalen Tiefe, die man beim Studium seiner Werke oder auch im Gespräch mit ihm spürt.

Ich möchte noch einen Aspekt anführen, der vielleicht bei der Frage, ob sich der Religionsunterricht durch Drewermann verändert hat, ein wenig überrascht. In diesem Jahr unterrichte ich unter anderem ein 6. Schuljahr im Fach Religion. Beim Gespräch über die Wundergeschichten kamen wir auf den »Gang Jesu über das Wasser« (Mt. 14,22–33). Daraus entstand die Idee, unsere Gedanken und Vorstellungen in ein szenisches Spiel umzusetzen. Wir ließen die Geschichte von Fischern erzählen, die abends am See Genezareth sitzen. Während der Proben wurde mir klar, daß der direkte, bildhafte Zugang zu dieser Wundergeschichte für die Kinder viel einprägsamer und verständlicher ist als die rationale Vermittlung durch Begriffe, Erklärungen und Beispiele. Der zusätzliche Zeitaufwand ist durch die Motivation der Kinder und ihre innere Anteilnahme gerechtfertigt. Sie haben Erzählweisen erprobt und selbst handelnd erfahren, welche Bedeutung diese Textstelle aus dem Neuen Testament haben kann.

Wenn ich das 10. Schuljahr unterrichte, lese ich mit den Kindern das ganze Markusevangelium, weil es vom Umfang, von der Struktur und von der theologischen Aussage her für diese Altersklasse besonders gut geeignet ist. Es hat sich immer wieder gezeigt, daß dabei der Kommentar Drewermanns außerordentlich hilfreich ist, um die »Bilder der Erlösung« zu erschließen. Bei einer solchen Lektüre habe ich – bisher zum einzigen Mal – eine Schrift Drewermanns, eben den Markuskommentar, direkt im Unterricht eingesetzt, und zwar mit erfreulichem Erfolg. Andere Texte Drewermanns dagegen eignen sich nach meiner Erfahrung wegen ihrer besonderen Eigenart nicht für die Verwendung in der Hauptschule. Außerdem muß zuvor eine spezielle Methodik für den Unterricht erarbeitet werden. Dennoch sollte sich ein Lehrer auf keinen Fall die Chance entgehen lassen, die sehr schönen und nutzbringenden Gedanken Drewermanns miteinzubeziehen.

Die zahlenmäßig äußerst geringen »Abweichungen« seiner Aussagen von der offiziellen Lehrmeinung der Kirche, die uns Religionslehrern in unregelmäßigen Abständen aus Paderborn in hilfreicher Fürsorge zur Kenntnis gebracht werden, brauchen ängstlichere Gemüter nicht abzuschrecken. Denn weit über 90 Prozent des Werkes von Drewermann werden ja erfreulicherweise nicht beanstandet, und so bleibt für jeden die Freiheit, sich die für seine Arbeit geeigneten Teile herauszusuchen. Vielleicht muß man allerdings für die Zukunft mit strengeren Maßnahmen in bezug auf die Verwendung der Schriften Drewermanns rechnen. Manche Stellen in seinem Kommentar zum Matthäusevangelium (1. Teil) lassen dies befürchten.

Daß ich nur positive Folgen aufgeführt habe, liegt nicht etwa daran, daß ich alles, was Drewermann geschrieben oder gesagt hat, uneingeschränkt bejahe oder für brauchbar halte, sondern daran, daß ich nur das ausgewählt habe, womit ich zu meiner Freude und zur Freude meiner Schülerinnen und Schüler arbeite. Die zahlreichen Gespräche, die ich bei unterschiedlichen Anlässen mit Kolleginnen und Kollegen über Drewermann und die Auswirkung seines Werkes geführt habe, zeigen, daß weitgehend ähnlich positive Erfahrungen gemacht werden. Genau aus dem Grund wartet man natürlich auch mit einer gewissen Spannung und Sorge auf die Entwicklung im »Fall Drewermann«.

SIGRID HAAPE

Drewermann und der evangelische Religionsunterricht – einige Anmerkungen

Es geht nicht an, daß Religionslehrer sich damit begnügen, ausschließlich das an ihre Schüler weiterzugeben, was sie vor zehn, 20 oder gar 30 Jahren einmal gelernt haben und was ihnen damals einleuchtete. So wird die Schere zwischen dem, was sich an Fragen gegenwärtig stellt, und dem, was gelehrt wird, stets weiter auseinandergehen, und dies wird unweigerlich dazu führen, daß sich der Religionsunterricht immer mehr von den aktuellen Problemen entfernt. Angesichts einer oft nur punktuellen und in der Themenwahl meist nicht nachvollziehbaren Fortbildung bleibt es unerläßlich, Eigeninitiative zu entwickeln und den Schülern dort zu begegnen, wo sie gedanklich und erfahrungsmäßig stehen.

Nur so finden die eigentlichen Sorgen und Nöte der Schüler wirklich Eingang in den Unterricht. Ihr Interesse am Zeitgeschehen wird leider oft unterschätzt, und ihre Betroffenheit wird bagatellisiert. Dies wurde zum Beispiel während des Golfkrieges sehr deutlich. Es gilt, die Schüler ganz ernst zu nehmen, gerade unter dem Aspekt, daß die Wertvorstellungen und Verhaltensnormen, die ihnen der Religionsunterricht vermitteln soll, durch die täglich erlebte Realität konterkariert werden. Vor dieser Zerreißprobe kann sie zwar niemand bewahren, aber der Religionsunterricht könnte der Ort sein, wo die Diskrepanzen zwischen dem idealen und dem tatsächlichen Zustand der Welt offen erörtert und aufgearbeitet werden. Es geht beispielsweise nicht an, über Bruder- und Nächstenliebe zu reden und gleichzeitig über die Probleme einer Schülerin hinwegzusehen, die gerade eine Abtreibung hinter sich hat. Verantwortung und Scheitern dürfen nicht nur akademisch diskutiert werden, sondern die Schüler müssen das Gefühl haben, daß die christliche Lehre ihnen konkret hilft, entstandene Schuld zu tragen und zu bewältigen, und daß sie in der Liebe Gottes geborgen sind. Dazu bedarf es jedoch eines Lehrers, der überzeugend und aus Erfahrung sprechen kann.

Immer wieder taucht direkt oder indirekt die Frage nach der Wahrhaftigkeit auf: »Ist das nur Ihr Stoff, den Sie vermitteln, oder glauben Sie dies selbst?« Vor allem aber: »Leben Sie auch danach?« An der Beantwortung dieser Fragen entscheiden sich Sinn und Qualität des Religionsunterrichts. Ein Lehrer wird der Frage nach seinem eigenen Glauben nicht entgehen können, es sei denn, er hat sie durch die Art seines Unterrichts schon negativ entschieden. Wenn die dialektische Theologie, ihre Entstehung und heutige Rezeption, nicht nur kalter, unpersönlicher Stoff bleiben soll, muß der Mensch, der dahinter steht, in den Mittelpunkt rücken: Ist Karl Barth glaubwürdig, oder hat er lediglich eines von vielen Systemen entworfen; wie hat er sich in Krisenzeiten verhalten, etwa während des Nationalsozialismus; was glaubte er, und wie hat er gelebt?

Der Religionslehrer ist also gefordert, Auskunft zu geben und ehrlich Rede und Antwort zu stehen. Ausweichende Antworten werden von Schülern sehr sensibel wahrgenommen. Manchmal verlangen sie schlicht ein klares Ja oder Nein. Wo Erwachsene häufig vor lauter notwendig erscheinender Differenzierung und Abwägung zu keiner eindeutigen Stellungnahme mehr fähig sind, bezeichnen Schüler das Verhalten einer Person oder einer Institution geradeheraus als das, was es eigentlich ist, zum Beispiel als »ungerecht«.

Spricht man heute im Religionsunterricht über Eugen Drewermann, dann gilt es genau abzuwägen, was verantwortbar ist, zumal vieles theologisch noch nicht ausdiskutiert ist. Zur Zeit sollte nicht die Frage nach dem besonderen theologischen Ansatz Drewermanns im Vordergrund stehen, sondern eher die Reaktion der katholischen Kirche auf einen ihrer Priester, der es wagte, gegen Tradition und Dogma zu verstoßen, weil ihm anderes viel wichtiger ist. Die emotional aufgeladene Situation, die größtenteils über die Massenmedien läuft, hat zwei Aspekte: Zum einen ist Drewermann ein ausgesprochenes Charisma, wenn nicht sogar so etwas wie ein demagogisches Talent, nicht abzusprechen; zum anderen rührt er an Probleme des katholischen Glaubenslebens, die für viele Christen immer drängender werden. Gläubige dürfen sich nun in ihrem »Leiden an der Kirche« verstanden fühlen und haben in Drewermann einen Anwalt für mehr Freiraum, Menschlichkeit und Toleranz gefunden.

Aus evangelischer Sicht sind vor allem zwei Punkte hervorzuheben. Erstens kommt es dank Drewermann jetzt auch zu einer Sensibilisierung für Herrschaftsstrukturen innerhalb der evangelischen Kirche. Zweitens muß aufgrund der Rigidität der katholischen Amtskirche und ihres Beharrens auf Positionen, die bereits die Gegenreformation kannte und die einen eklatanten Rückschritt hinter die Errungenschaften des Vaticanum II bedeuten, die ökumenische Annäherung neu überdacht werden. Daß dies in der gegenwärtigen Diskussion derartig deutlich wurde, mag nicht Drewermanns Intention gewesen sein, aber nun gilt es, einen scharfen Blick für die Realität zu gewinnen und sich von ökumenischen Träumereien zu verabschieden.

Eine Auseinandersetzung mit Drewermanns theologischem Ansatz im evangelischen Religionsunterricht bedarf einer gewissen Vorarbeit. Emotionale Reaktionen müssen aufgegriffen und verständlich gemacht werden. Sodann ist es notwendig, die »symbolische Deutung« biblischer Texte in den richtigen Zusammenhang zu stellen, etwa durch die Darstellung verschiedener historisch-kritischer Methoden der Exegese und aktueller Deutungsmodelle. Nur so werden die Schüler in die Lage versetzt, die Vor- und Nachteile einer Exegese nach Drewermann adäquat zu beurteilen. Denn für den evangelischen Religionsunterricht kann es nicht darum gehen, symbolische bzw. tiefenpsychologische Exegese zu treiben, sondern er muß die Schüler mit einem Handwerkszeug ausrüsten, das es ihnen ermöglicht, eigenständig nachzudenken. Vielleicht kann dann erkannt werden, worin die Bedeutung von Drewermanns Ansatz besteht, wodurch er sich von der bisher üblichen Theologie unterscheidet und wo er wirksam und hilfreich einzusetzen ist.

CORNELIA FILTER

Ketzer und Prophet

Hocherfreut laßt uns heut Ehr' und Dank ihm bringen«, schallt es durch das Gemeindehaus der St.-Georgs-Pfarrei. Es ist ein verregneter grauer Morgen, und die Katholiken, die sich wegen des Umbaus ihrer Kirche im Pfarrsaal zum Hochamt drängeln, haben Schirme und Plastikhauben mitgebracht. Pfarrer Albert Petermann liest das Evangelium vom Kamel, das eher durchs Nadelöhr geht als ein Reicher ins Himmelreich. Es ist der 28. Sonntag nach Ostern und der erste, nachdem der Paderborner Erzbischof Johannes Joachim Degenhardt seinem Priester Eugen Drewermann die theologische Lehrbefugnis entzog. Doch was hat die Georgs-Pfarrei damit zu schaffen?

»Er hat Ideen, die kann man nicht immer teilen«

Eine Gemeinde von typischen Sonntagschristen, so will es auf den ersten Blick scheinen. Kleine Leute leben hier, rings um die Kaserne der britischen Rheinarmee am Rande des Zentrums: Bundesbeamte, Bankangestellte, Arbeiter und Aussiedler. 4000 sind es insgesamt, und sie halten es nun schon seit 16 Jahren mit Eugen Drewermann aus, den manche einen Ketzer nennen. Er ist wie viele Priester, die nicht als Pfarrer arbeiten, ein »Subsidiar«, er verrichtet einen »Teildienst in der Gemeinde«, liest jeden Samstagabend um 18 Uhr die Vorabendmesse und mutet seinen Georgsschäfchen in seinen Predigten oft eine Menge zu. »Er hat Ideen, die kann man nicht immer teilen«, sagt eine alte Frau, die nach dem Sonntagshochamt ihren klemmenden Knirps vergeblich auszubreiten versucht, »und einige von uns gehen nicht mehr hin. Aber die meisten halten doch zu ihm.«

Pfarrer Albert Petermann weiß um die Schwierigkeiten,

die viele seiner Gemeindemitglieder mit dem vermeintlichen Ketzer haben. So zieht er viele Auswärtige an, die nur, um ihn zu hören, in den Samstagsgottesdienst kommen und den raren Platz im Pfarrsaal okkupieren. »Jeder freut sich, wenn er in der Kirche Bekannte trifft. Hier sieht er vornehmlich Fremde. Das ist manchmal belastend«, erzählt Petermann, der Anrufern trotzdem bereitwillig Auskunft gibt, ob und wann Drewermann die Vorabendmesse liest.

Zum Entzug der Missio seines Amtsbruders äußert sich der Pfarrer jedoch nicht. Für ihn steht fest: »Herr Drewermann ist nach wie vor Priester. Ich sehe keine Veränderung, was diese Gemeinde angeht.« Intolerante Sonntagschristen? So einfach bekommt man Paderborn, wo einst heidnische Sachsen hausten, nicht in den Griff. Und sogar Erzbischof Johannes Joachim überrascht mit ungeahnten Seiten. So ist er nun mal, der Vetter des linken Liedermachers Franz-Josef Degenhardt, zudem duzte er sich bis vor wenigen Jahren mit seinem Freund Eugen.

An dem Samstag nach Entzug seiner kirchlichen Lehrerlaubnis predigt Drewermann nicht. Seine Anhänger, die oft Hunderte von Kilometern weit fahren, um nach der Messe ein paar Worte mit ihm zu wechseln, ihm die Hand zu drükken oder sich seine Bücher signieren zu lassen, sind vergeblich gekommen. Der Verehrte, so heißt es, sei unterwegs: ein Vortrag in München, ein anderer in Baden-Baden, eine Talkshow und die Buchmesse. Viele wollen ihn sehen, wollen ihn über die Bergpredigt sprechen hören, gieren nach seinen tiefenpsychologischen Märchendeutungen, folgen ihm von Ort zu Ort.

In seinen Vorlesungen, die er bis Juli jeden Samstagmorgen um acht Uhr im Audimax der Theologischen Fakultät des Erzbischofs hielt, waren Studenten eher die Ausnahme. »Warum der Bannstrahl gegen einen Theologen«, fragte sich darum sogar die konservative Zeitung »Die Welt«, »der als Privatdozent – anders als seinerzeit Hans Küng – in keinem Beamtenverhältnis steht, außerhalb der üblichen Vorlesungszeiten ... seine (gleichwohl überfüllten) Veranstaltungen abhält, an denen zuletzt sechs Priesteramtskandidaten teilgenommen haben?«

»Ein Anwalt für die Menschen, die in der Kirche leiden«

Die Nonne Schwester Veritas schneidet jede seiner Vorlesungen mit, die er im gleichen Singsang wie seine Predigten und seine Reden gegen den Golfkrieg vorträgt, in der für ihn typischen manirierten Sprache. Schwester Veritas verschickt die Kassetten mit seinen Worten in die ganze Welt.

Warum besuchen seine Anhängerinnen seit vielen Jahren jeden Samstagmorgen die Vorlesungen Drewermanns? Warum werden sie es auch am 9. November wieder tun, wenn er, der neue Lehrbeauftragte des Fachs Soziologie, in die Universitäts-Gesamthochschule Paderborn umzieht und dort über das Matthäus-Evangelium spricht (»Richtet nicht, damit ihr nicht gerichtet werdet«)? Sie ist Mitte 60, Mutter und Großmutter, Paderbornerin und streng katholisch erzogen. Eine ehemalige Klosterschülerin. »Ich habe immer nur den strafenden Gott gekannt«, sagt sie, »Drewermann vermittelt mir den verzeihenden, liebenden.«

»Drewermann ist ein tief frommer Priester, der in den Fußstapfen Jesu geht«, findet Veronika Schumacher. Die pensionierte Lehrerin ist Sprecherin des Drewermann-Solidaritätskreises, der halbjährlich 2700 Rundbriefe verschickt. Sie informieren über den neuesten Stand der Auseinandersetzung des Priesters mit seinem Bischof, geben Vortragstermine bekannt und listen Neuerscheinungen von Drewermann-Büchern auf; allein im letzten Rundbrief waren es fünf.

»Er ist zutiefst Seelsorger«, sagt Schumacher, »er verurteilt nicht, er nimmt an. Er ist Anwalt für die Menschen, die in der Kirche leiden. Dazu kommt seine ungeheure Bescheidenheit und seine Genialität.« Das alles fasziniert die Menschen so, »daß sie ihm förmlich nachlaufen«.

»Noch nie«, schreibt eine selbsternannte »Atheistin« in

einem Leserbrief, sei sie von »irgend jemandem oder etwas so angerührt« worden: »Drewermann könnte der reinkarnierte Jesus sein.«

Die Bewunderer des vermeintlichen Ketzers sind zahlreich, auch in Paderborn. Dort sammelte der Drewermann-Solidaritätskreis im vergangenen Jahr, als schon einmal der Entzug der Missio zu drohen schien, 25000 Protestunterschriften. Die ihn ablehnen, sind eher die Ausnahme, auch bei den Klerikalen.

Den Paderborner Erzbischof beispielsweise »schmerzte es sehr«, seinem ehemaligen Duzfreund die Lehrbefugnis entziehen zu müssen, und er forderte Drewermann ausdrücklich auf, sich weiter in der Öffentlichkeit zu äußern.

Die 17 Professoren der Theologischen Fakultät kritisierten in einer Stellungnahme zwar die »exzessive Philosophie der Subjektivität« ihres geschaßten Kollegen und die »polemische Konfrontation mit der Kirche«, räumten aber gleichzeitig ein: »Wir sind der Überzeugung, daß seine Anstöße einer existentiellen Aneignung der Offenbarung und einem tieferen Verständnis der biblischen Botschaft dienen könnten.«

Der Chefredakteur der Paderborner Kirchenzeitung »Der Dom« bekannte offen, daß er aus Drewermanns Büchern »den Mut zum Weitermachen in der Kirche« erhalten habe. »Er hat die Gabe und Gnade«, schreibt Hermann Multhaupt über Drewermann, »Worte zu finden, nach denen diese Welt hungert.«

Die ihn wirklich ablehnen, sind papsttreue Hardliner wie Kardinal Meisner aus Köln und Erzbischof Dyba aus Fulda. Dieser nennt Drewermann, der selbst einmal ein Hardliner war und als Studentenpfarrer die ökumenische Studentengemeinde Paderborn zerschlug, schlicht einen »Scharlatan«. Die schärfste Kritik an dem Priester und Tiefenpsychologen, der die Dogmen der Amtskirche in Frage stellt, üben andere Kirchenkritiker. Der Schweizer Tiefenpsychologe und Ex-Priester Martin Odermatt forderte Drewermann öffentlich auf, die Kirche zu verlassen, und unterstellte dem »innerlich ungemein getrieben, gespannt und gehetzt« Wirkenden ein »ausgeprägtes Geltungsbedürfnis« und »einen Wahrheitsanspruch, der ein Stück weit dem verfällt, was er der Kirche vorwirft«.

Der Paderborner Autor und Journalist Wolfgang Brosche schrieb, Drewermann habe die »Leidensmiene eines Märtyrers« und »das Charisma eines Sektenführers«. Auch Dieter Schellong, Professor für protestantische Theologie an der Paderborner Universität, hält seinen katholischen Kollegen für einen Demagogen. Schellong erinnert sich, »wie frühzeitig in Paderborn von Anhängern um Drewermann der Nimbus der drohenden und so herbeigeredeten Verfolgung ausgebreitet wurde und wie bis heute von Drewermann dieser Heiligenschein nicht zerstört, sondern aufgebaut« werde. Der »Ruch des Verfolgtwerdens« sei das »sicherste Mittel, um eine treue Anhängerschaft zu bilden und zu halten«. Dies berühre ihn, so der Theologieprofessor, »außerordentlich unangenehm«: »Die geistige Führer- und Gefolgschaft ist nicht nur christlich, sondern auch politisch alles andere als unschuldig. Schon deshalb bin ich außerstande, mich mit Drewermann zu solidarisieren.«

Was macht den Priester und Tiefenpsychologen, der voller Widersprüche steckt, so anziehend für viele Menschen?

Da ist der Asket, der kein Fleisch ißt, der keinen Kühlschrank, kein Auto und kein Telefon hat und der den Großteil seiner Einkünfte verschenkt. Aber da ist auch der perfekte PR-Mann, der sich in den Medien fast wie ein US-amerikanischer Fernsehprediger vermarktet, der massenwirksame Auftritte inszeniert mit Tiersegnungen und Spendenübergaben, der alles gleich zum Buch macht, wie beispielsweise seine Paderborner »Reden gegen den Krieg«. Da ist der Priester, der Liebe predigt, Güte, Empfindsamkeit und Heiterkeit, aber selbst ganz und gar ernst ist und unberührbar wirkt. Der katholische Theologieprofessor Peter Eicher, der Drewermann seit zwei Jahren als Anwalt gegenüber der Amtskirche vertritt, versteht seinen Mandanten als »einen postmodernen katholischen Romantiker und Lebensphilosophen«, der »haarscharf das Stimmungsgefüge in der Bundesrepublik trifft«. Der »Hauptgrund seiner Resonanz«, so Eicher, sei »die Vergewisserung der Existenz angesichts von Strukturen, die uns als Subjekte überflüssig machen«: »Er macht jede Biographie groß in der Dramatik ihrer Existenz vor Gott.«

»Gerade die Menschen hier in Paderborn«, erklärt Dieter Schellong die Faszination, die Drewermann auf die Marktfrau wie auf den Ingenieurwissenschaftler ausübt, »empfinden Religion als doktrinär und aufgezwängt, so daß sie sie nicht verinnerlichen können.« Drewermann entlaste sie von diesem »Autoritätsdruck«, indem er »religiöse Dinge als menschlich« darstelle. Schellong, der hinter Drewermanns sanfter Fassade einen »Machtmenschen« vermutet, »eine Art Superpriester«: »Wenn ich Bischof wäre, wäre ich ihm dankbar. Wir würden Hand in Hand arbeiten.«

Drei Dozenten im vergangenen Jahr »verloren«

Und Drewermann selbst? Was will er eigentlich? Darüber schweigt er sich sehr beredt aus. Was er nicht will, sagt er zuweilen. Beispielsweise eine neue Kirchenspaltung, die er zum gegenwärtigen Zeitpunkt für unmöglich hält. Auch glaubt er nicht an eine Reformierbarkeit der Amtskirche. Was bleibt ihm dann? In einem Aufsatz über sein großes Vorbild, Friedrich von Spee, der die Kirche kritisierte, ihr aber nie den Rücken kehrte, vergleicht Drewermann, der seit 25 Jahren Priester ist, den Jesuiten Spee mit dem Augustinermönch Luther: Während für diesen »die Ablaßfrage nur den Auslöser« gebildet habe, »um die gesamte Frage der menschlichen Existenz (...) zu thematisieren und damit dem eigenen Ich zum Durchbruch zu verhelfen, wird Spee in eine Auseinandersetzung hineingezogen, die er selber innerhalb der Grenzen beläßt, die von der eigenen wie der kollektiven Angst ihm vorgezeichnet werden«.

Auch Drewermann kennt seine Grenzen, und er wird in der Kirche bleiben, genau wie Spee, der an der alten Jesuiten-Universität zu Paderborn den Schluß seiner berühmten *Cautio Criminalis* schrieb.

Heute ist die Universität nur noch eine Theologische Fakultät, und eine Woche nach Entzug der Drewermannschen Missio durch den Magnus Cancellarius Erzbischof Degenhardt kommen in ihrem Auditorium Maximum Studenten, Professoren und Honoratioren zur »Akademischen Jahresfeier« zusammen. Rektor Hubertus Drobner begrüßt die in Roben gewandeten »Exzellenzen und Magnifizenzen«, die sich »zur Eröffnung des 378. Studienjahres die Ehre geben«.

Drei Dozenten habe man im vergangenen Jahr »verloren«, einen durch Tod, einen zweiten durch den Ruf an eine andere Hochschule und einen dritten durch Entzug der Lehrerlaubnis, sagt der Rektor, der zuvor, aus Angst vor studentischem Protest, seine Hausmeister angewiesen hat, die Türen zu verschließen. Doch niemand demonstriert vor der einstigen Jesuiten-Universität, die 350 Jahre zuvor auch auf Friedrich von Spee verzichtet hat, den der Bischof nicht mehr als Lehrer haben wollte.

ROMAN ARENS

Angst und die verweigerte Reformation in Paderborn

»Bischof! Jesus geht einen anderen Weg!« So heißt es streng und kategorisch auf einem Flugblatt der ChristInnen für Gerechtigkeit. Unerbittlich auch die Schlußfolgerung: »Darum werden wir dir nicht mehr folgen.«

Solche Insubordination ist die späte, aber hier in Paderborn – und nicht nur hier – immer noch überraschende Reaktion derer, die der Macht der katholischen Amtskirche und ihrem Lehramt zu mißtrauen gelernt haben und die Lehre künftig nicht mehr anders denn als befreiende Botschaft erfahren wollen. Sie haben sich, ermutigt durch einen zähen theologischen Wegweiser, auf die Socken gemacht, um den eigenen Weg der Nachfolge Christi zu suchen. Dem Bischof halten sie vor: »Jesus lädt alle ein – du schließt viele aus.«

Die meisten davon fühlen sich vor den Kopf gestoßen, bevor sie einfach wegbleiben oder – in steigender Zahl – mit ihrem Kirchenaustritt den Schlußstrich ziehen. Eine engagierte Minderheit, die in Denken und Fühlen von den Kirchenfürsten in Purpur oder Violett aber meilenweit entfernt ist, zeigt maximale Frustrationstoleranz und hofft immer noch auf die Reformfähigkeit ihrer Kirche. Die Zahl der Gruppen, in denen sie sich zusammenfinden, ist besonders hoch in der westfälischen Bischofsstadt mit der seit karolingischer Zeit festen Dreifaltigkeit von Politik, Kirche und Gesellschaft, wo nach einem Spottwort die Steigerung gelten soll: »Schwarz, schwärzer, Paderborn«. Die Aktivitäten der Gruppen Kirche von unten, Christenrechte in der Kirche, Pax Christi, Katho-Pool, Exodus oder auch Drewermann-Solidaritätskreis belegen nicht nur die Reformbedürftigkeit der Ortskirche, sondern mehr noch das traditionell große Gewicht enger religiöser Bindungen in jenem Landstrich.

Da Religion hier etwas ziemlich Ernstes und weit entfernt von ihren sinnenfrohen und weitherzigen Ausprägungen im Süden ist, legt sie den Gläubigen auch größere Lasten auf. Dementsprechend fallen auch manche Gegenreaktionen auf rigide, beispielsweise moralische Anforderungen durch das kirchliche Lehramt deutlicher aus. Daß durch die Kirche verursachte Leiden (z. B. ekklesiogene Neurosen) oder das Leiden an der Kirche die aus dieser Institution zu erwartenden Hilfen ganz massiv überwiegen können, hat Eugen Drewermann in zahllosen Gesprächen in seiner psychotherapeutischen Praxis erfahren. Daß dies auch seine priesterliche Amtsausübung und theologische Lehrtätigkeit (seit Spätherbst 91 gezwungenermaßen unter dem Dach der Soziologie) geprägt hat, das ist die eigentliche Provokation.

Die Oberhirten wollen ihre Herde mit Strenge zusammenhalten und keine Sonderwege dulden. In der Herde aber macht sich Unwille breit, weil etliche sich als dummes Schaf gehalten fühlen. Da kommt Drewermann am rechten Ort und zur rechten Zeit, wenn er hilft, Leiden zu überwinden und Ängste über Bord zu werfen. »Nutzt eure Mündigkeit«, hatte eine Gruppe auf ein Spruchband für eine kürzliche »Demo« in Paderborn geschrieben. Und vor dem großen Publikum der Gottschalk-Show am Mittwochabend – kurz bevor die »Erste Allgemeine Verunsicherung« aufspielte – postulierte der hagere Theologe: »Ich möchte, daß man Denken und Gefühl, Aufklärung und Frömmigkeit zusammenbekommt.«

Diese frohe Botschaft kann der sanfte, nur vordergründig oft als schüchtern beschriebene, tatsächlich aber selbstbewußte Anti-Star, dessen grau wirkender Habitus und dessen asketisches Leben in einem grauen Betonhaus an einer lauten Ringstraße neuerdings von hohem öffentlichem Interesse zu sein scheinen, längst auf allen Kanälen, in allen Medien verbreiten. Seine Botschaft hat eine ungleich weitere Verbreitung als ein »Hirtenbrief«, selbst wenn ausnahmsweise mal alle 1 869 000 Katholiken des Erzbistums Paderborn in ihre Kirchen gelockt werden könnten, um sich ein solches Sendschreiben des Drewermann-Kontrahenten und Erzbischofs Johannes Joachim Degenhardt anzuhören.

Selbst Johannes Dyba, der Fuldaer Bischof, der mit spektakulären Aktionen und Worten am rechten Rand der traditionellen Kirche laut wird, findet nicht annähernd die Beachtung wie Drewermann, den er als »Irrlehrer« bezeichnet und dem er einen »bodenlosen Abfall« vom katholischen Glauben nachsagt. Was den Fall Drewermann so erschreckend mache, schreibt Dyba im »Bonifatius-Boten«, sei die Vielzahl derer, die »sich von einem solchen wirren Geist heute in die Irre führen und gegen die Kirche aufhetzen lassen – und das geht in manchen Diözesen schon bis weit in die Schar kirchlicher Mitarbeiter hinein«.

Jedenfalls finden es viele treue Diener ihrer Kirche keineswegs richtig, wie der Theologe, Priester, Psychotherapeut und Buchautor von den Oberen kujoniert wird. Laut Umfrage einer Illustrierten sind sogar 48 Prozent von 458 befragten Priestern gegen die Maßnahmen, die mit dem Entzug der kirchlichen Lehrerlaubnis für die Theologische Fakultät begonnen haben und mit Predigtverbot und Hinauswurf aus einer Hilfsseelsorgerstelle noch längst nicht zu Ende sind. 79 Prozent von 1856 Katholiken finden laut Umfrage das Verhalten ihrer Kirche »gemein und bösartig«; die Hälfte der Befragten meint, man müßte eigentlich aus Protest aus der Kirche austreten oder zumindest den Austritt androhen. Dies tat am Mittwoch Thomas Gottschalk, der im knallbunten RTL-plus-Show-Geglitzer ganz ernst und unter großem Beifall seinem Gesprächspartner versprach: »Wenn man Ihnen das Priesteramt nimmt, würde ich aus der Kirche austreten.«

Bevor Drewermann gestern im ZDF für eine ganze Stunde auftreten konnte, brauchte Gottschalk, der quicke Bekenner, nicht um seinen Hoffnungsträger zu fürchten. Aber ob der auch dann noch Priester ist oder gar schon ganz aus der Kirche verbannt sein wird, wenn er in der kommenden

Woche in Wandsbeck über die »Bergpredigt« oder Ende des Monats in Dortmund über »Depression und Religion« spricht, dafür sollte besser niemand die Hand ins Feuer legen. Denn nach amtskirchlicher Auffassung ist das außergerichtliche Strafverfahren, in dem nur ein einziger – von vielen Katholiken kritisiert – »Ankläger, Richter und Exekutor zugleich« ist, jetzt entscheidungsreif. Erzbischof Degenhardt prüft jetzt ohne weiteres Gespräch und ohne mündliche Verteidigungsmöglichkeit für Drewermann, der dazu gerne seinen Beistand, den Theologen Peter Eicher, mitgenommen hätte, den Fall und mögliche Strafen. Wann eine Entscheidung fällt, ist laut Auskunft aus dem Generalvikariat noch offen. Drewermann befürchtet jedenfalls nicht ohne Grund, daß es jederzeit an seiner Haustür am Paderwall läuten kann und ihm das Verdikt ausgehändigt wird. Das Dekret mit dem Predigtverbot hatte ihm ein bischöflicher Abgesandter eines Abends im Januar nach der Abendmesse in der Sakristei überreicht.

Entgegen häufig geäußerten Annahmen Drewermanns hat Erzbischof Degenhardt am Montag in einem auffällig zurückhaltend formulierten Interview mit der »Westfälischen Rundschau« von Rauswurf nicht gesprochen: »Es wird vor allem um die Voraussetzungen gehen, unter denen Herr Dr. Drewermann weiter als Priester tätig sein kann, nicht um eine Exkommunikation.« Also nur noch Suspension vom Priesteramt? Degenhardt scheint um Begrenzung des Schadens für die Kirche bemüht zu sein, während ihn Scharfmacher aus Rom und der Bischofskonferenz bedrängen und die potentiellen Fürsprecher Drewermanns in Theologie und Episkopat vornehm schweigen. »Das ist die Angst«, weiß ein Theologe, »diese Bande von Feiglingen.«

Sie verachte die, die den Bischof einfach bestärkt hätten gegen Drewermann, sagt Elisabeth Schulte, die vor kurzem noch als Schwester Veritas von den Missionsschwestern vom kostbaren Blut in einem Krankenhaus als Masseurin gearbeitet und sich jetzt in mancherlei Beziehung selbständig gemacht hat. Seit zehn Jahren habe sie, damals »ein selbstunsicherer Mensch«, sich mit den Gedanken des Theologen befaßt: »Er sprach aus, was ich nicht formulieren konnte.«

Sie ist enttäuscht, wie sie selbst erfahren hat, mit welchen Machtmitteln »der Aufbruch an den Wurzeln der Kirche« unterdrückt werde. Es ist für sie, die sie seit Jahren Kassetten-Mitschnitte von Drewermann-Auftritten zum Selbstkostenpreis vertreibt (»jede Woche mindestens 100 Stück«), noch völlig offen, ob sie weiterhin der Kirche als Institution angehören will. Für sie scheint dies keine sehr vorrangige Frage mehr zu sein: »Für den Orden ist das schwierig, für mich nicht.« Mit großer Gelassenheit betrachtet sie auch ihr künftiges Leben, für das sie in Paderborn bleiben möchte.

Für eine andere Frau dagegen, die nach 35 Jahren den kirchlichen Dienst wegen der Heirat eines geschiedenen Mannes quittieren mußte, ist es schwierig geworden in der gewohnten Umgebung. Nicht nur Arbeitslosigkeit und Streichung der Zusatzrente, auch ein jahrelanger Spießrutenlauf: Das Ehepaar wurde geschnitten und geschmäht. »Mein Mann und ich haben durch Drewermann den aufrechten Gang gelernt«, sagt die Frau, die nach Überwindung ihrer Ängste sich dafür engagiert, daß »jetzt etwas aufbricht. Es wird Zeit.«

Sie weiß, daß viele abseits stehen, weil sie berufliche und gesellschaftliche Nachteile fürchten.

Martin Günther, Theologie-Doktorand und Paderborner Sprecher von »Christenrechte in der Kirche«, meint: »Hier tobt ein Kampf, der anderswo vor 500 Jahren ausgefochten wurde.« Jedenfalls wurden hier die sozialen und religiösen Unruhen des 16. Jahrhunderts mit militärischer Gewalt und der Macht der jesuitischen Gegenreformation abgebrochen. Manche Gesprächspartner meinen, von daher sei noch was nachzuholen.

Auch Drewermann hat die Reformation, die »seit 450 Jahren verweigerte«, im Blick, meint aber die der Kirche überhaupt. Er sieht hier die Ursache, daß der Katholizismus »so starr, so autoritätshörig, so zentralistisch« geworden sei.

Die Theologie- und Mathematikstudentin Mechtild Goldstein registriert: »Das Klima in der Kirche ist gegenwärtig von Angst geprägt.« Angst ist das zentrale Stichwort bei dem als Autor populär, als Verfolgter noch populärer gewordenen Theologen. Angst sehen die Kirchenkritiker in der Hierarchie, die um ihre Macht fürchte. Das gleiche Gefühl der Angst auch bei denen im Kirchenvolk, die unter den Anforderungen einer »auf die Spitze getriebenen kirchlichen Moral« ächzen und dann unter Gewissensbelastungen ausbrechen. Für solche Leute werde Drewermann, so Martin Günther, zum »Guru und Lebensretter«.

HARTMUT MEESMANN

Tiefe Kluft?

Die Theologen schweigen, ein Bischof mahnt, und das Volk diskutiert eifrig

Es ist schon merkwürdig. Die Auseinandersetzung zwischen dem Paderborner Erzbischof Johannes Degenhardt und dem Priester und Psychotherapeuten Eugen Drewermann ist in diesen Tagen vielleicht zu ihrem disziplinarisch – vorerst – unglücklichen und höchst umstrittenen Abschluß gekommen, da fällt dem Vorsitzenden der *Deutschen Bischofskonferenz*, dem Mainzer Bischof Karl Lehmann, etwas sehr Wichtiges ein: daß nämlich die Theologinnen und Theologen in diesem Konflikt »ziemlich versagt« haben. Er hätte sich in diesem Streitfall mehr Engagement gewünscht, sagte Lehmann kürzlich beim Katholisch-Theologischen Fakultätentag in Paderborn. Abgesehen von einigen Veröffentlichungen gebe es von seiten der Theologie nicht viel. Da die theologische Auseinandersetzung mit Drewermanns Positionen weitgehend fehle, liege ein nicht »unerheblicher Anteil an Tragik« darin, daß sich mit Drewermann und dem Paderborner Bischof in einer »nahezu gespenstischen Entscheidung« scheinbar »zwei einsame Kämpfer« gegenüberstünden.

Recht hat er, der Mainzer Bischof. Nur: Wieso sagt er dies erst jetzt, da das Kind bereits in den Brunnen gefallen ist? Warum haben er und seine Kollegen nicht schon früher eine fundierte und vor allem sachliche argumentative Begleitung des Streits durch die Damen und Herren aus der Theologie angemahnt?

Auffällig ist ja dieses: Während im Konflikt um den Tübinger Theologen Hans Küng 1979/80 ein reger theologischer Disput zu registrieren war und unter intellektuellen, kritischen Katholiken intensiv über Küng und seine Theologie gestritten wurde, stellt sich die Sachlage im Fall des Eugen Drewermann etwas anders dar. Die meisten Theologinnen und Theologen beschäftigten sich bislang gar nicht oder nur am Rande mit der für sie offensichtlich lästigen Angelegenheit, sind für Zeitungsbeiträge nicht zu gewinnen, während im katholischen Volk breit und lebhaft über Drewermann diskutiert wird. Bis tief ins Milieu geht die Neugier und das Interesse, vor allem auch ältere Menschen fühlen sich angesprochen, wenn sie auch zum Teil irritiert sind. Zum Beispiel Wiesbaden: Da kommen über 100 Leute zu einem aktuell angesetzten Lektüreabend zu Texten Drewermanns. Vorträge über Drewermanns Anliegen sind, egal wo sie stattfinden, überfüllt. Offenbart der Fall Drewermann eine tiefe Kluft zwischen dem, was die Theologen an den Universitäten so treiben, und dem, was die Leute wirklich beschäftigt, inzwischen auch über katholische Kreise hinaus?

Pfarrgemeinderäte, Einzelpersonen, Gruppen schreiben Protestbriefe nach Paderborn. Sie klagen allesamt eine argumentative Auseinandersetzung ein. Mit allem, was Drewermann sagt und schreibt, sind sie durchaus nicht einverstanden. Stellvertretend für viele sei der Pfarrgemeinderat der Gemeinde Liebfrauen in Nidda zitiert, der an Erzbischof Degenhardt schrieb: »Ihre Anordnungen bestätigen den Vorwurf, den Eugen Drewermann der Kirche macht, wenn er ausführt, daß es in der Amtskirche nur um Machtausübung und Rettung der hierarchischen Struktur geht und sie dabei schon lange den Menschen aus den Augen verloren hat ... So sind Ihre Begründungen, die Ihre Maßnahmen rechtfertigen sollen, für viele Christen, und so auch für die meisten Mitglieder unseres Pfarrgemeinderates, in keiner Weise nachzuvollziehen. Vielmehr erscheinen die Ansichten Drewermanns zu den fraglichen Punkten weitaus überzeugender, zumindest aber handelt es sich um äußerst bedenkenswerte Ansätze ... Man kann sich des Eindrucks nicht erwehren, daß die Kirche eine sachliche und thematische Auseinandersetzung scheut.

Wären bessere Argumente da, so steht zu vermuten, wären andere Wege als der der Machtausübung denkbar.«

Erzbischof Degenhardt hat inzwischen die Befürchtung zerstreut, er werde Drewermann exkommunizieren. Seine bisherigen Maßnahmen und die bevorstehende Suspendierung Drewermanns vom Priesteramt rechtfertigte er mit dem Argument: »Warum sollte nicht auch die katholische Kirche, wie jeder Verein und wie jede Gewerkschaft, zu einem Angestellten, der gegen die Organisation arbeitet, sagen können: Wenn du katholischer Priester bist, dann mußt du dich im Rahmen der allgemeinen Glaubensauffassung in der katholischen Kirche bewegen.« Aber kann man die Kirche wirklich auf die Stufe von Gewerkschaften und ähnlichen Organisationen stellen? Dagegen wehren sich Degenhardt und seine Kollegen doch auch sonst immer so vehement, wenn sie kirchliche Sonderwege einklagen.

Bischof Degenhardt hat auch eingeräumt, daß Drewermann Sprachrohr sei für manches, was heute viele Menschen empfänden. Dazu gehöre auch die Kritik an der Autorität. Degenhardt: »Das sehe ich auch als eine kritische Anfrage an uns selbst, eine Herausforderung für uns alle in der Kirche.« Auch der Bischof will nicht ausschließen, daß nun ein Schaden für die katholische Kirche entsteht und manche Katholiken ihre Kirche verlassen werden. Dies bedaure er, aber: »Für mich lautet die Gewissensfrage: Kann das ein Grund sein, durch einen Priester des Erzbistums im Namen der Kirche und in meinem Auftrag Auffassungen vortragen zu lassen, die mit dem katholischen Glauben nach meiner festen Überzeugung nicht vereinbar sind?«

Die Antwort der *Solidaritätsgruppe in der Diözese Mainz,* formuliert in einem offenen Brief: »Es genügt nicht, auf satzhaften Aussagen zu bestehen, wie ein fundamentalistisches Glaubensverständnis es einfordert. Vielmehr ist es eine dringende Aufgabe der Bischöfe, der Seelsorger und Seelsorgerinnen, die Christen zu einem differenzierten Verständnis theologischer Aussagen (zum Beispiel Jungfrauengeburt) zu führen und den dazu notwendigen Dialog zu ermöglichen. Nur eine offene und argumentativ geführte Auseinandersetzung kann bei Konflikten dieser Art hilfreich sein.«

Dieser Ansicht ist auch Drewermanns Verteidiger, der Paderborner Theologe Peter Eicher. Er hat jetzt in einem offenen Brief an Bischof Degenhardt darauf hingewiesen, daß Behauptungen des Bischofs, Drewermann habe sich durch hartnäckiges Leugnen katholischer Glaubenswahrheiten offenkundig selbst aus der kirchlichen Gemeinschaft ausgeschlossen, falsch seien. Eicher wörtlich: »Da Drewermann, wie Sie selbst dankenswerterweise immer wieder anerkennen, den katholischen Glauben in neuer Form in seiner erlösenden Kraft erläutern will, steht außer Frage, daß ihm der Vorwurf der vorsätzlichen Leugnung einer Glaubenswahrheit nicht gemacht werden kann.« Nach dem Kirchenrecht könne nur ein *vorsätzlicher* Irrlehrer bestraft werden. Aber das hat der Paderborner Bischof inzwischen anscheinend erkannt.

Leserbriefe

Seit Beginn der Auseinandersetzung um Eugen Drewermann haben sich zahlreiche Gegner und Befürworter in Leserbriefen zu Wort gemeldet. Die folgende Zusammenstellung zeigt einige der gängigen Argumente auf. Wie heftig zum Teil gestritten wird, macht beispielhaft die Kontroverse in einer Kirchengemeinde in Hürth deutlich. Pastor Franz Decker, Mitglied des »Kölner Netzwerks«, rief seine Gemeinde zu einer offenen Diskussion auf. Das »Kölner Netzwerk«, eine Vereinigung von über 500 Mitarbeitern und Laien der katholischen Kirche im Rheinland, setzt sich, ebenso wie viele andere Solidaritätsgruppen, für Eugen Drewermann ein und fordert ein faires Verfahren. Auch wenn die Reaktionen an der kirchlichen Basis überwiegend positiv zu sein scheinen, sind die Meinungen doch durchaus geteilt, wie die Zusammenfassung von zwei längeren Briefen eines Gemeindemitglieds an Pastor Decker beweist.

Bei der Diskussion um den »Fall Drewermann« scheint mir zuwenig der zentrale Punkt angesprochen zu werden; Drewermann behauptet, daß die Form der katholischen Kirche sich historisch entwickelt hat, daß diese sich, wie sie sich heute darstellt mit Amtspriestern und Abendmahl der Gemeinde, so nicht auf den Willen des historischen Jesus zurückführen läßt. Die Antwort der Kirche bedeutet eine Kriegserklärung an die Theologie, die an einem wichtigen Punkt getroffen wird: Über die Geschichtlichkeit biblischer Berichte entscheidet nicht die Dogmatik, sondern allein die Geschichtswissenschaft. Und diese gibt Drewermann recht.

Der Fall des »Paderborner Galilei« zeigt wieder einmal, daß von einer Freiheit der Forschung in den katholischen Fakultäten nicht mehr gesprochen werden kann.

Walter Schaab, Bergisch Gladbach

In einem Punkt stimmen die Vertreter der Amtskirche und Drewermann überein: Abtreibung, Schwangerschaftsabbruch, ist Tötung. Das sagen auch viele derer, die den § 218 ändern oder abschaffen wollen. Ihnen anderes zu unterstellen, wäre böse und gefährlich. Strittig bleibt einmal die ernste Frage, ob »dem schutzlosen Leben« unter allen Umständen der höchste Wert zuzuerkennen sei, und die Frage, wie der Schutz dieses »Lebens« am besten gewährleistet werden könne.

Die Amtskirche fordert in diesem Zusammenhang vom Staat strafrechtliche Sanktionen, ruft damit Kritik hervor und – auch bei manchen Christen – Unbehagen. Es scheint der Kirche nicht zu gelingen, hinreichend zu erklären, wieso sie einerseits dem Sünder bei angemessener Buße Verzeihung und Nachlaß seiner (Sünden)Strafe zuspricht, auf der anderen Seite vom Staat die erwähnten Sanktionen verlangt. Hat die Kirche den Auftrag »draußen« in der Welt als Ordnungskraft aufzutreten, oder müssen wir uns auf einen anderen Weg besinnen?

Im Innenbereich sind der Kirche sicher ordnende Aufgaben gestellt. Aber gelingt es, deutlich genug zu bezeugen, daß die Ordnungsaufgaben im Dienst des Heilsauftrages wahrgenommen werden? Entsteht nicht zu oft der Eindruck, »die Werte an sich« oder »das Gesetz« seien wichtiger als das Heil der Menschen?

Drewermann mag irren oder nicht, er trägt jedenfalls bei zu einem notwendigen Dialog.

Hans R. Schäfer, Brühl

Als Christ, dem die alte, in Vergessenheit geratene Tugend der Demut zu allen Zeiten gut ansteht, braucht man nicht gleich eine große Pressekonferenz in einem Nobelhotel einzuberufen, um vor Laien seine Ansichten über kirchliche und religiöse Fragen auszubreiten. Auch ist es völlig abwegig, solch hohe Vergleiche aus der Geschichte heranzuziehen. Was soll die Formulierung »Drewermann, der Galilei von

Paderborn« oder ihn in Verbindung mit Martin Luther zu bringen.

Frage: Warum hat der Theologe, der auch weiterhin katholischer Priester sein will, die zwischen ihm und dem Erzbischof Degenhardt vereinbarte Vertraulichkeit der Gespräche nicht gewahrt? Bitte, Herr Drewermann, verunsichern Sie nicht weiter die Gläubigen, und denken Sie an das tägliche Messegebet um »Einheit und Frieden«!

Aloys Binz, St. Augustin

Im Zeitalter von Demokratie und Ratio rege ich mich selbstverständlich über die rigide und absolutistische Haltung der katholischen Kirche auf. Mein Herz schlägt für den Geächteten, den Mutigen, der es wagt, ganz allein auf sich gestellt, der übermächtigen Macht die Stirn zu bieten – das ist der Stoff, aus dem man Dramen bildet! Und selbstverständlich glaube auch ich, daß die Kirche die Aufgabe hat, auch dem aufgeklärten und trotzdem leidenden Menschen unserer Zeit das Evangelium ins Herz zu pflanzen. Und das geht nun mal nicht, wenn die Kirche nicht die Sprache dessen spricht, dem sie den Glauben bringen soll, wenn sie stur die Augen verschließt vor den Problemen, die den modernen Menschen existentiell bedrängen. [...]

Wie sich die politischen Parteien auf die tönenden Füße ihrer Ideologien stellen, so schafft sich die katholische Kirche mit ihren saft- und kraftlosen Dogmen auch Ideologien, aus denen sie ihre karge Nahrung zieht. Ist sie doch nach ihrer Gründung leider sehr schnell selbst zu einer im wesentlichen politisch-gesellschaftlichen Instanz verarmt, verkümmert, pervertiert – wie immer man es nennen mag. Als solche tut sie sich naturgemäß schwer mit der Lebendigkeit der geistlichen Gaben des biblischen Wortes. Und sie tut sich naturgemäß noch schwerer mit der Lebendigkeit eines denkenden Menschen und Priesters.

Helene Zwielich-Hoffmann, Kirchzarten

Drewermann steht offenbar allen anderen Konfessionen und Weltreligionen näher als der Kirche, der er als Priester angehört. Umdeutung der Glaubenswahrheiten im psychoanalytischen Sinne, Ablehnung der Kirche als Stiftung Jesu Christi, Infragestellung des besonderen Priestertums bis hin zur Deutung der Kleriker als Menschen, die unter dem Zwang der Amtskirche seelisch deformiert und verkrüppelt sind ... alles das ist von Drewermann im Fernsehen, in Zeitungs- und Illustrierteninterviews, nicht zuletzt in katholischen Akademien zu hören.

In dieser Situation hört man Stimmen: Hier werden Theologen diszipliniert, mundtot gemacht und diskriminiert. So etwa der Pfarrer meiner Gemeinde in einer Sonntagspredigt. Er sagt weiter: »Auch da sind wir als kirchliche Basis zum Zeugnis verpflichtet. Wir brauchen uns kein Urteil darüber bilden zu können, ob der Herr Drewermann recht oder nicht recht hat, oder der Herr Degenhardt. Das können wir den Fachleuten überlassen ...«

An dieser Stelle frage ich: Haben wir Laien, die Drewermann in den Massenmedien begegnen, ihn in Großveranstaltungen gehört haben und auch Bücher von ihm gelesen haben, kein Recht, uns zu seinem Glaubens- und Kirchenverständnis zu äußern? Er spricht doch bewußt und gezielt uns katholische Laien an. Und wir sollen stillhalten? Abwarten, bis Drewermann und die »Fachleute« sich irgendwie verständigt oder auch nicht verständigt haben? Wo bleiben wir da als mündige Christen? Das wäre ja ein neuer linker und autoritärer Klerikalismus. Die Sache ist viel zu ernst und für jeden Christen existentiell, als daß wir sie »Fachleuten« wie Drewermann und Eicher, seinem Mitstreiter, überlassen. Hier steht Glaubensverständnis gegen Glaubensverständnis. Wir mündigen Christen haben allen Grund, das mit aller Deutlichkeit zu erkennen und uns an dem innerkirchlichen Streit – auf der Seite des Erzbischofs von Paderborn – zu beteiligen.

Dr. Franz Coester, Bergisch Gladbach

Mit Entsetzen und Wut beobachte ich in Medien und Fernsehen (zum Beispiel im ZDF: »Streitfall mit Bischof Kasper aus Rottenburg«) den Fall Eugen Drewermann. Am Beispiel meiner eigenen religiösen Erziehung möchte ich aufzeigen, was Kirche im Kleinen ist – und was Kirche als Institution mit Eugen Drewermann macht.

Es trifft mich besonders, weil ich durch Religionserziehung in Kirche und Elternhaus mit Strafe, Todsünde und Schuldgefühlen erzogen wurde und folgerichtig in Ängsten und Zwängen mein Leben aufgebaut habe. Im masochistischen Zwang – die Kirche nannte es abtöten – und aus Schuldgefühlen, immer etwas Besonderes tun zu müssen, war ich zehn Jahre im Kloster. In dem christlichen Bestreben, besonders gut zu sein – nach Vollkommenheit streben –, wurde ich zur Perfektionistin, die sich schließlich als Mutter von fünf Kindern anmaßte, Druck und Macht ausüben zu können, in dem guten Glauben: Ich weiß, was für euch gut ist, wo es langgeht, ich will ja nur euer Bestes. [...]

Ich baute in meinem Leben Fassaden auf, damit man nicht an meine Ängste, Unsicherheiten und wunden Punkte kommt. Genau das macht die Kirche. Priester, die Kinder haben, stehen weiter vorm Altar. Damit der Schein gewahrt bleibt, zahlt die Kirche lieber Alimente. Auch Geschiedene wiederverheiratet geschieht hinter Fassaden. Doch die heutigen mündigen Christen spielen da nicht mehr mit, Ehrlichkeit ist gefragt.

Auch meine Kinder wurden langsam mündig. Sie machten es nicht mehr mit und lehrten mich, daß ich nicht die Alleinseligmachende bin und daß es viele Wege gibt, die nach Rom führen, die viel menschlicher, liebevoller und christlicher sind – und das ist: Eugen Drewermann. [...]

Else Wiegard, Rheine

[...] Merkt man nicht, daß dieser harte Schnitt zwischen Jesus (historischer Jesus) und dem »Christus des Glaubens« der paulinischen Botschaft sowie die Ablehnung des Opfertodes

Jesu nahe an die Gedankenwelt eines Alfred Rosenberg kommt, des Chefideologen der Nazis und Kirchengegners? Schon Rosenberg setzte seinen »Jesus« (wie ihn angeblich das Markus-Evangelium vor der kirchlichen Überarbeitung verkündigt habe) dem »Opferlamm«, dem Gekreuzigten der kirchlichen Botschaft entgegen. Die katholische Kirche hat damals ihre Gläubigen trotz der massiven Gegenpropaganda der Nazi-Medien durch ihr »Lehramt« im Glauben bewahrt und diese Menschen gegenüber einer unmenschlichen Lehre und Praxis immunisiert. So unnütz und böse, wie Herr Dr. Drewermann das »Lehramt« sieht [...], ist die Autorität der Kirche, die nicht Angst vor den Menschen hat, aber diese vor dem »Wolf«, auch dem »Wolf im Schafspelz«, warnt, nicht.

Die »andere Kirche« [...] des Herrn Dr. Drewermann findet sich bei manchen Anhängern des Psychologen C. G. Jung, der neben Sigmund Freud der zweite »Kirchenvater« Drewermanns ist. Jung und sein Freund Max Zeller träumten von einem »neuen Tempel« einer »anderen Kirche« mit ihrer Verlagerung der Autorität und »revolutionären Auswirkungen auf die theologische Methode, die Ethik, die Kirchengemeinde, die persönliche Frömmigkeit und die religiöse Praxis« (M. Stein, Leiden an Gott Vater, Stuttgart 1988, 266 f.). Kirche und Theologie werden diese »Reise ins Blaue«, weg von der Überlieferung, nicht mitgehen.

Dr. Rudolf Padberg, Paderborn

Das Evangelium darf und kann nicht in eine einzige Form hineingepreßt werden, welche dann als die allein gültige zu betrachten ist. In Wahrheit gibt es verschiedene Verständnismöglichkeiten des Christentums, die zwar nicht den gleichen Wert besitzen, aber die alle eine Funktion zu erfüllen haben.

Gegenüber dem unduldsamen Geist der Ausschließlichkeit weist Drewermann auf die andere Auffassung des Christentums hin, die ihre volle Berechtigung hat und noch unerkannte Kräfte in sich schließt. Seien wir ihm dankbar dafür! ...

Eberhard Quester, Paderborn

WIR FOLGEN DIR NICHT MEHR

Ein Flugblatt mit dem folgenden Text wird zur Zeit an vielen Orten der Bundesrepublik verteilt:

Bischof! Was machst du aus der Botschaft Jesu?
- Jesus ist Diener – du bist Herrscher
- Jesus lebt die Liebe – du demonstrierst die Macht
- Jesus läßt wachsen – du reißt aus
- Jesus lädt alle ein – du schließt viele aus
- Jesus macht Stumme reden – du machst Redende stumm
- Jesus wäscht Füße – du wäschst Köpfe
- Jesus läßt gelten – du verurteilst
- Jesus heilt – du verletzt
- Jesus erweckt zum Leben – du tötest ab
- Jesus steht als Bruder neben uns – du erhebst dich zum Richter über uns

Bischof! Jesus geht einen anderen Weg!
Darum werden wir dir nicht mehr folgen.

Christ/innen für Gerechtigkeit, Paderborn

Zwei Dinge haben die Kirche und Drewermann gemeinsam, beide verteidigen eine Rechtsstellung. Der Vergleich trifft insofern nicht zu, weil die Proportionen absolut nicht stimmen: Christentum als überzeitliche Glaubensvorstellung. Drewermanns subjektive Zugeständnisse an den Zeitgeist, der sich in wenigen Jahren ändert. Wenn eine liberale Wochenschrift ihn fragt, ob das überhaupt noch katholische Lehre sei, die er vertritt, so hat sie mit dieser Frage sicher auch im Sinne vieler evangelischer Christen recht. Es gehört zum Hirtenamt der Kirche, über die Reinhaltung der Lehre zu wachen. Wieviel Rücksicht und Langmut sie seinerzeit geübt hat, erweist unter anderem der Fall Lefèvre, der die Geister erregte. Worauf wartet Professor Drewermann?

(weiter S. 310)

[...] Daß sich die zuständige Kirchenleitung gegen E. Drewermann disziplinarisch durchgesetzt hat, ist sehr gut. Dieser Schritt war im wahrsten Sinne des Wortes notwendig, um weitere Not von der Kirche zu wenden. Es wäre geradezu ein Kardinalfehler gewesen, wenn diese Maßnahme nicht erfolgt wäre. [...]

Tragisch und lächerlich zugleich wird es bei den unmündigen Second-Hand-Theologen, die die Lügen ihrer Lehrer, wie Drewermann einer war, unkritisch, d. h. ohne zu prüfen, übernehmen. Diese blinden Blindenführer gehören zu der leicht manipulierbaren Masse, die man jederzeit zu Demonstrationen oder Mahnwachen gegen die Kirchenführung mobilisieren kann. Sie sind die modernen Inquisitoren, die nicht wissen, was sie tun, aber wie zu Galileis Lebzeiten von der arroganten Überzeugung geprägt sind, ohne das geringste Fachwissen die Wahrheit in nichttheologischen Bereichen erforscht zu haben bzw. zu besitzen. [...]

Ja, ich wage es, Drewermann mit Hitler zu vergleichen. [...] Beide haben der Überzeugung Ausdruck verliehen, daß nur sie die Wahrheit kennen und aussprechen. Beide haben ihre Lügen, Halbwahrheiten und sonstigen wohlklingenden Worte in fromme Redensarten verpackt. Was für Hitler die Juden waren, ist für Drewermann die Kirchenleitung. So wie Hitler die Juden für alles Böse in der Welt verantwortlich gemacht hat, so setzt Drewermann unsere Kirchenleitung mit der Terror-Staatssicherheit der ehemaligen DDR gleich. [...]

Es ist nicht alles falsch, was Drewermann sagt. Zum Beispiel charakterisiert er die historisch-kritische Methode als gefühlsunterdrückend, subjektfern und mit entfremdeter Einseitigkeit behaftet. [...] Nur versucht Drewermann, den falschen Weg aus diesem richtig erkannten Dilemma zu gehen, er versucht, den Teufel mit Beelzebub auszutreiben. [...] *Hans-Rüdiger Kreßmann, Hürth*

Einem aufwühlenden Konflikt gestellt haben sich 63 Männer und Frauen in unserer Gemeinde. Anläßlich zweier Briefe von H. R. Kreßmann wurde über die Wahrheit des Glaubensartikels »Empfangen vom Heiligen Geist, geboren aus Maria der Jungfrau« und über die Wahrheit der Auferstehung Jesu Christi gesprochen. Inhalt und vor allem der Stil der Briefe wurde heftig kritisiert. Dann wurde aber auch gefragt: »Warum müssen wir heutzutage über all das reden; alles wird so kompliziert. Kann man uns nicht unsern alten Glauben lassen?« Und: »Steht Pastor Decker hinter dem, was er in der Kirche sagt und tut, oder sind Christus und die Messe für ihn nur mehr leere Worte, fromme Bilder ohne lebendige Wirklichkeit?« Ich stehe hinter dem, was ich sage und tue. In der Messe tritt der Auferstandene an uns heran, um uns in seine Nachfolge zu rufen und dafür zu stärken. Ich finde aber auch wichtig, daß die Verunsicherung, die wir zur Zeit mit der von E. Drewermann angestoßenen öffentlichen Diskussion erleben, von uns nicht einfach weggeschoben oder verteufelt wird. Ich finde toll, wie wir uns diesen Fragen und Ängsten auf der Ebene unserer Gemeinde ausgesetzt und miteinander nach Antworten gesucht haben. Wir haben erlebt, wie unterschiedliche Standpunkte und Bedürfnisse an den Nerven reißen. Harmoniegefühle sind im Moment nicht an der Tagesordnung. Aber wir haben uns ausgehalten, ertragen und damit auch getragen, so, wie wir sind.

Pastor Franz Decker, Hürth

Wäre es bei seiner in vielen Glaubensfragen gegensätzlichen Anschauung nicht konsequent, seinen Abschied zu nehmen? Hält er sich indes für einen Reformator, so ist ein Vergleich mit der verehrungswürdigen Gestalt Martin Luthers undenkbar. Wartet er auf offizielle Entfernung aus dem geistlichen Amt, so würde ihm diese wohl nur von unentwegten Anhängern als Verfolgung zuerkannt. Über seinen wissenschaftlichen Ansatz kann man geteilter Meinung sein. Darüber hinaus darf man fragen: Ist die Angst wirklich die Grundbefindlichkeit des heutigen Menschen? Wenn er seine Amtsbrüder mit den Mitteln der Psychoanalyse und Tiefenpsychologie so kritisch zeichnet, wäre es ihm – falls möglich – vielleicht hilfreich, ein Psychogramm seiner Person zu erstellen.

Falls jemand das kirchliche Vorgehen des Paderborner Erzbischofs zum Anlaß des Kirchenaustritts nimmt, ist das seine persönliche Angelegenheit. Meist ist solches Handeln nicht die Reaktion auf einen Vorgang wie den eben genannten, sondern nur der Auslöser zu diesem Schritt. Kirchenaustritte gab es seit Beginn der Neuzeit in regelmäßigen Abständen, so noch in nationalsozialistischer Zeit oft genug aus Opportunität. Es gäbe wohl kaum den Fall Drewermann, wenn er nicht selbst wesentlich zu seiner Publizität durch eine Fülle von Vorträgen und eigenwilligen Interviews beigetragen hätte. Was wird von ihm in etwa zehn Jahren geblieben sein? Das ist nicht schwer zu beantworten. Sein Erscheinen mag aber zu einer klärenden Scheidung der Geister sicherlich beitragen. *Dr. Helmut Preuß, Wuppertal*

»Macht ist kein Wert an sich«, hat Romano Guardini in seinem diesbezüglichen Buch vor 40 Jahren formuliert, mit wenig Erfolg, wie man auch hier wieder sieht. Innerhalb der katholischen Kirche hat im Gegenteil unter dem jetzigen Pontifikat geradezu eine Rückwärtsbewegung eingesetzt. Auch als Nichtkatholik bedauert man die tiefe Kluft, die sich zum Zweiten Vatikanischen Konzil des Johannes XXIII. aufgetan hat.

Die heutigen Medienmöglichkeiten verleihen aber auch Macht an diejenigen, die sie zu nutzen vermögen; Macht über die Seelen der vielen in ihrer Privatheit vereinsamten Menschen. Eugen Drewermann nutzt diese Macht nach Kräften für seine subjektiv sicher ehrenwerten Ziele auf eine, wie mir inzwischen scheinen will, quasi demagogische Weise. Wollte man seine Kriterien an den sicher oft kritikwürdigen Zuständen in manchen Klerikerbereichen der Kirchen (nicht nur der katholischen) auf ihn selbst anwenden, sähe er wohl nicht ganz so perfekt aus wie seine auch in der Diskussion perfekt vorformuliert wirkenden Sentenzen. So hat er z. B. in einer späten Fernsehdiskussion der ARD bei Dagobert Lindlau einen Vertreter des sicher obskuren »Opus Dei« in einer eigendogmatischen Art und Weise »von oben« fertiggemacht im Bunde mit allen anderen »Gesprächs«-Teilnehmern, die seinen eigenen »brüderlichen« Ansprüchen an andere diametral entgegenstand.

Kein Sachkenner wird leugnen wollen, daß E. Drewermann aufgrund seiner profunden mythischen und tiefenpsychologischen Kenntnisse bedeutende Denkansätze für die Exegese bereitgestellt hat. Aber: Kein Christ darf übersehen, daß Drewermann – die Remythologisierung der Bibel ins Extrem treibend – die Grundaussagen des Neuen Testamentes, allen voran die über Tod und Auferstehung des Gottessohnes, auflöst, indem er sie ins rein Psychisch-Geistige metaphorisiert. So wird die paulinische Trias von Glaube, Hoffnung und Liebe, die den Menschen und die Erde erfaßt (Römer 8), ins Nur-Psychologische transzendiert und so einem neuen quasi gnostischen Doketismus (Lehre von der Scheinleiblichkeit Christi) das Wort geredet. Von hierher gesehen hat wohl der bedeutende Religionsphilosoph und Guardini-Nachfolger Eugen Biser (»Jesus der Freund«) recht, wenn er trotz der Würdigung seiner Denkansätze Eugen Drewermann ein theologisches Leichtgewicht nennt.

Wolfgang Warner, Gräfelfing

MARTIN MERZ

Mythen und Medien

»Die Stunde ist da« (Joh. 17,1), der Prophet erleidet sein Schicksal vor den Augen der Menschen. Eine erstaunlich breite Öffentlichkeit beobachtet die Auseinandersetzung des Theologen Eugen Drewermann mit seiner Kirche – als ginge es um Heil oder Verdammnis. Von seinem Schicksal macht Showmaster Gottschalk sein Verbleiben in der Kirche abhängig, für ihn bekennen im ZDF Menschen ihren Glauben mit bösen Blicken auf den Bischof, zu ihm pilgern im säkularisierten Hamburg die Massen. Ein ganzes Glaubenssystem beschert Drewermann seiner Gefolgschaft und weiß auf alles eine tiefenpsychologische Antwort: Jungfrauengeburt, Abtreibung, Krieg, Frieden und was den Menschen böse macht und selig.

Er spricht verstehbar von der alten Bibel mit ihren Geschichten und Wundern, allesamt Mythen, so als könne es gar nicht anders sein.

Sein Kontrahent, Bischof Walter Kasper, bemüht im Fernsehen das Rahnersche Wort »Realsymbol«. Drewermann hat recht: Die Hirten machen der Herde das Glauben wirklich schwer. Und gnadenlos entlarvt er eine Dogmatik, die scheinbar nur noch dazu dient, Abweichler auszugrenzen.

»Meine Worte sind Medizin für die Menschen«, sagt Drewermann. Spricht da einer mit Vollmacht, eben ganz anders als die übrigen Schriftgelehrten? Rundum hebelt Drewermann Theologen aus den Angeln, von den alten Dogmen bis zur Politischen und Befreiungstheologie. Dabei stellt er Banales ins Zentrum seiner Botschaft: »Wir werden erst Menschen, wenn wir die Angst durch Vertrauen überwinden.« Aber er zielt hoch, wenn er sein Buch »Kleriker« an einem 31. Oktober vorstellt, dem Tag von Luthers allerdings mythischem Thesenanschlag. Mit seiner Selbstdarstellung wirkt er an der Verklärung durch seine Anhänger mit. Glaubst du an Drewermann oder nicht?

Der Theologe stillt den Hunger nach Transzendenz. Menschen, die vom Brot allein nicht mehr oder noch nicht leben können, hängen an seinen Lippen, wenn er die Brotvermehrung zu einem »inneren Geschehen« erklärt und so alle aufklärerischen Zweifel von dem Wunder nimmt. Zu Drewermanns Füßen sitzen überwiegend Hörerinnen, die in Muße der Sinnfrage der Mittelklasse nachgehen. Er hilft ihnen aus der Klemme bei der Frage nach Gott, den er inBilder auflöst, die Leben deuten und therapieren. Der Auferstandene rückt in die Nähe des Kleinen Prinzen.

Drewermanns Verurteilung bestätigt seine Gefolgschaft in ihrem Mißtrauen gegen die Amtskirche. Der Paderborner Erzbischof Degenhardt ist Kläger *und* Richter. Dies verstärkt den Verdacht, wieder einmal würde einer von der Macht verketzert, der den Menschen doch nur glauben hilft. Wenn die Kirche schon meint, beurteilen zu müssen, ob einer der Ihren die Grundlagen der Lehre verlassen hat, dann gefälligst mit einem fairen Prozeß: mit Kläger und Verteidiger, einem Richtergremium und Berufungsinstanz. Was soll die bischöfliche Selbstherrlichkeit?

Die Anhänger scharen sich nun noch enger um den Verfolgten, diesmal soll kein Hahn den Leugnern nachkrähen. Aber beweist das Stigma der Verfolgung, von Drewermann zum allgemeinen Erschauern medienwirksam vorgeführt, schon die Echtheit des Propheten? Ach, schön wäre es, Zeuge einer heilsgeschichtlichen Stunde zu sein. Doch Degenhardt ist kein Pilatus und Drewermann kein Messias. Die Stunde gehört Gottschalk, die Show geht weiter.

UTA RANKE HEINEMANN

»Maulkorb-Existenz«

Die Lage der katholischen Theologie an den deutschen Universitäten ist düster. Die Forschungsfreiheit der Theologieprofessoren ist kirchlicherseits total beschnitten. Statt Forschungs- und Redefreiheit herrscht Gehorsams- und Stillschweigezwang.

Eugen Drewermann hat es gewagt, die zunehmende kirchliche Diktatur öffentlich anzuprangern und für einen menschlicheren Umgang der Kirche mit den Menschen zu plädieren. Zum Thema der Abtreibung z. B. fällt der Kirche nichts Besseres ein als ein Paragraph. Statt der Barmherzigkeit Gottes verkündigt sie das Strafgesetzbuch.

Eugen Drewermann hat es darüber hinaus gewagt, einige angebliche Glaubenswahrheiten in Zweifel zu ziehen, an die ohnehin außer wenigen niemand mehr glaubt, die biologische Jungfrauengeburt Marias z. B., eine Art gynäkologischer Klapperstorchtheologie. Für alles das hat ihn nun die »gerechte Strafe«, wie die Kirche das nennt, getroffen und ist er einer kirchlichen Säuberungsmaßnahme zum Opfer gefallen.

Das Ansehen der Theologen an den Universitäten in Deutschland hat Schaden genommen, es sinkt unter Johannes Paul II. beständig. Von dem, der keine Fragen stellen darf, erwartet keiner mehr eine Antwort. Bei den Gläubigen nimmt vielmehr die Meinung zu, daß an den Universitäten Theologen sitzen, die nicht laut sagen, was sie denken, und die nicht denken, was sie sagen. Denn was gestern von Theologen noch gesagt werden durfte, darf heute nicht mehr gesagt werden.

Gehört wird fast nur noch auf das Wort derjenigen, die bereits von ihren Lehrstühlen vertrieben wurden oder die in Gefahr sind, ihre Lehrerlaubnis zu verlieren. Denn ansonsten führen an Deutschlands Universitäten die Theologen eine Maulkorb-Existenz.

Das Spiel, das die Kirche in diesem Falle spielt, ist ein Trauerspiel. Und so bleibt für den Beobachter nur das Gefühl der Trauer.

DIETER SCHELLONG

»Bedürfnis nach Herrschaft und Führerschaft«

Protestanten, für die es kein autoritatives Lehramt gibt, stehen verständnislos vor Verurteilungen, die ein solches Lehramt vollzieht. Auf der anderen Seite frage ich mich aber, was Menschen, die ein autoritatives Lehramt über sich anerkennen, so schrecklich daran finden, wenn dieses einmal wirklich autoritativ entscheidet. Man wird kaum beides haben können: »Geborgenheit« durch menschliche Autorität und zugleich evangelische Freiheit in der Kirche.

Was nun hat das autoritative Lehramt gegen Drewermann verfügt? Er darf seine Lehrtätigkeit nicht mehr im Namen der katholischen Kirche ausüben, deshalb auch nicht mehr wie bisher als Privatdozent am bischöflichen Priesterseminar in Paderborn lehren. (Zur Klarstellung: Der Paderborner Universität-Gesamthochschule gehört Drewermann nicht an.) Sein Priesteramt bleibt ihm, seine Veröffentlichungen und seine Lehr- und Therapeutentätigkeit im nicht institutionell-katholischen Raum sind sowieso nicht betroffen, aber auch sein Auftreten in katholisch-kirchlichem Rahmen soll nicht ausgeschlossen sein. Was der Paderborner Bischof erreichen will, ist schwer zu sagen. Vielleicht wollte er nur Drewermanns Lehrtätigkeit nicht mehr inseinem Verantwortungsbereich angesiedelt sehen. Dafür hat er nun Drewermanns Popularität erhöht, der Autorität des bischöflichen Amtes aber enorm geschadet. Als Außenstehender kann man sich nur wundern, wie ungeschickt das katholische Lehramt seine Interessen verfolgt. Für uninteressant halte ich die Lehrfragen, in denen der Paderborner Bischof Drewermann Lehrabweichungen vorwirft: die Frage etwa, ob der historische Jesus das Priesteramt eingesetzt habe. Sie ist wegen der Verquickung von historischen und dogmatischen Interessen schon als Fragestellung unsinnig.

Daß dies keiner der Beteiligten gemerkt hat, wird daran liegen, daß das Priesteramt für beide Seiten im Mittelpunkt des existentiellen Interesses steht. Und das ist der Hauptgrund, weshalb Protestanten den ganzen Streit nur distanziert wahrnehmen können. Oder andersherum gewendet und zugespitzt: Ich finde es beunruhigend, daß das Bedürfnis nach priesterlicher Führerschaft gegenwärtig so stark ausgeprägt ist, wie an der Drewermann-Anhängerschaft zu bemerken ist. Drewermann ist Psychologe genug, um zu wissen, daß der Ruch des Verfolgtwerdens Priester und Gemeinde besonders aneinander bindet – heute ist er fast das einzige, jedenfalls das sicherste Mittel, um eine treue Anhängerschaft zu bilden und zu halten. Und ich erinnere mich, wie frühzeitig in Paderborn von Anhängern um Drewermann der Nimbus der drohenden (und so herbeigeredeten) Verfolgung ausgebreitet wurde und wie bis heute von Drewermann dieser Heiligenschein nicht zerstört, sondern verstärkt aufgebaut wird. Dies berührt mich außerordentlich unangenehm – zumal bei jemandem, der die psychologischen Reaktionen kennen muß, mit denen man Menschen an sich bindet – und die er deshalb vermeiden und gerade nicht ausnutzen sollte.

Robert Musil schrieb 1933 nach dem Sieg des »Führers« in einem Brief: »Lange vor den Diktatoren hat unsere Zeit die geistige Diktatorenverehrung hervorgebracht. Siehe George. Dann auch Kraus und Freud, Adler und Jung. Nimm noch Klages und Heidegger hinzu. Das Gemeinsame ist wohl ein Bedürfnis nach Herrschaft und Führerschaft, nach dem Wesen des Heilands.«

Die geistige Führer- und Gefolgschaft ist nicht nur christlich, sondern auch politisch alles andere als unschuldig. Schon deshalb bin ich außerstande, mich mit Drewermann zu »solidarisieren«.

Bis man über Drewermanns Bücher wieder sachlich wird reden können wie über andere Bücher, wird viel Zeit ins Land gehen müssen. Aber war es einem je von ihrem Autor leichtgemacht, sie wie übliche Bücher zu behandeln?

MONIKA EGLER

Ein Eiferer aus Mitleid mit den Menschen

»You are someone.« Drei schlichte Worte. Martin Luther King, der Vorkämpfer für die Gleichberechtigung der Schwarzen in den USA, hat sie seinen Mitstreitern vorgesagt, wieder und wieder, bis ihr Rücken sich straffte, bis sie, die ehemaligen Sklaven, es wagten zu sagen: »Das ist unser Recht. Wir sind wer.«

Der Mann am Rednerpult hat Tränen in den Augen, als er vom Kampf der Schwarzen gegen die Angst erzählt, denn sein ganzes Denken, genährt von einem leidenschaftlichen Mitleid, kreist seit Jahren um die Angst der Menschen und das Leid der Kreatur. Die Frage, was Erlösung ist, quält ihn, seit ihm die Menschen im Beichtstuhl zum erstenmal ihre Sünde, ihr Leid, ihre Ängste ins Ohr flüsterten. Die Angst, so glaubt er, läßt die Menschen sündigen. Das Entsetzen, nicht notwendig zu sein für irgend jemanden, verkrümme ihre Existenz. [...]

Die Zuhörer, meist Frauen in mittleren Jahren, meist aus jener Generation, die viel von Gottes Strafgericht und wenig von Gottes Güte gehört hat, begrüßen ihn mit begeistertem Beifall. Drewermann dankt mit einem scheuen Lächeln und tritt ans Pult. Er redet über die Jenseitsvorstellungen der Ägypter – aber hinter jedem Satz steht die Botschaft: Du bist wer, vor Gott. Deine Angst ist nicht das Letzte. Für Buddha genügte es, unter einem Baum zu meditieren. Für die menschliche Angst aber genügt keine andere Antwort, als daß wir lernen, daß ein Maximum an Angst in der Gestalt des Jesus von Nazareth nicht verhindern kann, Gott zu glauben, und sei es gegen alle Welt.

Manche Zuhörer nehmen Wort für Wort des Vortrags auf Band auf. Drewermann gilt ihnen als Prophet. Guru nennen ihn dagegen manche Kollegen von der theologischen Zunft.

Rom mißtraut seiner Rechtgläubigkeit, weil er mehr von der Angst spricht als von der Sünde, weil man im Vatikan vermutet, der Fall Drewermann könnte ein weiterer Fall Küng werden. Und der Psychotherapeut Albert Görres hält Drewermann für einen Demagogen und schreibt: »Wer Aggressionen weckt, schürt, rechtfertigt, kann des Erfolgs gewiß sein.«

Haß? Aggression? Diese Worte scheinen so gar nicht zu dem Menschen zu passen, der seinen Besucher in einem tristen Betonblock in Paderborn empfängt. Der Händedruck ist fast schüchtern. Unwillkürlich fragt man sich, welche eigene Angst, welche Wunden sich hinter der verhaltenen Mimik, der ruhigen Stimme, den druckreifen Sätzen verbergen. Ist es der Schmerz des Jugendlichen, der in den fünfziger Jahren gegen die Ausrüstung der Bundeswehr mit Atomwaffen protestierte und dabei auf den Widerstand katholischer und CDU-gläubiger Prälaten stieß? Ist es die Enttäuschung des Pfadfinders, der Hebräisch lernte, um die Bibel besser verstehen zu können, und dessen Fragen mit Katechismussätzen abgespeist wurden? Ist es der Zorn des Theologiestudenten, der vor der Aufnahme ins Priesterseminar ein paar Probesemester studieren mußte, weil ein Religionslehrer seiner Rechtgläubigkeit nicht traute? Drewermann erzählt die Geschichten fast nebenbei, doch seine Stimme verrät den Schmerz des enttäuschten Liebenden.

Der Schmerz ist da. Aber ist dieser scheue Mann, für den die Träume wirklicher sind als das Brot, das er ißt, fähig zur Aggression? Davon sprechen manchmal die schmalen, sehnigen Gelehrtenhände, wenn sie mit einer raschen, kantigen Bewegung seine Anklagen gegen eine Kirche unterstreichen, deren Unbarmherzigkeit er anprangert. Davon zeugt manchmal die harte polemische Sprache seiner Bücher, mit der er seine eigene Zunft angreift, mit der er den seit Jahren leidenschaftlichen Theologenstreit provoziert hat. In seinem Buch »Tiefenpsychologie und Exegese« geht er mit der wissenschaftlichen Arbeitsweise der Bibelauslegung, der sogenannten historisch-kritischen Methode, ins Gericht: »In ihrer Abgetrenntheit vom Gefühl, ihrer Isolation vom Subjekt, in ihrer Unfähigkeit, die innere psychische Realität für unendlich wirklicher zu nehmen als die Ebene der äußeren Tatsachen, ist diese Form der Exegese prinzipiell gottlos, so oft sie auch den Namen Gott in ihrem Munde führen mag.«

Gegen die knöcherne Sprache der Dogmatik setzt Drewermann die Sprache der Träume, der Mythen und Märchen und vor allem die Sprache der Tiefenpsychologie, um die unsagbar religiösen Erfahrungen der Menschen um Jesus von Nazareth in die Vorstellung des 20. Jahrhunderts zu übersetzen. An der Wand seines Arbeitszimmers hängt das Bild eines hundeköpfigen ägyptischen Gottes neben einer Thorarolle aus einer russischen Synagoge, und das Abbild eines tanzenden Wischnu neben dem Kreuz. Solche Sympathie für nichtchristliche Religionen stößt bei den theologischen Gelehrten auf Kritik. »Die biblische Heilsgeschichte wird in Religionsgeschichte hinein nivelliert, ja, von dieser überwältigt und dominiert«, wirft der prominenteste deutsche Dogmatiker, der Tübinger Theologieprofessor Walter Kasper, Drewermann vor und bezichtigt ihn der Nähe zu unchristlichen Selbsterlösungsreligionen.

Treffen solche Vorwürfe Drewermann? Er sagt nein. Die Anwürfe seien willkürlich, hätten mit seinen Absichten nichts zu tun. »Ich habe mich vielleicht für die Herren nicht verständlich genug ausgedrückt«, sagt er, »ich spreche und schreibe für Leute, die wissen, was Leid ist, und die verstehen mich sehr gut. Die Herren haben andere Bücher, wo sie sich beruhigen können.« Aber die angespannten Hände erzählen von der Leidenschaft, die sich hinter dieser äußeren Gelassenheit verbirgt, denn für Drewermann geht es um mehr als um einen Gelehrtenstreit. Er ist anders als sein Gegenspieler Kasper, der am Tag brillante theologische Sätze formuliert und des Abends mit seinen Studenten ein Glas Wein trinkt und Witze macht über seine eigene Zunft. Solche Distanz – sie zeugt vom Humor der Selbstbescheidung, die aus einem ungebrochenen Gottvertrauen wächst – ist Drewermann unmöglich. Er ist ein Eiferer aus Mitleid, der schier zerbricht am Leid der Menschen. Deshalb sucht er nach immer neuen Bildern von Erlösung, die er selbst nicht unbefangen glauben kann. Denn jenen, der in jedem Lachen den Todesschrei mithört, den tröstet auch kein Gott. Sisyphus gleich ringt er der Verzweiflung des Nichts Tag für Tag aufs neue den Glauben ab, den seine Aufrichtigkeit Tag für Tag wieder zerstört: »I am someone.«

GÜNTHER MACK

Wie ein Greifvogel zur Fastenzeit

Aus solchen Häusern flüchten auch Mieter mit robustem Gemüt: Stahltüren, Waschbeton, Fertigbau, Fahrstuhl und Treppe wie im Parkhaus. Der Mann, der durch einfühlsame Bücher über die Lebensnotwendigkeit von Märchen, Mythen und Träumen zum Bestseller-Autor geworden ist, wohnt im 3. Stock dieses Alptraums. Seit 15 Jahren.

Unter dem Händedruck Eugen Drewermanns käme selbst ein rohes Ei nicht zu Schaden. Sein Begrüßungslächeln zieht die Lippen noch schmaler, der Nasenrücken steht blaß zwischen den auseinanderliegenden Backenknochen, die Lider senken sich weit über taubenblaue Augen. Schüttere Haare haben sich bis auf Ohrenhöhe aus der Stirn zurückgezogen. In der Sonne hat dieser Mann schon lange nicht mehr gelegen. Und sicher noch länger nicht mehr geschlemmt. Oder sich einfach vergnügt.

Eigentlich müßte dieser Mann im 3. Stock dieser Altneubauwohnung zu Paderborn jetzt sagen: Entschuldigen Sie, aber der, den Sie suchen, ist außer Haus, er befolgt gerade, was er schreibt, gibt sich und seinen Gefühlen Auslauf, wagt die ungelebten Leben, die ihm – Sie haben ihn ja gelesen – so oft imNamen Gottes und der Kirche versagt worden sind; ich bin nur sein asketisches Double, mich läßt er gerne als Stallwache zurück.

»Was darf ich Ihnen anbieten«, sagt eine ungemein zurückhaltende Stimme, und es ist doch Eugen Drewermann und nicht sein asketischer Bruder. Wir trinken Tee. An der Wand touristische Mitbringsel aus aller Herren Tempel, Kirchen und Pagoden. Die knapp geschnittene Wohnung ist im Lauf der Jahre um Erkleckliches geschrumpft. Von allen Wänden ragen Selbstbau-Regale in Zimmer und Flur, die Borde sind vom Boden bis zur Decke mit Büchern bepackt. Zwei Tische, im rechten Winkel aneinandergerückt, sind von Folianten bedeckt, nur eine Fläche von DIN-A4-Format bleibt vom Chaos verschont – dort schreibt Drewermann mit feiner, weicher Handschrift, vier Blatt pro Tag, Monat um Monat, macht ein bis zwei Bücher im Jahr, dazu Zeitschriftenartikel, Vorlesungen, Sendungen und Predigten. Seine tiefenpsychologischen Märcheninterpretationen wurden vom Walter-Verlag fast 100000mal verkauft.

Noch stärkeres Aufsehen erregt seit einiger Zeit sein großer Wurf einer an C. G. Jung orientierten tiefenpsychologischen Bibelinterpretation. Daß er dabei die Mythen, Träume und Märchen auch der nichtchristlichen Kulturen und Epochen ohne Berührungsangst und Diskriminierung einbezieht, genügte allein schon, ihm die lebhafte Skepsis seiner Hierarchie zu sichern.

In Zwei-Meter-Radius um den Schreibtischsessel ragen Bände bis zu Kniehöhe, Drewermann fertigt eben die Anmerkungen für seinen im Sommer erscheinenden Markus-Kommentar. Einen Schritt jenseits des Büchergebirges steht, mehr Pritsche als Bett, das »Schlafzimmer« des Workaholics. Und dahinter wir zwei, auf einer grünen Sitzgruppe, auf der sonst ganz andere Menschen andere Dinge besprechen.

»Das strengt wirklich an«, sagt Drewermann, »diese 20 Stunden Einzelgespräche in der Woche. Da lebe ich hier so, daß ich fast nicht mehr wahrnehme, ob draußen Sommer oder Winter ist.« Einzelseelsorge nennt er diese Gespräche lieber, nicht Therapie oder Sitzung. Es kommt aufs gleiche raus.

Drewermann lehrt Religionsgeschichte und Dogmatik an der Theologischen Fakultät Paderborn. Vor allem aber ist er Priester mit Leib und Seele, freilich einer, der sein Studium der Psychoanalyse auch in der Seelsorge anwendet, dem man wohl selbst das durchgehen ließe, wenn er nur nicht so beharrlich die dabei gesammelten kirchenkritischen Erfahrungen publizierte. Die sprechen offenbar Zigtausenden aus der Seele, machen Mutter Kirche aber zunehmend verdrossen.

Das geht gut, solange das gutgeht, bis zum späten Frühjahr wohl noch. Dann wird im Herder-Verlag ein von der Deutschen Katholischen Bischofskonferenz inspiriertes Werk über Drewermanns Theologie und Praxis erscheinen, gefertigt von acht Wissenschaftlern der unterschiedlichen theologischen Fachrichtungen; sieben von ihnen wird niemand für Drewermanns Freunde halten.

Für den Fortgang gibt es Muster: dem programmierten Urteil dürfte sich die Amtskirche gerne anschließen. Überraschend bleibt immerhin, daß das Fallbeil zwar fällt, daß es aber durch zahlreiche Anmerkungen zugunsten von Drewermann erkennbar gebremst fällt. Das wird den Delinquenten nur kurzfristig trösten, denn anders als so bekannte Dissidenten wie die Professoren Hans Küng und Uta Ranke-Heinemann, denen nach der Ausbürgerung aus dem katholischen Lehrbereich die säkulare Existenz des beamteten Hochschullehrers blieb, ist Drewermann katholischer Priester mit kirchlichem Lehrauftrag an einer theologischen Fakultät. Das läßt sich ändern.

Was sonst könnte man einem Mann nehmen, der ohnehin fast alle Vitalität und allen Lebensgenuß gleichsam in die eigene Innenwelt verlagert hat, seine Abenteuer im Kopf erlebt, der auf die Frage, wann er glücklich ist, ohne Zögern antwortet: »Wenn es mir gelungen ist, nach einem langen Weg mit Menschen Harmonie zu erreichen.«

Selbst als Hochschullehrer hat er sich schon fast beiseite geräumt. Aus Vorsicht, aus Rücksicht? Aus Einsicht in das, was wirklich zählt. »Sie dürfen sich das nicht so gewaltig vorstellen, Theologieprofessor in Paderborn«, wiegelt er ab. Weil die Vorlesungen mancher Professoren gähnend leer sind und seine überlaufen waren und weil auch im Garten des Herrn der Kollegenneid wuchert, hat er die abstoßendste Vorlesungszeit gewählt, die Studenten wie Hausmeister kennen: Samstag morgen, acht Uhr.

Das Audimax ist trotzdem voll, 150 Menschen. Unter einem schwarzen Kruzifix steht er unbewegt am Katheder, zur Seite eine Aktentasche im Schnitt der fünfziger Jahre. Drewermann liest, er liest buchstäblich ab, als trage er zögerlich den Text eines anderen vor. Es spricht: die Sache.

Die Hände liegen auf den Außenkanten des Pultaufsatzes. Nur vier-, fünfmal innerhalb von zwei Stunden hebt er die Stimme, dann stößt der Zeigefinger der rechten Hand vor wie ein Dolch. Und wird sofort zurückgezogen, wie vor Schreck über derart exzessive Körpersprache. Ein Greifvogel, der sich im Sturzflug daran erinnert, daß Fastenzeit ist, und die Krallen einfährt – nicht hier, nicht jetzt. Drewermann weiß offenbar, was er mit seiner gedrosselten Stimme auslösen könnte, zumal unter Sympathisanten.

Studenten von der Gesamthochschule sitzen da, auch ältere Drewermann-Fans aus Stadt und Umland, einige Ordensschwestern, aber nur ganz wenige Priesteramtskandidaten. Vor Drewermann wird seit geraumer Zeit gewarnt, das wirkt im Schatten des Paderborner Bischofssitzes.

Drewermann ist Jahrgang 1940, kein sonderlich gutes Jahr, um geboren zu werden, schon gar nicht in Bergkamen bei Dortmund. Im September 1944 pflügten vier Bombenteppiche die kleine Stadt um, weil die Alliierten in der Zeche mehr als nur Kohle vermuteten.

Drewermanns Erinnerung: »Als kleiner Junge verarbeitet man es zur Not, wenn die Kellerwände bersten, aber nicht, wenn die Erwachsenen, auf die man felsenfest vertraut hat, nur noch Angst und Panik sind.«

Vier Jahre später löscht das schwerste Bergwerksunglück der Nachkriegszeit eine ganze Schicht aus, 440 Männer. Der Wetter-Steiger, ein wichtiger Mann, zerbricht unter der Erwartung der Verantwortlichen, er werde vor der Montanbehörde bezeugen, daß es in der auf Deubelkommraus produzierenden Grube nicht an Sicherheit gefehlt habe.

Der Steiger war Drewermanns Vater, Preuße und Protestant. Katholisch die Mutter, streng katholisch zum Beispiel, wenn sie in Absprache mit einem Vikar dem 14jährigen die Nietzsche-Lektüre entzog. Der Ortspfarrer empfahl dem unruhigen Geist gutherzig sich selbst als Modell: »Wenn Rom gesprochen hat, nehme ich den Kopf unter den Arm.«

Das schafft Drewermann bis heute nicht. Die Zumutung, fortgesetztes Fragen als beichtpflichtig zu betrachten, hatte ihn zum erstenmal auf Distanz zu seiner Kirche gebracht. Dafür wurde ihm das Lebensgefühl der Camus, Kierkegaard und Dostojewski immer vertrauter. Es spricht wohl die Lebenserfahrung des Priesters Drewermann, als er plötzlich heftig wird: »Das dramatische Defizit an Tragik – das macht die katholische Kirche so unmenschlich. Dazu gehört die ungemein platte Vorstellung der Kirche vom Leiden der Menschen, vom körperlichen, aber erst recht vom seelischen Leiden.«

Das Leiden *an* der Kirche wenigstens ist keine Volkskrankheit mehr, allenfalls im Umkreis einiger Dome hält sich noch stärkerer Befall. Auf fröhliche Agnostiker oder liberale Protestanten, die nie Kontakt zu Drewermanns Kirche gehabt haben, muß darum Drewermann wie ein befremdlicher Pantomime wirken, der in einem Käfig aus unsichtbaren Gittern mit unsichtbarem Werkzeug sich und andere aus unsichtbaren Fesseln zu befreien sucht – ein ekklesiogener Marcel Marceau.

Fragebogen

Was ist für Sie das größte Unglück?
Einen Menschen unglücklich gemacht zu haben.
Wo möchten Sie leben?
Im Schatten der Pyramiden oder am Meer.
Was ist für Sie das vollkommene irdische Glück?
Zu spüren, daß Geistiges nicht sterben kann.
Welche Fehler entschuldigen Sie am ehesten?
Die Suchwanderungen der Liebe – sind sie Fehler?
Ihre liebsten Romanhelden?
Fürst Myschkin, Dr. Rieux (Camus: Die Pest).
Ihre Lieblingsgestalt in der Geschichte?
Jeanne d'Arc.
Ihre Lieblingsheldinnen in der Wirklichkeit?
Schwester Emmanuelle, Brigitte Bardot – für die Pflege der Armen und für den Schutz der Tiere.
Ihre Lieblingsheldinnen in der Dichtung?
Sonja (in: Schuld und Sühne); Anna Karenina, Solveig (Ibsen: Peer Gynt), Esther.
Ihre Lieblingsmaler?
Edvard Munch.
Ihr Lieblingskomponist?
F. Chopin.
Welche Eigenschaften schätzen Sie bei einem Mann am meisten?
Einheit von Sensibilität und Festigkeit.
Welche Eigenschaften schätzen Sie bei einer Frau am meisten?
Intelligenz und Schönheit.
Ihre Lieblingstugend?
Keine »Tugend«, aber die Fähigkeit zum Hören.
Ihre Lieblingsbeschäftigung?
Träumen und Schreiben.
Wer oder was hätten Sie sein mögen?

Das, was ich bin.
Ihr Hauptcharakterzug?
Das Unvermögen, etwas endgültig auszuschließen.
Was schätzen Sie bei Ihren Freunden am meisten?
Engagement und Zuverlässigkeit.
Ihr größter Fehler?
Barmherzige Lügen in Fragen des Glaubens.
Ihr Traum vom Glück?
Einen Roman zu schreiben, in dem wenigstens ein Mensch glaubwürdig glücklich ist.
Was wäre für Sie das größte Unglück?
An den Menschen nicht glauben zu können, der vor mir sitzt.
Was möchten Sie sein?
Ein priesterlicher Mensch (Dichter und Therapeut).
Ihre Lieblingsfarbe?
Blau.
Ihre Lieblingsblume?
Orchideen.
Ihr Lieblingsvogel?
Schwalben.
Ihr Lieblingsschriftsteller?
Dostojewski, Kierkegaard.
Ihr Lieblingslyriker?
Rilke.
Ihre Helden in der Wirklichkeit?
Mahatma Gandhi, Raoul Wallenberg, Sigmund Freud.
Ihre Heldinnen in der Geschichte?
Elsa Brändström, Rosa Luxemburg.
Ihre Lieblingsnamen?
Maria, Rachel, Benjamin.
Was verabscheuen Sie am meisten?
Autoritäre Macht und bürokratische Rechthaberei.
Welche geschichtlichen Gestalten verachten Sie am meisten?

Alexander der Große, Karl der Große, Friedrich der Große.
Welche militärischen Leistungen bewundern Sie am meisten?
Das Durchhalten Leningrads; der Zug der Nez-Percé-Indianer unter Chief Joseph; Masada.
Welche Reform bewundern Sie am meisten?
Die Amenophis' IV. (Echnaton).
Welche natürliche Gabe möchten Sie besitzen?
Telepathie.
Wie möchten Sie sterben?
In Ruhe Abschied nehmen.
Ihre gegenwärtige Geistesverfassung?
Beharrlich und suchend.
Ihr Motto?
Wen der Himmel schützen will, den schützt er durch die Liebe.

MARTIN LOHMANN

Trauerstück ohne Ende?

Wieviele Akte das Publikum noch über sich ergehen lassen muß, ist kaum vorherzusagen. Sicher ist nur: Mit dem Entzug der Predigterlaubnis hat das Trauerspiel mit dem Hauptdarsteller Eugen Drewermann seinen Höhepunkt erreicht. Sein Bischof, dessen Vorgänger einst bei der Weihe Drewermanns zum Priester der römisch-katholischen Kirche diesem die Erlaubnis erteilt hatte, das Wort Gottes während der Eucharistiefeier im Namen der Kirche auszulegen, entzog ihm jetzt dieses Privileg. Mußte es so kommen?

Die Entwicklung ist bekannt: Seit Jahren steuerte der in Paderborn lebende Theologe, der sich auch Psychotherapeut nennt, auf eine Kollision mit seiner Kirche zu. Lange Zeit blieb diese geduldig, versuchte – repräsentiert durch den Paderborner Erzbischof und zahlreiche Theologen – dem Fiasko zu entgehen mit theologischen Auseinandersetzungen und persönlichen Gesprächen. Nicht alles lief in diesem Schauspiel nach einfachen Schemata. Bisweilen sahen die Vertreter des Amtes in der Kirche wie ungeübt im Umgang mit der Materie aus. Noch ungeschickter zeigten sie sich häufig im Präsentieren ihrer Absichten.

Ganz anders der Streitbare: Er beherrschte die Sprache der Medien und nutzte diese für seinen »Fall«. Dabei wählte er wie ein Regisseur immer exakt den Ort und den Zeitpunkt für seine Attacken aus. Bis heute, wo ihn viele in den elektronischen Medien noch immer hofieren, wenn er seine Offenbarungen verkündet. Und das tut er in der Öffentlichkeit mit gleichbleibend leidendem Gesichtsausdruck und meditativ sanftem Tonfall, dabei mit dem Anspruch des Dozenten, der im Stil von »Ich aber sage euch« Macht suggeriert, umgeben von der Aura der Unfehlbarkeit.

Diejenigen, die seine Urteile nicht unbesehen teilen und

sich statt dessen erlauben, ihn, den Kritiker par excellence, zu kritisieren, werden hart von ihm angegangen. Dann lernt man leider das andere Gesicht dieses lammfrommen Mannes kennen: seine haßerfüllten Beschimpfungen, den kalten und scharfen Tonfall, die den Dialog verweigernde Körpersprache. Dann kann es passieren, daß selbst freundliche Versuche eines Streitgespräches mit Ablehnung quittiert werden und auch der Appell an seine eigenen, ganz anderen Worte vergeblich bleibt. Wer immer in der Begegnung mit Drewermann diese Erlebnisse machen mußte, wurde traurig gestimmt ob dieser großen Lücke zwischen Anspruch und Toleranz. Das ändert aber nichts an dem Verdienst eines Theologen, der den Finger in so manche Wunde unserer Zeit zu legen weiß und Fragen formuliert hat, die formuliert werden mußten. Sein Anliegen, für das Christentum verlorengegangene Schätze wieder zu heben, der Kirche mehr Menschlichkeit und weniger Institutionelles zu geben, ganz aufmerksam auf die Sehnsüchte der Menschen von heute zu reagieren und sich mit der 2000 Jahre alten Botschaft dem modernen Denken verständlich zu machen – all das darf und muß bewegend bleiben, auch wenn der Bote dieser Erneuerung längst dabei ist, Brücken zu zerstören.

Wenn Sendung von übertriebenem Sendungsbewußtsein überwölbt wird, wenn der kritische Prophet der Ideologiegefahr seines eigenen Ansatzes zu erliegen droht, nur noch die eigene ausgedachte Wahrheit kennt und diese seiner Umwelt überstülpen will – dann ist es Zeit, zwischen ihm, seinem auf manche doktrinär wirkenden Auftreten und seinen ursprünglichen Bemühungen zu unterscheiden. Dabei sollte man freilich auch bedenken, daß der Versuch, die Tiefenpsychologie zum allein gültigen Wahrheitsvehikel machen zu wollen, längst nicht mehr den aktuellen Stand der Wissenschaft selber – auch ihrer Praxis – widerspiegelt. Für das Bild der Kirche ist dieses Drama, in dem niemand anders Regie führt als das Opfer selber, nicht hilfreich. Drewermann hat seine eigene Wahrheit derart verabsolutiert, daß die katholische Kirche zum unumgänglichen Feind werden mußte. In seiner Denkfestung wich die Differenzierung einer mit Haß gefärbten Wut. In diesem »Streit« gibt es nichts mehr zu schlichten, da der Priester Drewermann sämtliche Kernaussagen des katholischen Glaubens, mehr noch, des Glaubens der Christen in tiefenpsychologischen Vorstellungen aufzulösen gewillt ist. Kann jemand, der öffentlich die Fundamente der katholischen Kirche leugnet, noch im Namen dieser Kirche predigen? In einem Gottesdienst, in dem die von ihm in Frage gestellte Eucharistie als zentraler Höhepunkt katholischer Glaubenspraxis gefeiert wird?

Wie verletzt muß ein Mensch sein, daß er die eigene Heimat, seine Kirche, der er nach eigenem Bekunden dienen will, mit der menschenverachtenden Unterdrückungsmaschinerie des Stasi vergleicht? »Selbst der Stasi«, so schreibt er seinem Bischof am 10. Januar 1992, »hatte nicht so viele Möglichkeiten, wie der Absolutismus der katholischen Kirche heute ihren Oberhirten läßt.« Diese Sprache tendiert nicht zum Dialog, sondern zum Abbruch des Dialogs.

Von den nach Lehrentzug sechs angebotenen Gesprächsterminen mit Bischof Degenhardt wählte Drewermann einen und verknüpfte ihn mit Bedingungen. Gleichzeitig spricht er seinem Gesprächspartner jede Gesprächsbereitschaft ab, sieht bei Degenhardt eine »phobisch zu nennende Scheu, sich je ein zweites Mal noch in ein theologisches Gespräch verwikkeln zu lassen«, und vergleicht die unterstellte bischöfliche Angst in einer Fernsehsendung mit der Angst vor der Pest. Die Sehnsucht nach Konfrontation gehört als beflügelndes Element zu diesem Aufstand hinzu.

Vielleicht ist Drewermann tatsächlich dialogunfähig? Dafür könnte sprechen, daß er mit leerem Blick stets das sagt, was er will – unabhängig von Fragen, die ihm allerdings nur ganz selten gestellt werden. Konkrete Antworten erhalten die Journalisten, die er als Stichwortgeber benutzt, nicht. Eher die Formulierung der allgemeinen und zum Teil berechtigten und notwendigen Reibungsflächen mit der Kirche.

Interessieren ihn die anderen noch? Eine schwierige Frage, denn manches erinnert an Don Quichottes Kampf gegen die Windmühlen, die der wackere Ritter zum großen Feind erklärt hatte. Ähnlich aufgebauscht scheint zum Beispiel der Streit um die Jungfrauengeburt, ein Austausch von Argumenten, der nur wenige Christen wirklich umtreibt. Gibt es nicht drängendere Fragen? Ist es nicht entscheidender, von der Erlösung durch den zu erzählen, der wahrer Gott und Mensch zugleich ist?

Wie es weitergehen wird im Fall Drewermann, läßt sich aus dessen Brief an Bischof Johannes Joachim Degenhardt herauslesen. Dort finden sich nämlich die nächsten Regieanweisungen. Auch wenn er nicht mehr Priester sei, so sagt er, werde er »Sonntag für Sonntag weiterhin die Messe lesen, und die Leute werden so zahlreich kommen wie sonst nur zu Ostern und Pfingsten«. Der Bischof habe lediglich dieses erreicht: »Es wird mit sofortiger Wirkung eine Personalgemeinde Drewermanns geben.«

Die gibt es aber nicht erst jetzt. Man muß sich mit dem Gedanken anfreunden, daß alles bisher genau nach Plan eingetreten ist. Wie sollte man sonst die Spekulationen des Paderborner Priesters bezüglich einer Suspendierung vom Priesteramt und einer eventuellen Exkommunikation ausgerechnet zu einem Zeitpunkt werten, in dem das bischöfliche Dekret »nur« das Predigen untersagt – und auf die Widerspruchsmöglichkeiten hinweist?

Die wird Drewermann, dessen Verletztheit aus früherer Zeit ihn offenbar nur weiter »dynamisiert« hat, aber auch jetzt nicht nutzen. Wahrscheinlicher ist, daß das Trauerstück auch jetzt noch nicht seinen Höhepunkt erreicht hat. Dieser mag auch letztlich die Psyche des Rebellen selber bedrohen. In einem Interview mit »Weltbild« gab Drewermann vor einem halben Jahr erste Andeutungen dafür: »Die wohl größte Angst, die mir verblieben ist, besteht darin, beim besten Wollen Menschen zu schädigen oder völlig in die Irre zu gehen.«

HANSJAKOB STEHLE

Der leise Prophet

Sanft, nie heftig klingt seine Stimme, doch hart und manchmal hämisch hört sich an, was er sagt. Ist es einfach nur der Widerstand einer verletzten Seele, die den Beifall als Balsam braucht? Wie ein leiser Prophet steht Eugen Drewermann auch jetzt, nachdem ihm sein Bischof das Lehren und Predigen verboten hat, jeden Sonnabend am Rednerpult des überfüllten Hörsaals C 1 der Paderborner Universität. Die Hörer, alte und junge, von denen viele nur in den Gängen stehen oder auf dem Boden sitzen können, starren fast zwei Stunden lang wie gebannt auf seine schmalen Lippen. Begeistert klatschen sie, wenn er dem kirchlichen Lehramt vorwirft, »zuerst den menschlichen Verstand, dann das eigene Gefühl zu zerstören«; Gelächter braust auf, wenn seine Bibelkritik in Frage stellt, daß Adam nur das arme Opfer des Sündenfalls war, und wenn er beklagt, daß manche Theologen »Gott in einen Hampelmann verwandeln«.

Und doch will dieser Gottesgelehrte, der – vergraben in seine Studierstube – mit 51 Jahren 38 Bücher geschrieben hat, weder Showmaster noch Guru sein. Als Priester und Psychologe, ja in gewissem Sinn auch als kirchlicher »Politiker« zwischen den Konfessionen möchte er für den modernen Menschen den verschütteten Zugang zum Religiösen freilegen. Es ist dieser Traum, der Drewermann seit seiner Jugend bewegt. Im Elternhaus, im westfälischen Bergkamen, wo er mit Kriegsschrecken (eine Luftmine verfehlte knapp das Haus) und Nachkriegsnot aufwuchs, war man fromm, aber nicht fanatisch. Der Vater, ein Bergmann, stammte aus einer »preußisch«-protestantischen Familie, in der es auch Pastoren gab; die Mutter war katholisch und ließ ihren Eugen als Meßdiener lateinische Gebete noch vor dem Lesen und Schreiben lernen.

»Der Konflikt zwischen Denken und Glauben war für mich dramatisch von Kindheit an«, sagt Drewermann nachdenklich. Er erzählt, wie er als Vierzehnjähriger, 1954, durch ein Buch Albert Schweitzers, des heute fast vergessenen Urwaldarztes, evangelischen Theologen, Orgelmusikers und Philosophen, aufgewühlt wurde. »Jesus denkt nicht dogmatisch, er formuliert keine Glaubenslehre ... Nirgends verlangt er von seinen Hörern, daß sie ihr Denken dem Glauben opfern«, schrieb Schweitzer (»Aus meinem Leben und Denken«, 1931). In der Bibel gebe es Schriften, die »trotz ihres wertvollen und lieben Inhalts unecht sind«. Das Christentum habe jahrhundertelang Liebe und Barmherzigkeit gepredigt, »ohne sich gegen Sklaverei, Hexenverfolgung, Folter und andere Unmenschlichkeiten aufzulehnen«. Autoritär verordnete Wahrheit überwinde den Skeptizismus nicht, »sondern deckt ihn nur zu« ...

»Das war für mich wie eine Explosion!« erinnert sich Drewermann. Dieser Albert Schweitzer, nach dem man Schulen benannte, der die Gottesbotschaft Jesu bezweifelte, der im Namen der »Ehrfurcht vor dem Leben« die Abrüstung und den Tierschutz predigte und schließlich den Friedensnobelpreis bekam – er wurde Drewermanns Idol, »dem ich blind vertraute«. Der Sechzehnjährige wurde Pazifist und Vegetarier. Im Schulunterricht rebellierte er, wenn von der immerwährenden Jungfräulichkeit der Mutter Jesu, aber auch wenn von der Pflicht zum Wehrdienst und deutscher Wiederbewaffnung die Rede war.

»Es war zum Aus-dem-Fenster-Springen«, so empfindet er noch immer und bekennt im Gespräch: »Bis heute komme ich aus dem Schema nicht raus. Was sich damals mit meinem Religionslehrer abspielte, ist derselbe Zirkus, den ich jetzt mit meinem Bischof habe, es sind die gleichen Fragen ...«

Da lag es schon damals nahe, einfach Protestant zu werden. Doch es war der evangelische Rektor und Lateinlehrer seines Gymnasiums, der Drewermann davon abhielt und ihm riet, katholische Theologie zu studieren, denn es gebe ja

»gute Protestanten auch bei den Katholiken – und umgekehrt«. Schien sich dies nicht gerade in den sechziger Jahren zu bestätigen, als das Zweite Vatikanische Konzil Reformen in der Kirche einleitete? Im päpstlichen Rom, wohin er nur einmal reiste, hatten Drewermann eigentlich nur – die Katakomben interessiert. Den Studenten, dessen Belesenheit und Intelligenz seine Professoren in Münster und Paderborn über manche Ketzerei hinwegsehen ließen, beeindruckte auch das Konzil wenig. Er, der Dogmenkritiker, reagierte darauf – dogmatisch. Oder einfach »preußisch«? »Für mich«, sagt er, »war das nichts Neues und kam sieben Jahre zu spät. Nur weil es jetzt durch das Konzil erlaubt war, redeten die gleichen Leute anders.«

Das grenzte nach seinem Gefühl fast an »Korruption«. Und es bestätigte zugleich, was er nach der Priesterweihe als Pfarrvikar in Bad Driburg erlebte, vor allem im Beichtstuhl. Als Seelsorger wurde er hier mit menschlichen Nöten konfrontiert, besonders psychosomatischen (»bis hin zu Kurschatten-Problemen«), für die das theologische Instrumentarium, das man ihm mitgegeben hatte, nicht paßte. So erkannte er die fatale Schwäche einer Moral, »die immer genau weiß, wann Menschen schuldig zu sprechen sind, statt sie von innen heraus zu verstehen«. Deshalb begann er Ende der sechziger Jahre als Gast der Neurose-Klinik Tiefenbrunn eine psychoanalytische Ausbildung, die er allerdings nicht abschloß. Wichtiger als ein Diplom war ihm die Möglichkeit, als Präfekt in einem theologischen Studentenkonvikt die Nutzanwendung zu versuchen: heraus aus der »neurotisierten Form von Leiden«, aus Ängsten und Frustrationen.

Sigmund Freuds Entdeckung, daß »Ideale«, falsch verstanden, nicht nur Gefühle, sondern auch den Verstand ruinieren können, half Drewermann, sich mit seinen und den Problemen anderer herumzuschlagen. Solange er als Dozent in Paderborn Theologie lehren durfte und auch jetzt noch, widmet er 20 Stunden jede Woche – ohne Honorar – therapeutischen Einzelgesprächen. Es stört ihn wenig, daß ihm

Kollegen der Zunft nachsagen, nicht auf dem letzten Stand der Wissenschaft zu sein. Der Erfolg seiner Bücher über Religion auch »bei den Gebildeten unter ihren Verächtern« (Schleiermacher) dämpft seine Selbstzweifel. Die Themen, über die er – mit der Hand! – 20000 Druckseiten schrieb, reichen von Grimms Märchen bis zum Markus-Evangelium, von der »Struktur des Bösen« bis zum jüngsten Kleriker-Psychogramm, das die betroffene Amtskirche schließlich zum Schlag ausholen ließ.

»Man liest Ihre Bücher in Rom«, sagte ihm sein Bischof warnend – oder drohend? – schon vor viereinhalb Jahren. Sollte etwa Kardinal Ratzingers Sekretär, der aus Paderborn kommt ...? Auch Drewermann kann oft nicht anders als milieubedingt denken. Obschon der oberste Glaubenshüter in Rom abweichlerische Theologen nur ungern mit dem »Blutorden der Verfolgung« auszeichnet (wie Ratzinger einmal in einem *ZEIT*-Gespräch sagte), ja gerade deswegen argwöhnt Drewermann, daß sein Fall auf die lokale Ebene geschoben und einem Bischof wie Degenhardt übertragen wurde, der sich bislang kaum für Theologie interessiert habe. Sind deshalb die Dialogversuche zwischen Oberhirt und Seelenarzt mißglückt?

»Bischof, was machst du aus der Botschaft Jesu? Jesus wäscht Füße – du wäschst Köpfe. Darum werden wir dir nicht mehr folgen!« So ein Flugblatt, das bei Drewermanns Vorlesung verteilt wurde. Er selbst zögert jedoch, mit den Frommen auf die Barrikaden zu steigen. Nachdem das Ordinariat vor einer Messe in »ungeweihtem Raum« (einer angemieteten Schulaula) gewarnt hatte, begnügte er sich am vorigen Wochenende mit einem Wortgottesdienst, den er jedoch nicht »zur politischen Demonstration verkommen lassen« wollte. Doch der diskrete Charme der (Kirchen-)Provinz könnte trügen. In Paderborn gab es schon im 16. Jahrhundert Aufstände gegen die Bischofsherrschaft – und zu Anfang des 17. eine gewaltsame Rekatholisierung ...

Warum eigentlich will Drewermann Priester – und Katholik – bleiben? Seine zarten, schmalen Hände faltet er unbewußt wie zum Gebet. »35 Jahre lang habe ich ehrlich Kompromisse versucht – jetzt ist endgültig Schluß.« Er sagt es immer noch leise, fast schüchtern. »Ich will nicht mehr meine Kräfte verheizen in der Hoffnung, daß diese Kirche zu einer vernünftigen Synthese von Rationalität und Mystik findet … Aber es ist ein Stück vom Katholischen tief in mir … Warum Priester? Ich glaube, den Menschen so am meisten helfen zu können.«

Seine asketische Gestalt scheint in sich selbst zu versinken. Ein Blick auf die Uhr. Sein Gesprächspartner muß schnell zur Eisenbahn. Drewermann besitzt weder Telefon noch Auto. Aber in Minuten hat er sich einen Wagen ausgeliehen, setzt sich ans Steuer, rast mit der Geistesgegenwart und der Technik eines Profis zum Bahnhof. Doch der Zug ist schon abgefahren …

EVA-MARIA ALVES

Antiphon in Symptomsprache

Die Klerika hysterica hat, wie die gewöhnliche Hysterica, einen gespaltenen Körper. Er bricht. Der Körper der Klerika hysterica ist gebrochen, nichts hält ihn, es sei denn, seine Sprache. Dieses ist die Symptomsprache. Die Hysterica, übergehorsam, legt, wie man ihr befohlen, ihren Körper ab. Und ist ganz Mund. Und singt: Ich steh an deiner Krippe hier, o Jesus, du mein Leben; ich komme, bring und schenke dir, was du mir hast gegeben; nimm hin, es ist mein Leib und Sinn. Oder sie singt: Gut, Blut und Leben will ich dir geben; alles, was immer ich hab, was ich bin, geb ich mit Freuden, Maria, dir hin. Die Klerika hysterica spricht, wenn sie mit ihrem Munde spricht, mit dem von Freud so benannten gespaltenen Ich. Er hat Ich großgeschrieben.

Eine Klerika hysterica würde es kleinschreiben und noch den Vokal, der so spitz tönt, weglassen. Sie würde krächzen, husten: ch. Das Ch, das den Sprachduktus der Minima vita wiederum verkörpert – ja, Herr Aufseher, so ist es eben, wenn Leib und Seel auseinanderbrechen, auseinanderfallen –, ist der Krächzer des gespaltenen Ich. Freud sieht die Koexistenz zweier psychischer Haltungen im Innern des Ich gegenüber der äußeren Realität, falls diese eine Triebforderung durchkreuzt. Das eine Ich nickt ergeben, sagt ja und amen. Das andere Ich nickt auch ergeben, scheinbar, so gut es halt ergebenst nicken kann, und sagt auch ja und amen. Nur viel schöner als das andere Ich. Es nickt ergebener, es spricht kunstvoll. Denn es ist – Gott sei es geklagt, Herr Aufseher – dabei, die Realität mit einer Wunschproduktion zu konfrontieren.

Diese beiden Haltungen des gespaltenen Ich, so Freud, bestehen nebeneinander, ohne sich gegenseitig zu beeinflussen.

So kann die Antiphon in Symptomsprache entstehen. Ein

Wechselgesang für zwei Stimmen, die aus einem Mund kommen.

Wir sind nur Gast auf Erden. Manchmal bleiben Gäste länger als erwartet. Nicht jeder Gast kommt auf der Reise um, nicht jeder stirbt. Also: Es gibt ein Leben vor dem Tod. Das scheint zu stimmen, obwohl diesen Satz ein Kommunist, Wolf Biermann, singt. Falls es also, vorsichtig gesagt, unter Umständen möglich ist, daß es ein Leben vor dem Tod gibt, so sagt das eine Ich, ich nenne es das Diesseits-Ich, in dem oben angekündigten Wechselgesang: Herr Aufseher – Sie müssen ja Episkopus nicht übersetzt bekommen? – Herr Aufseher, lassen Sie Herrn Professor Drewermann nicht büßen, daß er klüger ist als Sie. Niemand wirft Ihnen vor, Menschen als Scheibe zu sehen; niemand verlangt von Ihnen, anhand von Freud-Lektüre etwa über die Zukunft oder sagen wir doch ruhig die Gegenwart einer Illusion etwas zu erfahren. Mit Ihren Erkenntnisdefiziten können Sie wahrscheinlich ganz gut leben. Und vielleicht haben Sie ja eine aufrichtige Bescheidenheit, die Ihnen sagt, sie könnten nicht alles wissen. Aber: Keine Ahnung zu haben wird Schuld, wenn jemand dabei umkommt. Eltern, deren Kinder umkommen, werden immer vor Gericht gezogen. Das Diesseits-Ich ist zornig. Lassen Sie ihn, den Eugen Drewermann, verdammt noch einmal, in Ruhe. Kümmern Sie sich um Not und Elend im Jammertal, aber schaffen Sie nicht neuen Jammer. Ich finde das, was Sie, Herr Aufseher, mit Lug und Trug um Ihres Machterhalts willen veranstalten, skandalös.

So etwas darf sich keiner bieten lassen, dem am Leben vor dem Tod gelegen ist. Kein Mann. Keine Frau. Und eine katholische Frau schon gar nicht.

Aber wir sind ja in einem Wechselgesang, einer Antiphon. Und die Symptomsprache ist eine, die nicht anders als wahr sprechen kann. Nicht etwa, daß sie sich um Ehrlichkeit bemühte. Nein, sie will lügen, sie will betrügen. Und sie lügt. Aber, wie gut, daß Sie das nicht verstehen, Herr Aufseher, die Symptomsprache lügt Wahrheit.

Also sagt das andere Ich, das Jenseits-Ich – welches, gehorsam, sich das Jenseits so vorstellt, wie die heilige Mutter Kirche es den kleinen Mädchen, die später einmal hysterische Klerikae werden, erzählt. Was sagt es also?

Das Jenseits-Ich ruft begeistert: Herr Aufseher! und es hat seine rechte Hand gerade heraus gestreckt, Herr Aufseher! machen Sie ihn (Drewermann) zum Märtyrer. Durchpfeilen Sie ihn, wie den Geliebten meiner Kindertage, den heiligen Sebastian. Steinigen Sie ihn, wie den guten Stephanus, steinigen Sie ihn und rufen Sie – wie Sie es aber schon längstens richtig tun, bravo! bravo! bravo! Herr Aufseher – andere zum Mitsteinigen auf. Oder: machen Sie ein Ypsilon aus ihm, eine unbekannte Größe, hängen Sie ihn, wie weiland Andreas gehängt wurde.

Das Jenseits-Ich ist zu Elevationen fähig, zu Ekstasen. Und alles, was mit Blutfließen zu tun hat, begeistert die Klerika. Sie, deren Körper entwendet wurde, wie man weiß, sie, die nur noch zwiespältige Lippe ist, sie preßt die Lippen aufeinander und küßt Helden und Heilige. Nein, nicht was Sie denken, Herr Aufseher. Sie küßt wahllos. Zum Beispiel den heiligen Laurentius.

Es ging in jenen Jahren das Gerücht um, die Christen hätten gewaltige Schätze an Gold und Silber verborgen, und irgendwie mochte durchgesickert sein, daß Laurentius der Verwalter dieses Hortes sei. Römische Habsucht berauschte sich an diesen Vorstellungen; die erste Frage des Richters galt deshalb nicht dem Verbrechen, auf das die Anklage lautete, sondern den sagenhaften Schätzen. Bereitwillig versprach Laurentius, sie herbeizuschaffen, wenn man ihm drei Tage Zeit lasse. Als die Frist verstrichen, erschien er mit einer zerlumpten, ausgehungerten Schar von Krüppeln, Greisen und Bettlern, und seine Handbewegung sagte: Hier sind die Schätze der Kirche! Aber was ihm heilige Wahrheit bedeutete, wirkte auf den Richter wie tollkühne Verwegenheit. Ohne Zögern sprach er sein Schuldig, und der Henker bemächtigte sich seines Opfers.

Herr Aufseher, wohlan. Eugen Drewermann hat Ihnen die Schar von Krüppeln, Bettlern, Greisen gebracht, die Schätze der Kirche. Er hat sie als Kleriker vorgeführt. Er hat diese Kleriker entkleidet. Und so führt er sie Ihnen, Herr Aufseher, vor. Sie stehen bloß vor Ihnen. Um Himmels willen, schauen Sie nicht hin. Man kann blind davon werden, oder sehend. Aber, oje, da müßten sie ja etwas vom Gegensinn der Worte verstehen. Es war schon wieder dieser Jude, dieser Wiener Schlawiner, der das aufgezeigt hat, daß hier dort heißen kann und Milch Blut oder vice versa. Hören Sie nicht hin.

Lieber weiter in der Erbaulichkeit. Helden und Heilige müssen geschaffen werden. Das sollten Sie schaffen, Herr Aufseher. Zum Heldentum ist Eugen Drewermann, vermute ich, nicht anders zu bringen als durch Folter. Sie haben damit begonnen, aber Sie scheuen das Licht der Öffentlichkeit. Das ist falsch. Denn die Öffentlichkeit will gern mitfoltern.

Die Jenseitsstimme liest Ihnen, Herr Aufseher, aus einem mittelalterlichen Buch vor. Warum gerade Mittelalter? Ach, einfach so, es paßt gerade so schön das, was Christine de Pizan in ihrem Buch von der Stadt der Frauen, S. 257, schreibt über eine andere Klerika hysterica ... denn die gibt es nicht erst, seit Freud und Drewermann und Jones und Menninger und viele andere angebliche Wissenschaftler sie ent-deckten, ent-tarnten ... über die gute Jungfrau Martina.

Hören Sie, was der geschah, und Sie werden zugeben: eine Story wie für einen Bestseller. Und mein guter Tip: Nehmen Sie den Stoff, den dieser, wie heißt er doch gleich? aja Drewermann – bietet und schreiben Sie eine moderne Helden- und Heiligenlegende daraus, bevor Ihnen jemand die Sensation stiehlt und einen Hollywood-Schinken draus macht, mit Tod und Blut und Weibern vielleicht und vielen, vielen Metern wehender Soutanen. Und mit Blut statt Milch, nein umgekehrt. Das ist nun wieder typisch Hysterica. Immer verwechselt sie unten und oben und legt allem Bedeutung bei. Igitt, o Gott.

Herr Aufseher, nun endlich die Story.

Daraufhin ließ der Kaiser Martina entkleiden, und die Schönheit ihrer lilienweißen Haut versetzte alle Anwesenden in Erstaunen. Und nachdem der Kaiser, der sie begehrte, lange Zeit auf sie eingeredet hatte und ihm bewußt geworden war, daß sie ihm nicht zu Willen sein wollte, ließ er sie zerstückeln. Aus ihren Wunden aber floß Milch statt Blut und verströmte einen durchdringenden Wohlgeruch. Daraufhin wütete er noch mehr gegen sie, ließ ihre Glieder strecken und sie an Pfählen befestigen und ihren ganzen Körper so lange auseinanderreißen, bis die Kraft der Folterknechte erschöpft war.

Ich, sagt immer noch das Jenseits-Ich, das, Sie bemerken es schon, Herr Aufseher, so viel eloquenter ist als das nüchterne Diesseits-Ich. Diesseits-Ich schaut Jenseits-Ich sowieso immer bewundernd zu, wenn es (nein, Herr Aufseher, nicht Es! Was Sie aber auch denken) – wenn es so symptomsprachlich sich äußert und entäußert.

Ich, sagt endlich Jenseits-Ich, fände es super, echt super! wenn auf diesem schicken Domplatz von Paderborn so was wie Drewermanns Hinrichtung mit allem Drum und Dran gefeiert würde. Die Kids von, sagen wir mal dem Jahr 3500 oder so, würden begeistert sein vom Helden und heiligen Märtyrer Drewermann; hingerichtet – vielleicht – mit einer Schar von Jungfrauen? Warum nicht – wenn schon, dann in ganz großem Stil, und Jungfrauendarstellerinnen würden sie aus dem großen Kreise der hysterischen Klerikae jederzeit finden. Also die Kids von 3500 würden das alles echt geil oder wie das dann heißt finden.

Nun mischt sich aber Diesseits-Ich energisch ein. Ob ich Sie, Herr Aufseher, eigentlich für, pardon, völlig bescheuert hielte, fragt es. Ob ich, also Jenseits-Ich, nicht bemerkte, daß Sie gerade das ganze schaurige Spektakel nicht wollen. Sie wären ein rationaler Mensch bzw. Mann. Einer, der diskret ist. Einer, der gerade kein Aufsehen erregen will. Erregen! So'n Wort kennt der Paderborner Aufseher überhaupt nicht. Erregen! So ein Wort gehört für ihn in sein privates Wörterbuch des Unmenschen. Er, der Aufseher, ist ja gerade darum Aufseher geworden, weil er solche Wörter nicht kennt. Nicht nur nicht benutzt ... nicht kennt. Tabula rasa ist da auf seinem persönlichen Bildschirm.

Jetzt wird es spannend. Denn nun weiß Diesseits-Ich nicht mehr so recht, wie weiterreden, denn Jenseits-Ich quatscht dauernd dazwischen. Sagt: Wie völlig unschuldig der Herr Aufseher an allem ist, hat ja doch Märtyrer, nein, Analytiker Drewermann in seinem Kleriker-Buch bündig dargestellt. Der Herr Aufseher hat, folgen wir Drewermann, ja auch ein Unbewußtes, und er hat ein Über-Ich und – nein, das ginge jetzt zu weit, dem Herrn Aufseher so etwas wie ein Es unterstellen zu wollen.

So weit ginge ja nicht einmal der Herr Aufseher bei seinem ärgsten Feind: dem ein Es, nein igitt und o Gott, zu unterstellen. Da ist es doch viel ehrlicher, den Menschen weiterhin als Scheibe zu betrachten und ihm ehrlicherweise die Bücher zu verbieten, die Gegenteiliges behaupten. Ein paar hundert Jahre hält man das durch.

Es gab einmal einen Dichter, der hieß Rilke, und der scheute sich auch vor der Teufelsaustreibung mittels Psychoanalyse. Er schrieb: ... soviel wie ich mich kenne, scheint mir sicher, daß, wenn man mir meine Teufel austriebe, auch meinen Engeln ein ganz kleiner (sagen wir) Schrecken geschähe – und fühlen Sie – gerade darauf darf ich es auf keinen Preis ankommen lassen.

Unversehens, ach, so ist es mit den Hysterikerinnen, bin ich aus der Antiphon gefallen. Und verstehe den Herrn Aufseher. Verstehe, daß er – Verzeihung – eine Heidenangst vor der Psychoanalyse hat. Daß er so schön nicht sprechen kann wie Kleriker Hysteriker Rilke ... nun, es ist nicht jedermanns Sache, aus seinen Nöten Tugenden zu machen.

Nicht jeder ist ein Poet. Nicht jeder findet das Reich der Phantasie, obwohl angeblich in jedem Menschen ein Dichter – resp. eine Dichterin – steckt und diese Dichtenden erst ausgestorben sein werden, wenn auch die Menschheit wird ausgestorben sein. Eugen Drewermann geht in seinem Buch auch auf die Umwegigkeit des gehemmten Menschen ein, die ihn zum Dichtenden möglicherweise werden läßt. Oder zum Kleriker, zur Klerikerin. Es sind die Umwege oder Abwege, Herr Aufseher, die die Menschen womöglich leiten, hellsichtig über sich selbst zu werden. Ich sage es Ihnen im Vertrauen, die Antiphon abschließend.

Die Legenden über Helden und Heilige können die Welt verdrehen, wie sie auch von Dichtenden verdreht wird: So mag also Milch statt Blut fließen. Mit welcher Schönheit sich Symptomsprache über Realitätsforderungen hinwegzusetzen vermag: Milch statt Blut –

Der rumänische Philosoph Cioran sagt: Regeln, um der Melancholie nicht anheimzufallen ... alle Farben hassen: Sie erwecken Seelenzustände, die fatalerweise in Schwermut münden. Sogar Rot ist zersetzend, wenn man sich darein versenkt. Uns in der letzten Abtönung von Weiß verlieren, in der Abwesenheit von Farbe ...

Es wäre dies, Herr Aufseher, wenn ich Sie weiter um Gehör bitten darf, das Ungeschehenmachen eines – als furchtbar erlebten Blutvergießens. Ungeschehenmachen – das können wir, die Hysterikerinnen und Hysteriker. Und, Sie müssen mir ausnahmsweise einmal in die paradoxe abwegige, umwegige, irrwegige Innenwelt der Außenwelt folgen, Herr Aufseher, und dieses Ungeschehenmachen läßt wiederum geschehen. Der entwendete Körper wird buchstäblich, will heißen, durch Aufschreiben, wieder erstellt. Buchstabe geworden, redet er, verzeihen Sie die Wiederholung, eben in der Symptomsprache. Und: kann verstanden werden. Zum Beispiel von Eugen Drewermann, der minutiös und mit ganz feinem Stift alle Konturen der entwendeten Leiber und Seelen nachzeichnet. Die Konturen der später Konturlosen, pardon, es ist ganz einfach das Zweifache, das Mehrgestaltige des Paradoxen, welches so sagt. Ich verstehe, Sie hätten den Menschen gern einfacher, Herr Aufseher. Er läßt sich leichter behüten, der simple Mensch. Aber!

Falls möglich, möchte ich Ihnen mit meinen Worten, indem ich mich zitiere, sagen, was in Herrn Drewermanns Worten Ihnen so sehr mißfallen hat, daß Sie ihn gern zum Verschwinden bringen möchten.

Ich bin – in Abwandlung das Wortes meiner Kollegin Ginka Steinwachs, die sich als Alphabettlerin am Buchstab bezeichnet – eine Alphabeterin im Buchstaub.

Eine Ursulinenschülerin, die dichtet, betet. Sie findet sich, wie Sartre, der von Drewermann zitiert wird, in dem Orden der Literatur. Hier, in einem Ordo minimorum, kann sie die Vita minima führen, die sie in Elternhaus und Schule gelernt hat. So schreibt sie:

Oder sich totreden.
Oder schweigen.
Oder verschwinden.

In die labyrinthischen Gebete hineingehen. In ihnen bleiben. Lebenslänglich suchen, aus den Gebeten herauszukommen, aus dem Leben heraus. In gähnende Wände hineinverschwinden oder in die Tiefe der Schneelandschaft aus weißen Laken, die Furchen, Falten, Spalten haben.

Herr Aufseher, die Hysterie ist die Krankheit des Hinterherhinkens, der Blindheit; die Hysterikerin ist, wohlerzogen, ganz besonders gehorsam. Sie führt alle Befehle genau aus und gerät dabei, versehentlich, in einen Bummelstreik. Die Kleriker und Klerikerinnen hinken auch, sind erblindet, verblendet. Sie sind die Schätze des Laurentius: Krüppel. Greise. Bettler. Und doch Schätze, die Laurentius, unverschämt wie Drewermann, seinem Richter und Henker zeigt.

Es wird die Wiederkehr des Verdrängten sein, die Sie, Herr Aufseher, zum Henker werden läßt. Es wird die Wiederkehr des Verdrängten sein, die mich hat schreiben lassen. Ich schreibe – und Eugen Drewermann schreibt – auf Papier, und wir hegen Hoffnungen, gelegentlich verstanden zu werden. Sie, Herr Aufseher, schreiben und schreien Menschen nieder, und statt der Hoffnungen halten Sie es lieber mit Gewißheiten – auch, wenn Sie solche erst herstellen müssen.

Nein, Eugen Drewermann, wie ich Jahrgang 1940, und ich sind nicht die wissenden Menschen. Aber wir haben Ahnung. Er hat sein Porträt, sein Psychogramm eines Ideals, zu Papier gebracht. Ich habe, vor zehn Jahren, mit ganz anderen Worten das Psychogramm einer Klerikerin, mein Psychogramm, so formuliert:

So war sie denn geworden: ohne alle Farbe, reduziert auf das unveränderbare Schöne und das schöne Unveränderbare. Ihre Haltung war gerade; gerade, steif und aufrecht genug, um noch ein Hinneigen zum Betrachter, zu mir also, zu gestatten. Das von ihr Mitgeteilte wirkte so, aus der scheinbar empathischen Verbeugung, gar nicht wie für mich, die Zuhörerin, bestimmt …

Die Teilung, Scheidung der Inhalte von den Formen, der Seelen von ihren Körpern, der Worte von ihren Gedanken, der Toten von ihren Lebendigen muß schon eine vollkommene sein. Dilettantismus ist überall, besonders aber in der Neuschaffung von Menschen als Symbol, unangebracht. Die Abstraktion muß vollkommen sein, um für sich selbst und ohne Erinnerung an Konkretes bestehen zu können.

Für Fronleichnam haben die Schülerinnen alle Wege im Park mit Blumenmosaiken ausgelegt, welche dann am Festtag selbst zertreten wurden. Abgerissene Blumenköpfe sind das nur gewesen. Zertreten von lauter schwarzen Pfarrerschuhen und Kaplanschuhen und Diakonschuhen und Nonnenschuhen. Und von weißen Engelchenschuhen, Schülerinnenschuhen, von ihren Trägerinnen getrennten Schuhen.

So ideal, schwarz – weiß, ist die Kleriker- und Klerikerinnenwelt. Ordentlich ummauert. Eine heile Welt.

Herr Aufseher, sorgen Sie dafür, daß sie heil – Heil! – bleibt. Strecken Sie Ihren rechten Arm aus und lassen Sie sich beim Heilhalten der Welt von Leuten wie dem Republikaner Burghard Schmanck helfen und betrachten Sie Eugen Drewermanns Kleriker-Buch als liebensunwert. Die kirchliche Hierarchie braucht Leute wie Sie, Herr Aufseher, weiterhin, weiter so. Was weiter?

AUSWAHLBIBLIOGRAPHIE EUGEN DREWERMANNS

Die Gesamtauflage der gut 40 Bücher Eugen Drewermanns hat die Millionengrenze überschritten. Den größten Anteil daran hat das Werk »Kleriker. Psychogramm eines Ideals«. Von den bisher 175000 verkauften Exemplaren wurden allein 110000 nach dem Entzug der Lehrerlaubnis im Oktober 1991 verkauft. Fast alle Bücher, von denen viele auch als Taschenbuch erschienen, erreichten mehrere Auflagen. Spitzenreiter ist »Das Eigentliche ist unsichtbar. Der Kleine Prinz tiefenpsychologisch gedeutet« mit 14 Auflagen.

Strukturen des Bösen. Die jahwistische Urgeschichte in exegetischer, psychoanalytischer und philosophischer Sicht. Drei Bände. Paderborn 1977/78.

Der tödliche Fortschritt. Von der Zerstörung der Erde und des Menschen im Erbe des Christentums. Regensburg 1981.

Der Krieg und das Christentum. Von der Ohnmacht und Notwendigkeit des Religiösen. Regensburg 1982.

Psychoanalyse und Moraltheologie. Drei Bände. Mainz 1982/84.

Das Eigentliche ist unsichtbar. Der Kleine Prinz tiefenpsychologisch gedeutet. Freiburg 1983.

Tiefenpsychologie und Exegese. Zwei Bände. Olten und Freiburg 1984/85.

Voller Erbarmen rettet er uns. Die Tobit-Legende tiefenpsychologisch gedeutet. Freiburg 1985.

Dein Name ist wie der Geschmack des Lebens. Tiefenpsychologische Deutung der Kindheitsgeschichte nach dem Lukasevangelium. Freiburg 1986.

Das Markusevangelium. Bilder von Erlösung. Zwei Bände. Olten und Freiburg 1987/88.

»An ihren Früchten sollt ihr sie erkennen«. (Antwort auf Rudolf Peschs und Gerhard Lohfinks »Tiefenpsychologie und keine Exegese«) Olten und Freiburg 1988.

Kleriker. Psychogramm eines Ideals. Olten und Freiburg 1989.

»Ich steige hinab in die Barke der Sonne«. Meditationen zu Tod und Auferstehung. Olten und Freiburg 1989.

Reden gegen den Krieg. Düsseldorf 1991.

Worum es eigentlich geht. Protokoll einer Verurteilung. München 1992.

Das Matthäusevangelium. Bilder der Erfüllung. Erster von zwei Bänden. Olten und Freiburg 1992.

QUELLENVERZEICHNIS

Peter Ahrens, *Religionslehrer zu Streik aufgerufen.* In: Neue Westfälische Zeitung zum 10. Februar 1992. Mit freundlicher Genehmigung des Autors.

Eva-Maria Alves, *Antiphon in Symptomsprache.* Mit freundlicher Genehmigung der Autorin.

Roman Arens, *Angst und die verweigerte Reformation in Paderborn.* In: Frankfurter Rundschau vom 7. Februar 1992. Mit freundlicher Genehmigung der Frankfurter Rundschau.

Roman Arens, *Von einem, der nur noch Dichter und vielleicht ein Narr sein will.* In: Frankfurter Rundschau vom 17. März 1992. Mit freundlicher Genehmigung der Frankfurter Rundschau.

Helmut Benz, *Drewermann und der Religionsunterricht.* Mit freundlicher Genehmigung des Autors.

Harald Biskup, *Zur ehrlichen Beichte auf die Couch des Psychiaters.* In: Kölner Stadt-Anzeiger vom 18. Februar 1988. Mit freundlicher Genehmigung des Kölner Stadt-Anzeigers.

Heinz Brockert, *Drewermann spaltet auch die Protestanten.* In: Stadtanzeiger vom 6. Februar 1992. Mit freundlicher Genehmigung des Stadtanzeigers, München.

Georg Denzler, *Von der Ungeistigkeit des geistigen Standes.* In: Frankfurter Allgemeine Zeitung vom 20. Februar 1990. Mit freundlicher Genehmigung der Frankfurter Allgemeinen Zeitung.

Eugen Drewermann, *Was verdient, Gott genannt zu werden?* In: Deutsches Allgemeines Sonntagsblatt vom 3. November 1989. Mit freundlicher Genehmigung des Deutschen Allgemeinen Sonntagsblatts.

Monika Egler, *Ein Eiferer aus Mitleid mit den Menschen.* In: Stuttgarter Zeitung vom 30. November 1988. Mit freundlicher Genehmigung der Autorin.

Gernot Facius, *Der Bannstrahl aus Rom zielt nach Paderborn.* In: Die Welt vom 27. September 1989. Mit freundlicher Genehmigung von Die Welt.

Cornelia Filter, *Ketzer und Prophet.* In: Die Tageszeitung vom 21. Oktober 1991. Mit freundlicher Genehmigung der Autorin.

Detlef Franke, *Jesus – kein Beamter mit A 14.* In: Frankfurter Rundschau vom 3. März 1990. Mit freundlicher Genehmigung der Frankfurter Rundschau.

Norbert Greinacher, *Für die Diskussionsfreiheit in der Kirche.* Mit freundlicher Genehmigung des Autors.

Rudolf Grimm, *Ein beleidigendes Bild von Priestern und Ordensleuten?* In: Main-Echo vom 24. Februar 1990. Mit freundlicher Genehmigung der Deutschen Presse-Agentur.

Sigrid Haape, *Derwermann und der evangelische Religionsunterricht – einige Anmerkungen.* Mit freundlicher Genehmigung der Autorin.

Edmund Hermsen, *Ein Paradigmenwechsel in der katholischen Kirche oder: Hat Drewermann zuviel Hermann Hesse gelesen?* Mit freundlicher Genehmigung des Autors.

Jürgen Jeziorowski, *Maulkorb für einen Querdenker.* In: Rheinischer Merkur vom 7. Februar 1992. Mit freundlicher Genehmigung des Autors.

Andreas Laun, *Träumereien ohne Grenzen.* In: Rheinischer Merkur vom 6. Oktober 1989. Mit freundlicher Genehmigung des Autors.

Martin Lohmann, *Entschieden, aber nicht gelöst.* In: Rheinischer Merkur vom 11. Oktober 1991. Mit freundlicher Genehmigung des Autors.

Martin Lohmann, *Trauerstück ohne Ende?* In: Rheinischer Merkur vom 17. Januar 1992. Mit freundlicher Genehmigung des Autors.

Günther Mack, *Wie ein Greifvogel zur Fastenzeit.* In: Die Zeit vom 18. März 1988. Mit freundlicher Genehmigung von Die Zeit.

Gerhard Marcel Martin, *Neurosen vor Gott.* In: Deutsches Allgemeines Sonntagsblatt vom 6. März 1992. Mit freundlicher Genehmigung des Deutschen Allgemeinen Sonntagsblatts.

Hartmut Meesmann, *Tiefe Kluft?* In: Publik-Forum vom 14. Februar 1992. Mit freundlicher Genehmigung des Publik-Forums.

Martin Merz, *Mythen und Medien.* In: Die Zeit vom 21. Februar 1992. Mit freundlicher Genehmigung von Die Zeit.

Horst Georg Pöhlmann, *Der Gekreuzigte kommt nicht vor.* In: idea-Forum vom 13. Februar 1992. Mit freundlicher Genehmigung des idea-Spektrums.

Uta Ranke-Heinemann, *»Maulkorb-Existenz«.* In: Westdeutsches Fernsehen vom 8. Oktober 1991. Mit freundlicher Genehmigung des Westdeutschen Fernsehens.

Otto B. Roegele, *Neue Theologie mit alter Psychologie?* In: Rheinischer Merkur vom 28.2.1992. Mit freundlicher Genehmigung des Autors.

Dieter Schellong, *»Bedürfnis nach Herrschaft und Führerschaft«.* In: Junge Kirche vom Oktober/November 1991. Originaltitel: Zwischenruf. Mit freundlicher Genehmigung der Jungen Kirche.

Gert Scobel, *Fragebogen.* In: Frankfurter Allgemeine Zeitung vom 23. November 1990. Mit freundlicher Genehmigung der Frankfurter Allgemeinen Zeitung.

Hansjakob Stehle, *Der leise Prophet.* In: Die Zeit vom 24. Januar 1992. Mit freundlicher Genehmigung von Die Zeit.

Josef Sudbrack SJ, *»Das Gespräch hat kaum begonnen«.* In: Kirchenzeitung Köln vom 20. März 1992. Mit freundlicher Genehmigung der Katholischen Nachrichtenagentur (KNA).

Stephan Wehowsky, *Die brüchige Welt eines neurotischen Klerus.* In: Süddeutsche Zeitung vom 24. November 1989. Mit freundlicher Genehmigung des Autors.

Kardinal Wetter, *Bei Drewermann bleibt Wichtiges unklar.* In: Deutsche Tagespost vom 10. Oktober 1991. Mit freundlicher Genehmigung der Deutschen Bischofskonferenz, Bonn.

INTERVIEWS

Die Zwänge einer »fertigen Lehre« (Interview mit Eugen Drewermann von Bernd Marz). In: Deutsches Allgemeines Sonntagsblatt vom 22. November 1987. Mit freundlicher Genehmigung des Deutschen Allgemeinen Sonntagsblatt

»Hier geht es um das Fundament des Glaubens« (Interview mit Bischof Lehmann von Josef Schlösser). In: Deutsche Tagespost vom 10. Oktober 1991. Mit freundlicher Genehmigung der Katholischen Nachrichten Agentur (KNA).

»Jesus wollte diese Kirche nicht« (Interview mit Eugen Drewermann) In: Der Spiegel vom 23. Dezember 1991. Mit freundlicher Genehmigung von Der Spiegel.

Den Glauben abfragen wie Vokabeln? (Interview mit Erzbischof Degenhardt von Manfred Müller und Werner Harenberg) In: Der Spiegel vom 16. März 1992. Mit freundlicher Genehmigung von Der Spiegel.

Freiheit ist nicht ohne Revolte möglich (Interview mit Eugen Drewermann von Henri Tincq) In: Le Monde vom 18. Februar 1992. Mit freundlicher Genehmigung von Le Monde. Originaltitel: Un entretien avec Eugen Drewermann. Autorisierte Übersetzung aus dem Französischen von Sigrid Haape.

BRIEFWECHSEL ZWISCHEN EUGEN DREWERMANN UND ERZBISCHOF DEGENHARDT

Folgende Briefe und Presseerklärungen wurden dem Band *Der Klerikerstreit, Die Auseinandersetzung um Eugen Drewermann* (Hrsg. Peter Eicher), München: Kösel 1990 entnommen:

Erzbischof Degenhardt an Eugen Drewermann vom 5. Januar 1982, S. 231–232. Eugen Drewermann an Erzbischof Degenhardt vom 30. Januar 1987, S. 232–237. *Unveröffentlichte Erklärung von Erzbischof De-*

genhardt vom 26. Oktober 1989, S. 243–246. Eugen Drewermann an Erzbischof Degenhardt vom 6. Januar 1989, S. 246–251. Anlage zur Gesprächsnotiz über das Gespräch zwischen Erzbischof Degenhardt und Eugen Drewermann vom 31. Januar 1990 von Peter Eicher, S. 264–269. Erklärung von Erzbischof Degenhardt vom 27. Februar 1990, S. 273–280. Presseerklärung von Eugen Drewermann vom 3.3.1990, S. 288–290. Mit freundlicher Genehmigung des Kösel Verlags, München. Die Rechte der kursiv hervorgehobenen Beiträge liegen beim Erzbischöflichen Generalvikariat Paderborn.
Folgende Briefe und Dekrete wurden dem Band *Eugen Drewermann, Worum es eigentlich geht. Protokoll einer Verurteilung,* München: Kösel 1992 entnommen:
Erzbischof Degenhardt an Eugen Drewermann vom 7. Oktober 1991, S. 377–378. Dekret vom 7. Oktober 1991, S. 404. *Erzbischof Degenhardt an Eugen Drewermann vom 9. Januar 1992, S. 454.* Dekret vom 9. Januar 1992, S. 455. *Erzbischof Degenhardt an Eugen Drewermann vom 18. Januar 1992, S. 471–472.* Mit freundlicher Genehmigung des Kösel Verlags, München. Die Rechte der kursiv hervorgehobenen Beiträge liegen beim Erzbischöflichen Generalvikariat Paderborn.

LESERBRIEFE

Aloys Binz, St. Augustin. Dr. Frank Coester, Bergisch-Gladbach. Franz Decker, Hürth. Hans-Rüdiger Kreßmann, Hürth. Dr. Rudolf Padberg, Paderborn. Dr. Helmut Preuß, Wuppertal. Eberhard Quester, Paderborn. Walter Schaab, Bergisch Gladbach. Wolfgang Warner, Gräfelfing. Else Wiegard, Rheine. Helene Zwielich-Hoffmann, Kirchzarten. Mit freundlicher Genehmigung der Verfasser.